U0754991

图书在版编目（CIP）数据

史学的光与影 / 李红岩著. -- 兰州 : 甘肃文化出版社, 2023.7
（雅学堂丛书 / 刘进宝主编）
ISBN 978-7-5490-2731-6

Ⅰ. ①史… Ⅱ. ①李… Ⅲ. ①史学－中国－文集 Ⅳ. ①K207-53

中国国家版本馆CIP数据核字(2023)第103085号

史学的光与影
SHIXUE DE GUANG YU YING
李红岩 | 著

策　　划 | 郧军涛　周乾隆　贾　莉
项目负责 | 鲁小娜
责任编辑 | 鲁小娜
装帧设计 | 石　璞

出版发行 | 甘肃文化出版社
网　　址 | http://www.gswenhua.cn
投稿邮箱 | gswenhuapress@163.com
地　　址 | 兰州市城关区曹家巷1号 | 730030(邮编)

营销中心 | 贾　莉　　王　俊
电　　话 | 0931-2131306

印　　刷 | 广西昭泰子隆彩印有限责任公司
开　　本 | 880毫米×1250毫米　1/32
字　　数 | 216千
印　　张 | 10
版　　次 | 2023年7月第1版
印　　次 | 2023年7月第1次
书　　号 | ISBN 978-7-5490-2731-6
定　　价 | 88.00元

这一代学人的使命与担当（代序）

一

“这一代学人”是指以新三级学人（77、78、79级大学生和78、79级研究生）为代表的跨越时代和年龄的学人群。他们的年龄可能相差比较大，有的出生于20世纪40年代中后期，有的出生于60年代初，中间相差十几年——如果从年龄看，可说是两代人。从社会阅历看，有的插过队，有的当过兵，有的是工人，有的是农民，还有的是刚刚毕业或在校的中学生，可以说是40后、50后和60后在一起上课、讨论。正因为差别很大，他们对社会的感受和认识不一致，对未来的期待也有异，各种不同的思想碰撞交流，有时在某些问题上争论很激烈。那时还有许多自办的刊物，虽然是学生们自掏腰包，印制也比较粗糙，但包含许多真知灼见。“这一代学人”就是在这样的时代环境下成长起来的。

这代学人学术养成期的社会氛围，诚如中华书局原总编辑傅璇琮先生所说：“‘文革’结束后最初几年，我们这些学者都有一种兴奋的心情，觉得一场噩梦已成过去，我们已经失去得太多，我们要用自己的努力追回失去的一切。而我们又相信，只要靠勤奋，我们肯定会重新获得。”由此可知，虽然他们的年龄和社会阅历不同，但从他们成长的环境来看，又属于同一代学人。

“雅学堂丛书”的10位作者，年龄最大的方志远、王子今教授，是1950年出生，已经73岁了；孙继民、王学典教授出生于1955、1956年，也都超过了65周岁；中间年龄的荣新江、卜宪群、李红岩，都出生于60年代初；年龄最小的鲁西奇、林文勋教授，出生于1965、1966年，将近60岁。年龄最大和最小的相差十五六岁，但大都是“文革”后恢复高考的本科生和研究生，是“科学的春天”到来后，步入学术殿堂的新一代学人。

这些学人，都学有所成，甚至是某一方面的杰出代表。按照常人的眼光来看，他们已功成名就，根本不需要再追求名誉和地位，应该颐养天年，享受生活了。但为何还非常用功？还在夜以继日地不断探索，不断产出新成果，辛勤耕耘在学术前沿？有次和朋友们聊到学界和学人时，说到王子今、荣新江等人，我表达了这种看法，当时有人就问我，他们为什么还如此用功呢？这是什么原因？我突然冒出了一个词——“使命”，即他们不是为了名和利，而是有一种使命意识。

这一代学人将学术视为生命，甚至可以说就是为学术而生的。当他们把学问当成毕生奋斗的事业时，就会时时意气风发、孜孜以求，不再考虑是否退休，更不会为了金钱、名誉和地位，而是为了做这一代学人应该做的事。

时代在他们身上打下了深深的烙印。这一代学人的学术养成期是在20世纪70年代末80年代初，那是一个充满希望的时代，当时的青年学子都怀有远大的志向，将个人的追求与国家的需要紧密结合。在强烈的爱国主义感召下，他们不仅要将失去的时间夺回来，还要将个人的命运与国家的前途紧密结合在一起，要“团结起来，振兴中华”，就要“从自己做起，从小事做起，从现在做起”，力争为国家的发展贡献自己一份微薄之力。正如荣新江在追念邓广铭先生时说：“北大往年的辉煌，并不能映照今日的校园；邓先生等一代鸿儒带走的不仅仅是他们个人的学问，而是北大在学林的许多‘第一’……追念往哲，痛定思痛，微薄小子，岂可闲哉!”

二

“雅学堂丛书”的作者，都是很有成就的专家，他们的学术论著，我基本上都阅读过一些，有的读了还不止一遍。他们在从事高深学问研究的同时，还撰写了一些面向大众的学术短文、书序、书评和纪念文章等。数学家华罗庚在西南联大授课时，曾说过这样的话：高水平的教师总能把复杂的东西讲简单，把难的东西讲容易。反之，如果把简单的东西讲复杂了，把容易的东西讲难了，那就是低水平的表现。从“雅学堂丛书”的内容可知，这些文章没有太多的史料引文，语言通俗易懂，适合大众阅读。即这些作者是真正把所关注或研究的问题搞懂弄通了，并咀嚼消化为自己知识的一部分，从而才能化难为易化繁为简，用浅显易懂的语言将高深的理论和丰富的内容表达出来。

各位作者拟定的书名，本身就是学术史的一部分，也可感受到这些学者的意志、视野和思想。王学典先生的书名是本套丛书中最为宏大的——《当代中国学术走向观察》，因为王老师的学术兴趣是“追踪当代学术的演变，探索其间的起伏之迹，解释每次变动由以发生的原因或背景”。从1988年的《新时期十年的历史学评估》开始，几乎每隔十年，有时更短，他“都要总结归纳一番，回顾展望一番。起初是个人兴趣使然，后来则是几家报刊在特定时间节点的约稿”。方志远先生的书名是《坐井观天》。他说：“这个集子之所以取名为《坐井观天》，是因为迄今为止，除了一年半载的短期外出求学及讲学，我的一生都是在江西度过的……从这个角度说，我的一生都是在江西这口‘井’中。但是，虽说是‘坐井’，却时时想着要‘观天’。”“我想，这些无目的、非功利的阅读，某种意义上奠定了我后来‘观天’的基础。”“这个集子收录的30篇文章，几乎都想‘坐井观天’。”荣新江先生的是《三升斋三笔》，荣老师在读大学时，听到老师讲《汉书·食货志》，其中有“治田勤谨，则亩益三升；不勤，损亦如之”，认为用以比拟治学，也十分合适，便根据古代文人学士起斋名的习惯，将自己的斋号取名为“三升斋”。此前，他已将自己学术论文之外的学术短文、会议发言和书评等汇集为《三升斋随笔》（“凤凰枝文丛”，凤凰出版社，2020年）、《三升斋续笔》（“问学丛书”，浙江古籍出版社，2021年）。荣先生的这两本随笔集出版后，“颇受读者欢迎”，“今择取三四年来所写综述、感言、书评等杂文，以及若干讲演稿，辑为《三笔》”。收入本书的文章，“代表了我近年来对相关学科发展的看法，也有一些自己研究成果的表述和经验之谈，还有一些学术史或学林掌故的记录”。这样的学术随笔，既有可读性，又有学术性，肯定能受到读者的喜欢。

有些书名则是作者生活轨迹的反映，如孙继民先生的是《邯郸学步辑存》。“《庄子·秋水》的‘邯郸学步’是知名度和使用率极高的成语典故，其中有云寿陵余子‘学行于邯郸，未得国能而失其故行’。笔者生在邯郸长在邯郸，1955年出生，1963年上小学，1971年初中毕业，入职邯郸肥皂厂务工，因为比一般工友多读了几本书，曾有师傅戏称‘孙教授’。”1977年恢复高考后才离开邯郸。他的人生起点是从邯郸开始的，而又有著名的成语“邯郸学步”，就将书名定为《邯郸学步辑存》。林文勋先生的书名是《东陆琐谈》，这是因为“云南大学最早名东陆大学，这些文章是我在云大读书求学的点滴记录，故名《东陆琐谈》”。笔者的书名是《从陇上到吴越》，这是因为笔者出生并长期生活在甘肃，1983年大学毕业后即留校工作。甘肃简称“陇”，由于受雄厚的陇文化熏陶，在甘肃（陇上）学习、工作期间，选择以敦煌学、隋唐史和西北史地为研究和教学的重点。在兰州学习、工作了23年后，于2002年调入南京师范大学，2013年又从南京师大调入浙江大学。江苏、浙江原为吴、越之地，文化底蕴非常深厚，从宋代以来，经济发展也一直走在前列。从西北到了东南，从陇上到了吴越，虽然自然环境和文化截然不同，但仍然坚守当年的选择，即教学、研究的重点还是敦煌学、隋唐史、丝绸之路与西北史地。

有的则是自己感情的真实流露，如王子今先生的书名是《天马来：早期丝路交通》，为什么是“天马来”？我去年11月向子今先生约稿时，他正在成都，其间恰好生病，“相继在成都经历了两次心血管手术”，回到北京休养期间整理的书稿，2022年12月9日交稿。去年恰是子今先生的本命年，所以他才写道：“今晚交稿。希望‘天马来’这一体现积极意义的象征，也可以给执笔的已届衰年的老人提供某种激励。”卜宪群先生为何将书名定为《悦己集》？他认为，自己“所撰写的文章，无论水平高低，都是内心世界的真实表达，集子取名‘悦己’，就是认为几十年所从事的史学工作，是自己最热爱最喜欢的一项工作，是取悦于己的工作，没有后悔，至今依然”。

虽然这些作者成果丰硕，成就突出，但又非常谦虚，如李红岩先生解释自己的书名《史学的光与影》时说，“收在这里的文章，大部分是我年轻时撰写的。浮光掠影，波影光阴，不堪拂拭，但大体以史学为核心”，故定为《史学的光与影》。鲁西奇先生将书名定为《拾草》，更是让我们看到了一位学人的坦诚和谦虚：“我出生在苏北农村。20世纪六七十年代，农村里缺少柴薪。冬天天冷，烧饭烤火都需要柴草。孩子们下午放学后，就会带着搂草的耙和筐，到田旁路边和荒地上去捡拾枯草或树叶，叫作‘拾草’。虽然河岸渠道上也有一些灌木，但那是‘公家’的，不可以砍。《诗·小雅·车舝》云：‘陟彼高冈，析其柞薪。析其柞薪，其叶湑兮。’我既无高冈可陟，亦无柞木可析作薪，连枯叶都不多，更无以蔽山冈。只有一些散乱的杂草。那就收拾一下吧。烧了，也许可以给自己取一会儿暖。故题为《拾草》。”

地处西北的甘肃文化出版社，近年来在西夏学、丝绸之路、简牍和西北地方文献等方面的学术著作出版中成绩卓著，多次获得国家出版基金资助，取得了社会效益和经济效益的双丰收。在此基础上，他们又计划出版面向大众的高品位、高质量普及著作。郧军涛社长多次与我联系，希望组织一套著名学者的学术随笔，我被军涛社长的执着而感动，于是商量编辑一套“雅学堂丛书”，并从2022年11月19日开始陆续向各位先生约稿。虽然中间遇上新冠感染潮，我本人也因感染病毒而一个月未能工作，但各位专家还是非常认真并及时地编妥了书稿。

在此，我非常感谢方志远、王子今、孙继民、王学典、荣新江、卜宪群、李红岩、鲁西奇、林文勋等诸位先生的信任，同意将他们的大作纳入“雅学堂丛书”；感谢甘肃文化出版社郧军涛社长的信任与支持，感谢甘肃文化出版社副社长周乾隆和编辑部主任鲁小娜领导的编辑团队认真、负责、高效的工作。希望读者朋友能够喜欢这套书。

刘进宝

2023年5月11日

目　录

历史需要怎样的“理性”

何兆武先生的著作与译作是不可忽视的。如果你想了解当代中国学者对历史哲学的最高研究状态，就不能不读何兆武。如果你想通过中国学者的目光去审视西方史学思想、史学思潮、史学流派，然后反转身来，再去审视当下的中国史学，同样不能不去读何兆武。何先生在中国当代史学理论界的地位，时常让我想到美学界的朱光潜先生。只是，克罗齐之于朱光潜，在何先生那里，换成了康德。

何兆武著《历史理性的重建》书影

何先生非常喜爱康德。“历史理性”一词就来自康德。本书中的一个部分，专门论述康德。就连何先生行文中的许多概念和词句，都带有浓烈的康德色彩。巧的是，康德哲学由四大批判构成：纯粹理性批判、实践理性批判、判断力批判，以及卡西尔所说的历史理性批判，而何先生此书，也由四个部分组成。假如说专讲康德的第一部分构成本书的形而上学，那么最后一部分类似于师友杂忆性质、随手却不随意地“写在历史边缘”的一组小品文章，就恰好成了何先生的第四批判。至于中间讲述史学性质、进行思想批评的两个部分，毋宁说，代表了何先生的史学知识论。

上述观感是否符合何先生的编纂意图，书评者似乎不必过于在意。不是有“意图迷误”之类现成的理由做挡箭牌吗？笔者想说的是，正如阅读康德，不妨先从他的第三批判或第四批判入手，阅读此书也不妨从最后部分的小品文章开始。

切勿小瞧这些小品文章。何先生说得好：“大抵古今中外大家的即兴之作，虽似小道，亦必极有可观。”（第46页）之所以可观，乃在于伴随着这些“小道”以及隐含于背后的，乃是“历史和人生最微妙难解的问题”。比如谈某位好友的死，何先生会发出天问：何以社会进步的规则，竟然把它最优秀的分子淘汰掉了？（第254页）讲到某位史学大师的“史识”，何先生会不禁慨叹：他的论点总让人感觉缺乏必要的逻辑洗练（第141、243页）。这里，有悲愤，有叹惜，但更多的是对情感的超越，是对自然、生命、知识的省思。而且，它还是一种引领，引领我们透过形而下，去透析那深邃的形而上！

何先生此书，可以说是围绕着“引领”展开的。他既引领我们去体认历史理性，又将历史理性看作历史研究的前导

（Prolegomena）予以体认。他说，一切历史学的概念和命题，都必须先经过一番逻辑的洗练，才配得上称为是有意义的和科学的；只有经过知识论锤炼出来的形而上学才是真正的哲学，也才是真正的历史哲学。这就是何先生长言咏叹、念兹在兹的核心论点，也是引领我们所欲达致的认识。

不过，还有多少历史学家会理会这些微言大义呢？所以，我总觉得何先生是孤独的！

逻辑的洗练，就是批判，就是检验立论的可证实性或可证伪性。在何先生看来，任何学术思想，如果不经过这样一番批判洗礼，就只能是一种经学信仰，不可能是一种学术论证（第 137 页）。

基于此，我曾以为何先生的思想，乃偏于笛卡尔所开创的“以脑思维”的一派，亦即偏于认识论的分析。但读过此书，才晓得何先生其实是以帕思卡所开创的“以心思维”一派为大体的，亦即先对生命予以整体把握，然后才去从事细密的思想考古。所以，何先生的知识论，并非表现为技术性的语言分析，而是结合着人情、人性、人道以及生命的各种内在因素。然而这一切，复统统归之于历史理性。

“历史理性”是何先生非常偏爱的概念。他最早出版的一部文集，即题为《历史理性批判散论》（湖南教育出版社，1994 年）。后来，又有《历史理性批判论集》（清华大学出版社，2001 年）。本书则名为《历史理性的重建》。康德将理性划分为纯粹的、实践的、判断的，又划分认识为感性的、知性的、理性的，足见理性乃思维的最高阶段。而所谓历史理性，是一个人文概念，包含了理性思维和体验能力两个方

何兆武著《历史理性批判散论》书影

面，对应的是对历史的理解和阐释，不是史实的认知，不是科学事实的确定。所以，假如说理性意味着启蒙和光明，那么它所照亮的，不是史实，而是人们的思想。

何先生要做的，就是照亮历史学家的思想。或者说，他试图以一位站在哲学高度的历史家的身份，引导人们将“知性”(Verstand)提升为“理性”(Vernunft)。为此，他由“批判”而“重建”，由审视而建构，不惜调动各种资源，努力将“偶然事件的糊涂账”，梳理成为“历史的理想类型”。他不仅将我们引导到康德，而且让我们感受到他的志愿和抱负，并且反躬自省。

于是，我们的大脑被注入一剂清凉散；我们许多固有的观念，受到震颤。对那些固有的观念，我们现在觉得心既不安，理更未得。

英国著名的历史学家伯里说过一句名言：“历史学就是科学，一点也不多，一点也不少。”何先生则说：“历史学不就是科学；它比科学多了一点什么，又少了一点什么。”(第115页)这应该说正是新康德主义以来史学思想的主脉。

我们敬仰的史学大师陈寅恪，在何先生笔下同样是敬仰的对象。只是，何先生的阅读体验又多出一些东西。他说，越是读陈寅恪，越是觉得“历史学家的理论并不是从史料或史实之中推导出来的，反倒是历史学家事先所强加于史实之上的前提”（第 244 页）。这当然是话里有话的，属于微言，含着大义。

基于如是这般的众多理由，何先生说，当代中国的历史学也需要认真进行一番“历史理性的重建”（第 254 页）。

赫德尔在评论康德时曾经写道：“他非常之精密地注意到了细微的阴影，非常之精密地分析了最为隐蔽的动机，并且非常之精密地勾划出了许多细微的遐想。”（第 74 页）何先生的思想绣花般的著作，让我生出同样的感想。

而且，我很乐于提醒读者特别注意何先生的文体，因为这最容易被忽略。在我看来，无论是更本色、更自然、免除了拘谨和装腔作势的小品文章，还是专门讲述东西圣哲的高头讲章，何先生都能够将文体调动于具象与抽象之间，既娓娓道来，又腾挪跳跃，打通“理”“趣”，从而建立起富于哲思的形象、具备形体的思辨。有时，他会在行云流水、绵软浓密的文字中突然插入一个楔子，不失时机地捎上一句冷语，让你感受“温柔一刀”，亦即所谓“谈言微中，亦可以解纷”（第 76 页）。有时，他又会在逐渐收束的叙述中，突然解掉绳索，仿佛收拢的手掌重新张开，从中飞出一只蝴蝶，然后五指并拢，让我们在阅读中舒缓一口气，才发现论题依然在论者的掌心之内。这种太极般的语言功力，乃基于何先生深厚的中西学养、精粹的思想境界以及运用东西文字的得心应手；所表现的，则是先生丰富、活跃而善于联系的思辨力。这种思辨力的丰富与活跃，似乎想控制都控制不住，因而在行文中时常冒出来，并与题旨交互串联，让我们在阅读中忘记了腰背的酸痛，只感到精神的专注。

所以，我很在意何先生文章中的那些“插话”。这些“话佐料”，往往包含了深邃的意蕴，点击着对象的穴位。例如谈康德，他会倏然插入一句：天人合一曾被有些学者认同为中国哲学的特征，但古今中外又有哪一家的哲学不是以指向天人合一为自己归宿的呢？不归本于天人合一的，还称得上是哲学吗？（第 67、75 页）谈到儒家，何先生只是不紧不慢地说，儒家是中国中世纪的经院哲学（第 174 页）。这类插话，弥漫于全书，大有点击穴位的巧妙，谁又敢小觑？

于是，我想到“隽永”一词。隽永的文章当不得夏日里痛快淋漓、一饮而尽的冰啤，却更像是暖屋里细啜慢品的工夫茶，需要在平和舒缓的心态中慢慢斟酌。这就是何兆武先生的风格，尽管我们也时而能在他的笔下感受到苍凉和悲愤！

不想成为历史学林野中的冬烘先生吗？读何兆武吧！

（《历史理性的重建》，何兆武著，北京大学出版社，2005 年 8 月。本文原刊于《中华读书报》2006 年 2 月 22 日）

道德第一　文章第二

何兆武教授在《历史理性批判散论》(湖南教育出版社，1994年)的自序中感慨良深地说："今天看来，史家四长之中终究须以史德为第一要义，史识次之，才、学又次之。杨超的英年早逝，不禁使我悲伤之余别有感触：社会进步的规则本来应是择优汰劣，但有的时候历史的现实却反其道而行之，把它最优秀的分子淘汰掉了。"

何先生的文章真好！这篇自序更是我读来深感惊心动魄的史学文章，反复咏诵，低回不已。稍微晓得历史理论的人都会明白，这段话蕴含着深刻的历史哲学要义。它在怀念友人的感慨中，对历史发问。莫非，历史前进的法则永远悖逆人类的道德？莫非，我们对于道德的信仰，正是基于历史现实的一贯悖逆道德？

据何先生介绍，杨超是"侯(外庐)门诸青"中"极有才华而又品德高尚"的大才子。特别可贵的是，"在举世滔滔一片咆哮着的人海声中，他仍然尊严地不肯放弃自己的高贵与洁白，最后不惜演出一幕屈原式的悲剧，以身殉之"。然而，这类一家一姓的不幸，其中所深深蕴含的又岂非全部人类历史的悲哀："或许，人类历史上伟大的进步就必须付出这类极其惨痛的、但又必不可少的代价，如近代史上划时代的三件大事：资本主义的原始积累、工业革命的农村破产、苏联社会主义的历次肃反。”

这是多么深沉而沉痛的慨叹！但是，这不是何先生一人的慨叹。古往今来，思想家们围绕这个主题，早曾仰天发问。司马迁在《伯夷列传》中迷惑不解地问道：人常说“天道无亲，常与善人”，可为什么伯夷、叔齐这样的善人偏偏被饿死了，盗跖那样的恶人却长寿不死呢？“倘所谓天道是邪？非邪？”司马迁的切身感受到老黑格尔那里，立即上升为“历史哲学”。他用深邃的目光扫视全人类，不含糊地指出：“人性本善”道出了一种伟大思想，而“人性本恶”却道出了一种更伟大得多的思想。在黑格尔看来，“恶”原本是历史发展动力借以表现出来的形式。马克思、恩格斯接受了这一伟大思想，曾悲愤地指出：“自从阶级对立产生以来，正是人的恶劣的情欲、贪欲和权势欲成了历史发展的杠杆，关于这方面，例如封建制度的和资产阶级的历史就是一个独一无二的持续不断的证明。”“卑劣的贪欲是文明时代从它存在的第一日起直至今日的动力。”但是，“恶劣的情欲”绝不因此而合理合法。

人世之成亏荣悴，总不能恰如其分，如人所愿，咸得所当。于是，对于观察历史与现实的思想家们来说，便产生一种尴尬：一方面是人类的巨大进步，一方面是难以消除的“恶”。难道历史就不能在“善”中进步？难道“善”的牺牲与“殉道”是一种必须？对这类涉及全人类的宏大历史哲学问题，普通人当然回答不上来。但是，学者通过接触文人社会（即人文学界），会产生这样一种挥之不去的感觉，即作为理想，“善”总是战胜“恶”，在人类的价值体系中占据中心位置；但作为现实，“善”往往从中心位置旁落，以至于找寻不见。例如在评价那些有成就同时又有劣迹的文人的时候，你很难见到“恶”的踪迹，因为善恶问题被他的成就遮蔽了。于是，就有了这样一种现象：有时候法律面前人人不平等，而且道义上也同样人人不平等。

就说国学大师刘师培吧。晚清时期出尽风头的青年国学大师刘师培，后来背叛革命信仰，丧尽天良，助纣为虐，随其主子到四川去镇压保路运动，结果半路上遭到逮捕，要被枪毙。就在这个时候，国学大师章太炎等人出来说话了：“今者文化陵迟，宿学凋丧，一二通博之材，如刘光汉辈，虽负小疵，不应深论。若拘执党见，思复前仇，杀一人无益于中国，而文学自此扫地，使禹域沦为夷裔者，谁之责耶？”结果刘师培（光汉）就这样被释放了，此事也成了章太炎生平行事恢弘怀抱、不计私怨的光彩一笔。实际上，章氏此举真是毫无道理：法律面前人人平等，谁管他是不是通博之才？刘氏所负，根本不是什么小疵；依法办他，也不是什么“拘执党见”；至于说法办他会使“文学自此扫地，禹域沦为夷裔”，更是极度夸张，海样言语。说到底，不过是因为刘师培有学问，所以怎样缺德也就无所谓了。假如换成大字不识的普通老百姓，那情形当然会立刻两样。

老百姓杀人就是杀人，偿命了事，别无二话。文人杀人可复杂得多。它可能是情感的爆发，可能是诗兴的外化，甚至可能是最后的激情创作。评论家要通过对他心灵之旅的追踪，对他父母、祖父母等潜在密码的破译，才能求得“成一家言”，有资格参与争鸣或鼓噪。相应地，只有老百姓才会犯诽谤罪，小说家的诽谤不是“诽谤”，而是“文学创作”。老百姓脸朝黄土背朝天的辛勤劳作，根本算不上是什么“成就”。所以，当他们面对法律或道义的审判时，也就不能依靠任何东西来遮蔽。官吏犯罪可以下贬为民，那民呢？官僚、名人们那份“格外”之福，他们是没有的。

上述情况，到底是“善”的势利眼，还是“法”的既疏亦漏，谁知道呢！反正，我们看世上的人文研究，确有一种道义标准旁落的现象。海德格尔是否与纳粹有关，不必计较（笔者知道顾彬先生对此还是非常在意的）。萨特玩弄女性，属于风流倜傥。周作人当汉奸，保不准是“苦肉计”。古圣贤早有“为尊者讳”的遗训，我们当然也不妨把文人们的劣迹“悬搁”起来，对其道德人品忽略不计，只一味地去欣赏其思想的深邃、学问的广博、文字的精美也就可以了。

“尊者”当然未必就是贤者，而“贤者”也未必就是尊者。对有劣迹的文人不加或少加追究，倒也罢了；可对那些品德优秀的文人不予表彰，进而听其遭“历史的现实”淘汰，那就简直不能让人容忍了。然而现实的不公正偏偏表现为，在所谓文人圈子里，大体是贤者不尊、尊者不贤。照王充的说法，“贤儒”是“世之方物”，不会转轴儿，情商很低，可地球偏偏是圆的，故而“贤儒”倒霉合乎天道之理。这些“方物”不晓得，实至名归，自然之理，非必然之事；己立者未必人成；学问文章之起家树誉，每缘巧取强致。所以，“方物”们空抱了满腹学问、一身文章，却得不到承认，甚至抑郁而死。倒是巧宦曲学更能够贴近自然，法天而行。他们事不究是非，从之若流；言无论当否，应之如响；处世为人，变幻便佞；阿旨取容，希风承窍，媚世苟合。明明是一位热衷躁进之徒，偏偏大作冰雪文章；明明是只有一丁点学问，却偏偏有大学问家的美名；明明自己不是个东西，却总是教育别人。恶之尤者，更是“不学有术”，以术为学，反倒成了领军人物。诸如此类，难穷其相；善不敌恶，有若此者！

这种情形对社会整体发展当然无利有弊。善良柔弱，罪恶强硬；善良退避，罪恶精进。当然，无行并非文人所独专，世界上种种恶行多非文人所为，但是无行或因其为文人而转无转轻，好文人湮没坏文人得势，似乎至今还没有引起人们应有的重视。要纠正这一偏向，笔者深以为应该在文化价值系统中树立道德标准，即：道德第一，其他种种全都退后。

在这个标准看来，无论你学问有多好、创作有多精、思想有多深，但只要在道德上有亏，在做人方面不是个物，那就狗彘不如。相反，即使你是大字不识的老粗，但只要是一个好人，就非常伟大，光彩照人。我们要想使杨超先生那样合道德文章于一身的正直学者不再被“淘汰”，就必须在人文学界大力表彰好文人，猛烈揭批坏文人。

或许是基于这个一偏之见，所以多年以来，我养成一个读书阅文的习惯，就是先看作者姓名，然后决定是否阅读。遇见自以为是好人的，无论文字好坏，总要多看上两眼；遇见自以为是坏人的，也无论好坏，照例一眼不看。交朋友也只看人品好坏，不问学问大小。所以，多少年来，我也就一直孤陋寡闻，偶尔听朋友提起某某大学者、小名人，总有一种惊异感："天呀！那么个东西居然如此出名！"于是，我就愈加不读他的文字，以此来惩罚恶者。我这种"道学家的眼光"，大概是受了史学大师柳诒徵先生的影响。柳先生说过，他所提倡的人本主义，就是"合全国为一道德之团体"，对学者来说，就是"兼本末、包内外，合道德文章而一之"。钱锺书先生也作如是观；他训诫以"学问"为富贵本子的曲儒，做人最要紧，用陆象山的话说："某甲虽不识一字，但要堂堂正正做个人！"换言之，道德第一，学问第二。这是我的偏好，也许不合于社会进化的规则与严酷的现实，但人又怎么可以不做梦呢！

（本文原刊于长沙《书屋》杂志 1997 年第 2 期）

实证主义与主观主义

某次，在朋友家聊天。我说，实证主义者往往最容易犯主观主义的错误。他问，此话怎讲？我答：实证主义者总是标榜最重视证据，有一分证据说一分话，有两分证据说两分话，没有证据不说话；言必有据，论从史出；实际上，他们根本做不到这一点，却给听众或观众造成一个错觉，认为他们都是靠证据讲话的。有了这种“错觉”做靠山，实证主义者便可以肆意地兜售其主观臆见了。所以，所谓“实证主义”，在某些人那里，与其说是一种学术宗旨与主张，倒不如说是一种策略或阳谋，靠着读者的无学无知，凭借一点专长与专业，到处去随意讲话，而且经常到学术范围之外去讲话，反落得重证据的美名，似乎因为他是某一领域的专家，就成了路路通的权威了。细加考察，才发现，所谓“实证”只是他随意讲话的挡箭牌，所谓“专业”竟成了他到非专业领域去任意教训别人的资本。戳穿西洋镜，其真面目就显露出来了。

这不，1994 年 4 月 28 日，笔者在《北京日报》发表一篇小文章，题为《史蕴诗心：浅论钱锺书的史学观念》。熟悉钱先生著作的人看了，都知道“史蕴诗心”四字是白纸黑字印在《谈艺录》《管锥编》书里的，我只是抄来而已。谁想到，就在发表文章的那个地方，一位祖师爷级别的先秦史老专家出来反驳了，言辞激烈地指责这篇小文章“歪曲”了钱先生的思想。他质问道：像钱先生那样博学的大学者，怎么会主张什么“史蕴诗心”?

祖师爷的文章一发表，可是不得了。史学界鼎鼎有名的老前辈、老专家、大权威，他出来指责你，活该你倒霉。而且，这位先生信仰实证主义，最重证据，在学界是出了名的。特别是，尽人皆知，老先生极其耿直方正，是个大大的大好人，一向见了好人好事就表扬，见了坏人坏事就批评，有口皆碑。总之，他老人家是一把照妖镜，一旦照到谁，谁就必定是妖精。

我当然诚惶诚恐。听着周围朋友们的议论，虽有申辩的能力，却无申辩的机会；心里充满委屈，偏偏无处讲话。在单位遇到领导，偷瞧一眼，只觉得心与腿配合着发虚。于是，退回蜗居，战战兢兢，掂量着最高级恭敬的句子，写了一篇答辩文章，注明“史蕴诗心”四个字印在钱先生著作的某某页，不信您可以翻翻看，等等，等等。老先生当然不会再理睬我，而我的人格、声誉云云，也就随着空气雾化掉了。

但是，内心的悲愤却许久难平。一位先秦史老专家，一旦专横起来，可以教训整个人文学科的学者。一位最重视证据的实证主义者，张嘴喷射出来的胡咧咧都会有大量粉丝点赞。我想起，这位最重证据的老权威曾经在《史学理论研究》杂志发表文章，批评一部《春秋》学史著作，上来便申明，他只读了该书的个别章节。换言之，假如他的批评与其他章节不符，他可以概不负责。当然，我们不能说实证主义者就必然是这个德行，也不能说这位老前辈凡事都是错的。但是，不可否认，我们时常遇见的实证主义者，常常“理直”气壮；讲话肯定、决绝、横硬，让你不由得把他视为真理的化身。至于到底是“气壮”支撑“理直”，还是“理直”支撑“气壮”，那就无人过问了。

于是，又不免想到那些看客、局外人、路旁儿。他们判断是非的标准与群羊一个样，不是根据事实、根据真理，而是看谁的年纪大、名气大、势力大，将其当作头羊。即使那头羊患了眼盲症，也尽管咩咩叫着去“锦上添花”。

丁守和先生健在时，喜欢与我们聊天。他常说，知识分子到底是讲“是非”，还是讲“利害”，与他的身份处境相关。实则，无论学术研究，还是学术看场，常常是“利害”战胜“是非”。这个时候，学者心目中装的是如何趋利避害，而不是实事求是。于此也可见，一些知识分子对于他们的专业操守，并不看重。

学术小人物有理也是无理，学术大人物无理也是有理，这本是历史与现实中稀松平常的现象，不值得大惊小怪。只是不要忘了，大人物也是从小人物演化来的，只希望在对大人物锦上添花、对小人物落井下石的时候，能够把小人物一棍子打死，叫他永世不得翻身，不然的话，留下一丝慈悲，使小人物有朝一日翻过身来，也成了大人物，就像孙猴子似的脱离了重压，这种循环又要落在你的身上。

书也有命

熊月之先生的大著《西学东渐与晚清社会》(上海人民出版社，1994年)一上市，我即买来拜读。其中讲到一部叫作《泰西新史揽要》的书，引起我许多感慨。尔后，又读到邹振环先生的大著《影响中国近代社会的一百种译作》(中国对外翻译出版公司，1996年)，也专门介绍了该书。据知，该书由蔡尔康与英国传教士李提摩太在光绪十八年（1892年）合译自英国史家马恳西（R.Mackenzie）所著的《19世纪大事记》(1880年)，是“晚清所有翻译西方历史书籍中销售量最大、影响最广的一部”。关于这部书在晚清社会所受到的超热烈欢迎的情形，两位先生的著作叙述已详，我只想补充一点亲切的具体史实。

首先是被梁启超誉为“晚清思想界革命先驱者”的启蒙思想家夏曾佑，他写了我国第一部章节体的新式历史教科书，成为近代史学史上开山式的人物之一。如今可以断定，《泰西新史揽要》正是夏氏史学重要的知识与观念来源之一（参看《汪康年师友书札》第2册，上海古籍出版社，1986年，第1312—1408页）。

第二位是吕思勉先生，即《蒿庐问学记》的主人公。他自述 11 岁时（1894 年）的读书情形时，说："当中日战时，我已读过徐继畬《瀛环志略》，并翻阅过魏默深的《海国图志》。该两书中均无德意志之名，所以竟不知德国之所在，由今思之，真觉得可笑了。是年，始得邹沅帆的《五洲列国志》，读日本冈本监辅的《万国史记》，蔡尔康所译《泰西新史揽要》及王韬的《普法战纪》。是我略知世界史之始。"（见《吕思勉先生编年事辑》，上海书店，1992 年，第 9 页）

第三位是顾颉刚先生，自称六岁时（1898 年）恣意翻阅《万国史记》《泰西新史揽要》《万国演义》等书，"也算懂得了一点世界史"（见顾潮《顾颉刚年谱》，中国社会科学出版社，1993 年，第 9 页）。

可见，《泰西新史揽要》是中国近代史学大师们的重要启蒙教科书之一，极其重要。它对于中国近代史学的作用，不可忽视。

从某种意义上说，所谓中国史学的近代化，所谓"新史学"的确立，恰恰肇始于西方传教士的译作。所谓"影响中国近代社会的一百种译作"的"影响"，当然包括史学在内。谈到"新史学"的确立，人们首先想到的是梁启超、章太炎，这当然不错。但是，新史学家们最初所读的洋书又从何来呢？这就不得不补上西方传教士这个刺眼的因素。事实上，史学著作一直是近代传教士翻译、介绍西方书籍的大宗，仅次于天文、数学、医学等自然科学书籍。明清之际耶稣会传教士传播的西学，因为限于形下的器物之学，所以不见历史书籍。但到 19 世纪初叶，在基督教新教的传教活动中，便有了历史书籍，并开始占一定比例。进入近代，传教士的传教活动一直没有离开对历史书籍的介绍，而且占有很大比例。熊月之先生将传教活动划分为四个阶段，从中可以清楚地看出这一点。《泰西新史揽要》可说是传教士们译述西方历史著作的典型代表。

但是，这部书的学术价值到底有多大呢？熊、邹二先生告诉我们，此书实际上是“第三流的历史著作中最叫人恶心的渣滓”，是“一部观点狭隘、受着文化局限而又沉闷的三流作品”。然而，正是这部“渣滓”，据说先后印刷竟达一百万部，上至皇帝老儿，下至平头学子，几乎人手一编，风走全国。这不能不说是文化传播史上一个耐人寻味的案例。

于是，我想起钱锺书先生的名文《汉译第一首英语诗〈人生颂〉及有关二三事》，里面有这样一段话：“西洋的大诗人很多，第一个介绍到中国来的偏偏是郎费罗。郎费罗的好诗或较好的诗也不少，第一首译为中文的偏偏是《人生颂》。那可算是文学交流史对文学教授和评论家们小小的嘲讽或挑衅了！历史上很多——现在就也不少——这种不很合理的事例，更确切地说，很不合学者们的理想和理论的事例。这些都显示休谟所指出的，‘是这样’（is）和‘应该怎样’（ought）两者老合不拢。”

这里不妨“博其趣”，给所谓“现在就也不少”提供一个例证。伍立杨先生《五本钱锺书传》（《博览群书》1996年6月号）说过，在他读过的五本钱锺书传记作品中，某文艺出版社推出的那本最糟糕，甚至它的缺点远远超过了它的优点。至于这本书如何糟糕，《博览群书》1993年1月号刊发白克明的文章，已经一一指出。钱锺书本人对此书也做过考语定论："傅会荒谬，每页皆有……驳不胜驳，也不值得驳。"

但是，这本最糟糕的钱氏传记，不仅是"五本钱锺书传"当中，而且是所有"钱学"著作中印数最多、知名度最高、装帧最漂亮、被转摘的次数最多、在小书摊销售最火、还获得一个什么奖的印刷品。而且，它所获得的荣誉，还不止这些。这就是这本最糟糕的小书的"接受效果"。

孔子论"道"的时候曾说，"道"也有"命"。同一个"道"，有时飞升上天，有时坠落入地，表明：人能弘道，非道弘人。道如此，书籍何独不然？这里，我不想探究"秦火"之类人为方面的原因，更无意作文化传播学的所谓社会性探讨，只想指出这样一个事实。这个事实给人们的教训是深切的。正如钱锺书先生早说过的：评论文艺作品艺术价值或学术著作学术水平的高低，不能依据读者的多少或社会的反应来进行。就是说，不能依据民主的原则。学术评论不是政治家拉选票，得票越多，价值越大。文化史上阴差阳错的事情实在太多了，并非全是成正比的"公正"与"客观"——更不必提"炒作"之类"阳光下的黑暗"了。

正因如此，才有各种试图利用阴差阳错"规律"以求得"好运气"的所谓学人纷纷登场。大胆者仿佛魔鬼的对抗上帝，公然剽窃，就像西洋文艺复兴时代理论家所说的那样："我把东西偷到手，洋洋得意，一点不害羞。"只恨自己没有勇气说被窃者穿越时间隧道预先偷盗了他。胆小者则仿佛间谍的递送情报，总是改名换姓，偷偷把自己的文字垃圾寄给文摘性报刊，盼望着编辑的一时疏懒或无知无识，让他老人家的垃圾公开展览。狡黠者则完全像是个媒婆子，成天到晚打电话拉关系，或动员媒体炒作，或运动相识捉刀，甚至死皮赖脸地蛮缠，目的只是给自己保媒。诸如此类，难穷其相。

在此情形下，一部好书默默无闻，甚至被贬入地；一部差书尽人皆知，甚至被捧上天，当然使人感愤。但是，假如眼光放得长远些，结局还是令人欣慰的。历史老人终究不我欺。所以，像《泰西新史揽要》这样的渣滓，除了熊、邹等专业史家外，还会有谁去搭理它呢？像《人生颂》那样能够使人起死回生的作品，也终究被公认为不如导致某些年轻人行为失矩的“坏作品”《少年维特之烦恼》。只是，当你觉得欣慰的时候，骗子们也早已做得或关乎山或关乎水的大学者了。这是书的运命，也是公正的代价。

（本文原刊于《博览群书》1996 年第 10 期）

不是冤家不聚头

台湾的李敖爱骂人，骂得昏天黑地，大家都知道的。但李敖并不是《山海经》里猪也似的山膏怪物，光会骂街，而是另有相当的人情味。比如，对老师姚从吾，就本着"为贤者讳"的古训，几乎不骂，即便偶有微词，也颇为含蓄，颇为委婉，带着敬重和仰慕。

照理，姚老先生和李敖是性格绝不相合的两路人，就像当年的俞曲园和章太炎。姚翁是整日埋首学问的老夫子，从不知道休息和享乐，甚至最后都死在了工作室的椅子上。李敖则天马行空，纵横骄傲得如日中天，早已天下皆知。有时人们不免会问，憨实厚道的姚老先生怎么培养出这么一个毫不循规蹈矩的怪才？就像石头，怎么会孵出蛋？这真应了那句老话：不是冤家不聚头。当然，李敖是大天才，他的性情是任何人都培养不来的，我们只是讲那么一点意思！

不是冤家不聚头的事情可多着哩！我们要想"博其趣"，真有不知从何说起的感觉。这不，偶然读到硕果仅存的大"托派"郑超麟先生回忆录，响当当地坚持托派立场，可谓名副其实的"文物老人"，仿佛 20 世纪 80 年代初的梁漱溟。长寿便是天才，郑老先生沾了这个道理的光。实际上，中国托派“挂头牌”、“男一号”、最有资格写回忆录的理论家该是李季（湖南平江人）。想当年，李季那个狂，思想那个解放，写文章那快那多，可绝不亚于青年时期的李敖。而且，李季还有个与李敖一模一样的特点，就是爱骂人，逮谁骂谁，可有个似乎最该骂的人他就是不骂，不但不骂，而且给予赞美，大有感情。您大概猜不到，这个人就是辜鸿铭。不但您猜不到，就是专门研究辜鸿铭的专家，似乎也没有注意到，这位“辫子先生”居然和号称“中国第一大马克思主义理论家”的李季有如此密切的渊源关系。

辜鸿铭同样爱骂人。据李季《我的生平》记载，有一次，辜鸿铭对他说：“你们湖南人好的固然极好，但坏起来，本事也很大。”又说，“你们口口声声‘改良，改良’，把‘良’的都‘改’了。”又挖苦穿礼服的毕业生，“娼妓最喜欢招摇过市，炫示自己的美丽，无论什么足以自炫的东西，她们总要表示出来给人看，所以叫做‘表（婊）子’。你们现在穿戴这样的衣帽，不独是‘堂堂乎张也’，而且洋派十足，真是了不得！”这种嬉笑怒骂的率真性格直接影响了李季，使他成为一名“战士”，而辜的严正、刚直、廉洁、学问，不趋炎附势、阿谀取容的品格，以及对李“慈母一般的爱护，严父一般的督责”，都增添着师生间的感情，使李季“唯他的马首是瞻”。但是，辜毕竟“是一个帝政主义者”，而李则为“决切的共和主义者”，两人立场对立，却发生如此亲密的关系，不是冤家，又是什么呢？

“冤家”有两层意思，一个是“仇人”，另一个则是“小两口儿”“有情人”。《西厢记》中就说：“望得人眼欲穿，想

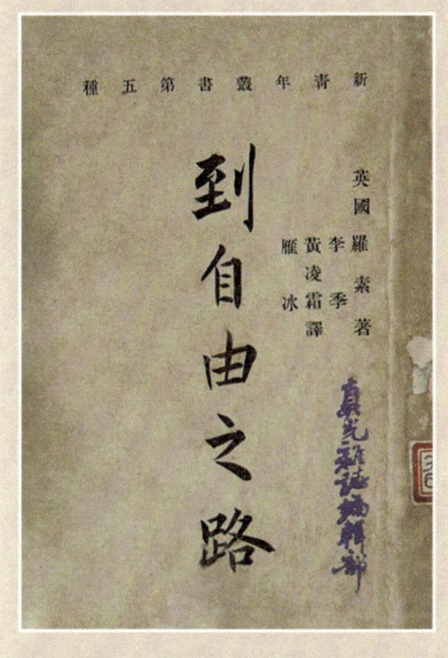
新青年叢書第五種
到自由之路
英國羅素著
李季
黄凌霜譯
雁冰

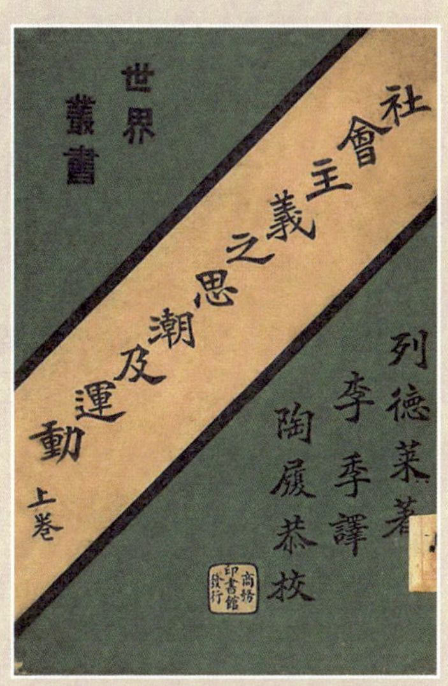
世界叢書
社會主義之思潮及運動
上卷
列德莱著
李季譯
陶履恭校
商務印書館發行

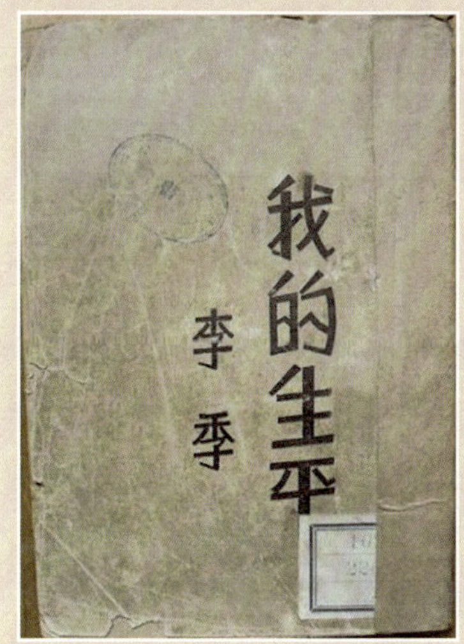
我的生平
李季

馬克思恩格斯通信集
第一卷

李季部分著作书影

得人心越窄，多管是冤家不自在。”《红楼梦》里的贾宝玉和林妹妹，就是一对冤家。这个合二为一、相反相成的古老语义，包含了辩证思维的深刻意趣。换言之，它不是在绝不相容的两极对立中思维，而是讲究融通和转换。甲可以转为乙，乙也可以转为甲。形而上学的思想方法，则认定甲就是甲，乙就是乙。在现实生活中，在思想学术史上，这种冤家聚首的事情，说不尽，道不绝，而形而上学的思想方法，却没有因此被抵消。大名鼎鼎的史学巨匠谭其骧，据说打结婚那天起，就与夫人关系不好，就闹离婚，可居然也过了一辈子（参看葛剑雄《谭其骧前传》）。思想解放的导师胡适之，不但和小脚夫人厮守终身，而且大开什么“国学书目”。如此等等，我们总是不理解，感到奇怪。可是我们顺着事情的本真样式，具备一点辩证的头脑，还会感到奇怪吗？这个道理很简单，一到实际中，似乎就忘掉了。这足以证明，“知”易“行”难。举个浅近的例子吧。

在论述辜鸿铭的文字中，普遍存在一种无意的惊异，即辜“精通西学而极端保守”。言下之意，“精通西学”就不该“极端保守”，而“极端保守”呢，当然就不该“精通西学”了。这个基本假定所包含的荒谬，由两极对立的形而上学思维方法引起，直接上升为对中西文化的价值判断。说白了，就是对西方与东方的双重误解。

文化问题自然并不这样“两极对立”。事实是，在中国近现代，乃至在全世界，“精通西学”而“保守”，笃于“中学”却不“保守”，都是稀松平常的事情，不值得大惊小怪。前者老辈如严复，小辈如陈寅恪。后者老辈如吴汝纶，小辈如顾颉刚，都未开过洋荤，而顾氏疑古，够“激进”吧！所以，把中西学问直接和价值判断挂钩，前提就错了。说句离奇的话，越是精通西学，说不准还越保守呢！许思园先生——一位已被遗忘的中国现代哲学家——在英文著作《人性与人之使命》中就曾说：

> 我在西方文化中发现的弥足赞叹之处愈多，我就愈觉得有理由热爱自己祖国的文化，热爱我们古代哲学家的高度智慧。尽管我受西方思想家的影响那么深广，我敢说，读者会看到我在本书所陈述的一些见解完全符合孔子的遗教，一点也不失孔子教义的本旨与精华。

这可说是非常正常的情感与想法。不仅许多华人抱持此念，其他民族的人也会抱持同类性质的想法。所谓“乡愁”，寄寓的实则是生命情感。辜鸿铭是一个华侨，早年的浪子无家意识早已深埋胸中，所以格外懂得“根”的生命维系。当他回到国家，找到“根”，实则找到了精神的房子。借陈寅恪先生的话说，文化（形）必有所依托之物（质），而在辜看来，“帝政”就是他所归属的文化依托，王国维先生可以为这个文化依托而死（体用不二，形质不离），他为什么不可以为之留条辫子呢！辫子是什么？在他看来，辫子就是“文”呀。

“无错不成话，非冤家不聚头，不如此怎会有人生的笑剧？”钱锺书著作的一大主题，就是申说这个“正反依待”之理。进一步详细考察，会发现这个“辩证理趣”尚有时序

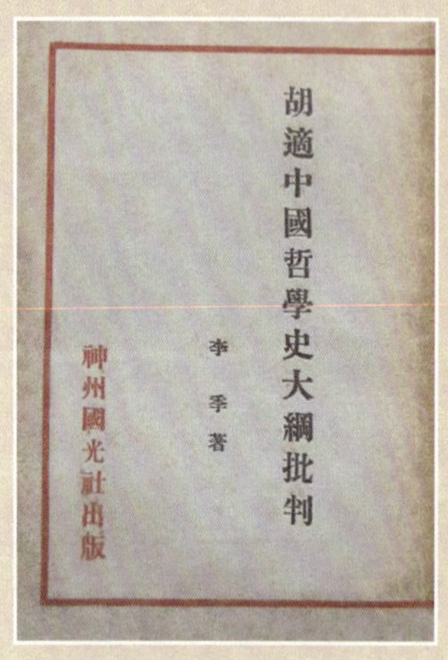
胡適中國哲學史大綱批判
李季著
神州國光社出版

可波羅游記
李季

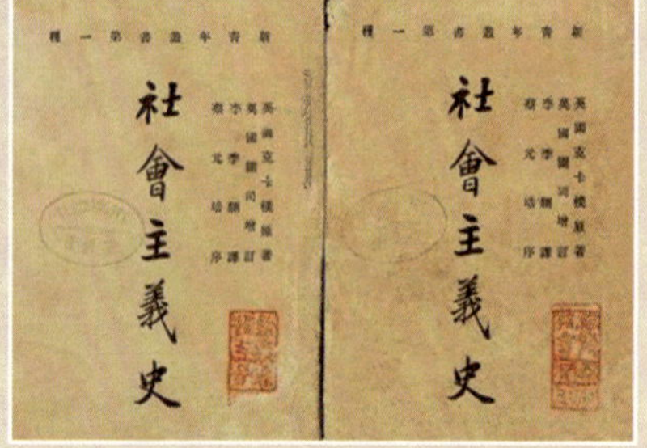
新青年叢書第一種
社會主義史

馬克斯著 博洽德編
通俗資本論
李季譯
神州國光社

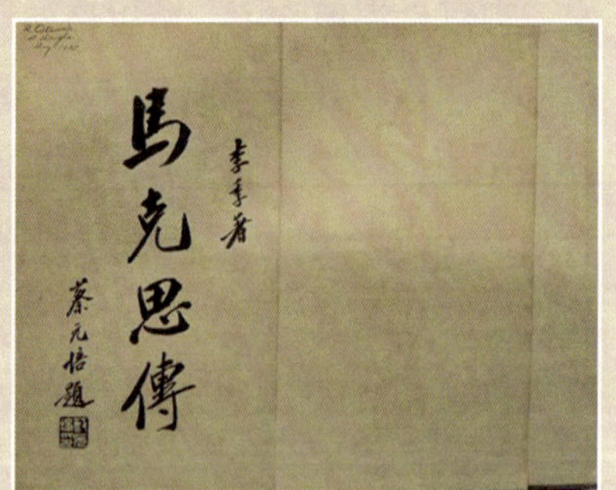
馬克思傳
李季著
蔡元培題

李季部分著作书影

上的差别，一是先为“冤家”而后“聚头”，二是先“聚头”而后成为“冤家”，如几十岁的老夫妻闹离婚，多少年的老同学闹别扭，半辈子的老同事闹意见，甚至自己跟自己过不去，两个自我相互打架，不惜以今日之我大骂昔日之我，等等。李敖之于姚从吾，李季之于辜鸿铭，章太炎之于俞樾，梁启超之于康有为，诸如此类，都是先聚头而后成为冤家。就此而言，他们是真正的好学生，正像尼采说的：“宗师只有一大弟子，而此子将背其师，盖渠亦必自成大宗师也。”我们懂了这个道理，就不至于对生活中以及学术上许多“矛盾”的现象感到奇怪，不至于把差别误解为对立了。当然，许多可以骗取职称的文字，也就失去功用了。

（本文原刊于长沙《书屋》杂志 1997 年第 5 期）

后记：李季《我的生平》说，当中国正将对德宣战之际，辫子先生在某外报作英文社论一篇力斥其非。旋令三年级学生译成中文，不甚佳妙，又持报来李季班上，问谁能担任这种工作。李表示愿意试试，译就送去，辜阅后，非常满意，很高兴地说：“啊，密士特 L，你在哪里学得这样好的中文？真是难得！”此文名《义利辨》，曾在北京两种中文报纸上登载过。李季说：“我从 PK 大学毕业至今，除掉自己的著作（约一百万言）不计，前后译品已超过一百六十万字，然却以这一篇文言的译文为起点，这是值得提及的。”

白寿彝先生说“通俗”

白寿彝先生说：“通俗的工作并不是多么简单的工作，没有一定的深度是搞不好的，通俗不是粗俗，不是浅薄，而是既有充实、正确的内容，又要能看得懂。”①

白先生认为，“深入不一定能浅出，而浅出却必须先有深入”。所以，白先生说“写通俗的文章”难度更大。“好多专家写不出来。难写呀，是不是深入才能浅出呀！通俗不是粗浅，要更好地把内容表述出来，让更多的人能够接受，这确实不容易，不下功夫是不行的。”②

这些话，既简单，又明白。然而，实际情况却是，许多号称通俗的读物，“俗”则“俗”矣，“通”则未必。

通俗必须得是深入浅出、雅俗共赏。假如浅入浅出，俗赏、雅不赏，那就只能是“俗”，不算是“通俗”。通俗的前提是先得有一定深度，也就是先得有比较深入的研究。有了比较深入的研究，才谈得上“通”，也才当得起“通俗”之

①《白寿彝文集》第6卷《历史教育·序跋·评论》，开封：河南大学出版社，2008年，第126页。笔者最早在方宏同志的硕士论文中读到这段话。

②同上，第107页。

名。“通俗”是“通”和“俗”的有机结合，缺少哪一项都不完整。而且，“通”是前提、是基础。所以，“通”而后“俗”，才叫“通俗”；不“通”而“俗”，那就不是“通俗”，而是假冒的通俗。白先生所说的“粗俗”，笔者认为就是“假冒的通俗”的一个类别。

“通俗”也会遭遇假冒，这绝非危言耸听，而是活生生的事实。一些普及读物，根本就不具备白先生所说“充实、正确的内容”，仅仅是能让人“看得懂”，便戴上了“通俗”的帽子，流走社会，大受追捧！甚至个别著名学者，也跟着吹捧这些仅仅是“看得懂”的读物，并对批评者挥舞大棒，斥责批评者“眼红”“妒忌”“靠骂名人出名”云云。其实，只要人们认可白先生关于“通俗”的论断，把它当作一把尺子、一面镜子，去量一量、照一照实际生活中碰到的普及读物，便不难辨别它到底是真通俗，还是假通俗。

看来，不是白先生的观点不对头，而是许多人已经不明白什么才是“通俗”。这些人一碰到“俗”，便不再过问其通不通，把“通”自觉不自觉地当作了“子不语”的“怪力乱神”。这是鉴别力丧失的一个症候，也是学术骗子大行其道的原因。当学者失去鉴别力，“学骗”便畅行无阻。

白先生关于“通俗”的看法属于两点论。他既强调“看得懂”，又强调“充实、正确的内容”。能让人看得懂，是以“接受”为前提的。白居易作诗，力求使“老妪都解”，即以特定受众的接受为前提。但是，白居易写的毕竟是诗，不是“顺口溜”“绕口令”。既然是“诗”，就得遵守“诗”的文体规则。不然的话，说大白话，“老妪”岂不更“解”？于此可见，“充实、正确的内容”是通俗读物更根本的前提和内在要求。缺少这一项，或者因为有了前一项便以为自然有了后一项，都是思想放假、想当然的表现。

当然，“精明”的人会把“俗”故意“忽悠”为“通俗”。在他们精明的算计中，通俗仅仅是面向大众的，所以对学术界关闭大门，也就不必有充实、正确的内容，只需“看得懂”即可。自然，“通俗”读物出现硬伤（正确性），内容单薄、思想浅薄（充实性），也就不值得、不应该、不允许批评了——人家写的是通俗读物，何必那么较真儿呢？有趣的是，倘若有学者出来赞美，他们会照单全收。

这里，自然少不了说一下流行的传统经典普及“热”。笔者赞同杜维明先生的看法，即普及传统经典，毕竟以对文本的正确解读为前提。[①]当代西方阐释学不承认有统一的一致的客观解读，但这绝不是说可以肆意歪曲文本，而是说同样的文义，理解各有不同。你可以对苹果作或酸或甜或红或绿的理解，但绝不允许把苹果理解成大馒头——正如不能把“小人”理解为“小孩”。所以，阐释学的规则不能为“俗”而不“通”提供任何辩护。在充实性与正确性上，白先生的论断与阐释学理论完全一致。不但一致，而且只有借助他们的论断，才能识别伪劣假冒。

不幸得很，在“通俗”的伪装下，不“通”而“俗”、“俗”而不“通”的俗人、俗书，已经风行南北。这些出自

①陈香、陈洁：《“十博士联名倒于” 学者发出理性声音》，载《中华读书报》2007年3月16日。

俗人的俗书，没有向读者传播正确、充实、完整的信息，却蒙蔽了许多自以为不俗的“通”人——其实是章学诚所谓“横通”。他们说，对于那些面向普通大众的通俗读物，不应从学术的角度吹毛求疵，于是，“充实、正确的内容”也就非所思存了。这些“横通”学者，不是“通”的提倡者，而是“俗”的吹鼓手。

“俗”的吹鼓手并不晓得“通俗”是什么，但是，他们却用实际作为勾画了另一种通俗观。套用白寿彝先生的句式，我们可以给他们的通俗观下一个定义：通俗的工作是多么简单的工作，没有一定的深度照样搞得好，通俗就是粗俗，就是浅薄，不必有充实、正确的内容，但要能看得懂。

（本文原刊于《史学理论与史学史学刊》2011 年卷。社会科学文献出版社，2011 年 12 月）

探寻显性与隐性社会的奥秘

《发现另一个中国》是知名学者王学泰先生撰写的一部历史随笔集。全书从内容到形式，都极富特色，堪称佳构。

王先生本是古代诗歌研究专家，后转入研究饮食文化。再后来，又探究游民问题，出版了颇受推重的《游民文化与中国社会》。他是个学问杂家，视野非常开阔，思维异常活跃，文笔尤其大开大合，大俗大雅，甩得开，拉得回，不仅带有水泊梁山的豪气，而且能让人感觉到锣鼓点的铿锵。其挥毫落纸吸引人的功夫，可与单田芳老先生的评书艺术一拼高下。

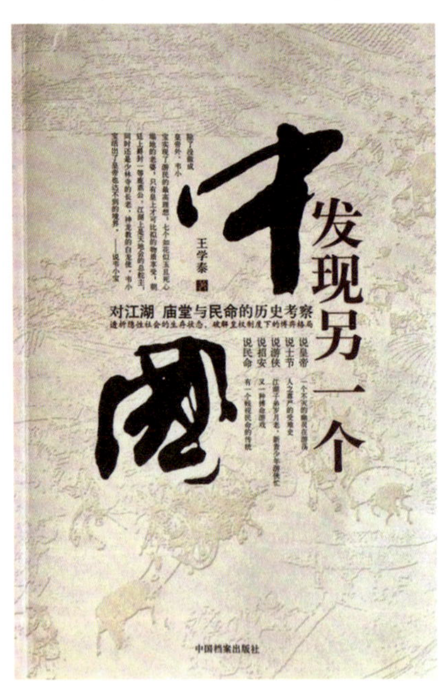

王学泰著《发现另一个中国》书影

这样的治学路数，概括地说，就是以文人本性做学术功夫。

就在本书里，他常常随手拈来古人的名言雅句，时而又排列出土得掉渣的民间俚语，还会在平铺直叙时，突然插入小说笔法，放马骤驰，可谓行空皓月，挥洒自如。

他说，《水浒传》中的晁盖，“在没有正式下海之前已经是黑社会的头头和江湖领袖了”。他的威望足以让江湖人相信，夺取“生辰纲”这笔买卖，只有此人挑头，才不会“洒汤漏水”(第 173 页)。

一句“黑社会头头”，已经具有颠覆性，却还要用“洒汤漏水”结句！就在我们屏息跟进时，他的笔锋会陡然一转，由月光下的刀影，指点到北方农村“拉帮套”的男女，再回到凤凰电视台的“有报天天读”“李敖有话说”或“小莉看世界”。如此密集、跳跃而连贯的好“贯口”，让我们看饱之余，不禁为作者打通今古、善于联系的本领叫好。

书中写江湖，讲游民，批八股，说金庸，道“水浒”，评韦小宝，析王闿运，揭帝王之秘，痛暴民之愚，发覆破的，如指诸掌，直把什么叫“五花”、什么叫“八门”一类勾当抖落得干干净净。有时，作者还会来几个插曲，说一下为什么中国古代没有发明四轮车，招安一词所自何来，《水浒传》中是谁最早说出了“招安”，等等，等等。诸如此类的五行八道，配合着逸思奇语，仿佛被赋予了生命，直往读者的眼睛里跳。

作者选取资料，是打通文史、五方杂处的。稍一翻阅，发现他不仅引正史，用野史，而且采诗文、取戏词、摘小说，浑不顾界限条规。要知道，慢说《三国演义》《水浒传》并非信史，即使《世载堂杂忆》《洪宪纪事诗》一类纪事诗文，亦颇多夸饰，极不可靠。但是，读过全书，却疑冰尽涣。因为，作者虽然相信笔记小说可提供真实历史细节，但实际运用，却着重于让读者从中体验“历史氛围”（第 80 页）。他深知“诗”与“史”的不同属性，使用“以诗证史”方法，只是要“印证”历史现象，却非“证实”具体史事。所以，当书中把《水浒传》当作“游民大全”使用的时候，我们只觉得作者揭示了历史真实，却没有违反历史事实，陷入牵强附会的泥淖。就此而言，笔者以为王先生用他的写作实践，为“史蕴诗心”一词作了好注脚。

此书具有评书般的形式，但是，它绝非信口开河般的“杨瞎话读报”（第 268 页），而是招招式式都指向严肃主题。

照封面所示，本书是“对江湖、庙堂与民命的历史考察”，意在“透析隐性社会的生存状态，破解皇权制度下的博弈格局”，从而“发现另一个中国”。易言之，本书只要回答一个问题：中国到底是什么社会？

这个问题，至少自晚清以来，就一直讨论。20 世纪二三十年代开展的中国社会性质大论战，即以此为核心而展开。王先生的特点，在于转换视角，通过“另一个”渠道，为我们提供了许多感性的历史图景，从而再次开启思考之闸。

所谓“另一个”，笔者以为有两层意思。一指问题的另一面，二指社会的另一面。

所谓问题的另一面，是说当人们赞美儒家民本主义思想传统的时候，还应看到历史上贱视民命的问题；当听到有人高喊中国人不打中国人的时候，还要看到有些中国人专打中国人；当有人说武松反对招安的时候，要看到正是这个山东好汉，第一个表达了想招安的愿望。总之，当人们着迷于魔毯的精美花纹时，最好把毯子掀开来，看看背后的纹理和结构。由此，才能领略历史的复杂性，从而使思想变得深细。

所谓社会的另一面，是说在显性的主流社会之外，还有一个隐性社会。这个与主流社会相对抗的野蛮残酷的隐性社会，就像人的另一只手，虽然隐在身后，却“该出手时就出手”。

显性与隐性的二元社会架构，是王学泰先生贡献给学界的思想成果，也是他观察历史的基本方法。从这一架构出发，王先生的“野心”，端在揭示历史奥秘。

从二元架构下探，会发现在显性与隐性社会内部，同样有主流与隐性的区别。而且，主流与隐性之间，还会发生对流，形成换位。

比如说，隐性社会的主体是游民，而大名鼎鼎的大名人杨度，毋宁说就是主流社会的一位游民。杨度的老师、专门讲什么帝王之学的老名士王闿运，也不外此。他们“以逍遥通世法”，进取不由正道，耍弄机会主义，既缺乏坚定信仰，又非常矫饰，但八面通吃，堪称玩空手道的高级乞丐兼政客。反之，丐帮帮主之流，则堪称隐性社会的庙堂主人翁！一句话，帝是成功的贼，贼是失败的帝。显性、隐性，反映的是同一个社会结构。

对杨度一类“皇权游戏中的知识分子”，王先生多有揭露。对他们所代表的社会阶层，作了历史的梳理和社会根源上的剖析。对欣赏此类人物的流风结习，委婉地表示了不以为然（第 68—69 页）。然而，杨度只是一个典型。全部清儒，何尝不是学问大了、人格萎了？最终，实践品格转为吃饭工具，仿佛人入中年，失了童真，全是世故。王先生描述此类人所表演的历史丑剧，揭露他们的猥琐人格（参看第83—84页），不禁让人去考量那禾苗得以生长的田土。

唯一受作者青睐的，只有品质高拔、为人忘己的真游侠。游侠之外，对游民与江湖人，作者照样操纵解剖的刀子，毫不假以颜色。金庸小说《鹿鼎记》的主人公韦小宝，坐了江山的刘邦、朱元璋，皆为刀光剑影中的江湖流氓，可以视同丘貉。可是，此类流氓却往往成为传统文士羡慕的成功符号（第127页）。诸如此类，到底说明了什么？

王先生并没有给出关于中国社会性质的最终答案（他只是一般性地认为中国古代是以自然经济为主的宗法社会），却提出了许多精粹的具体结论，发人深省，足资参悟。

他说，所谓“父母官”，既意味着怜你爱你，也意味着天生可以管你、教你、打你、骂你。如果你想告“父母官”，则意味着非法。古代“父母官”审案，老百姓可以旁听。但旁听是旁听，却基本没有监督司法的功用。至于专制独裁者，则往往比普通人有着更多的缺点，包括心理缺陷。专制体制造就了古代社会的边缘人，等于储备了“造反者”的后备军，而“招安”起到了社会矛盾调节阀的作用。如果问古代中国到底是什么社会，答案或许就蕴含在这些具体结论之中了。

这些具体结论，指向一个核心思想，即人本主义以及相应的和平理念。作者对生命和人权的关爱，对和平的赞美，弥漫于全书的字里行间。

从人本主义立场出发，诗人杜甫在作者笔下成了原始儒家性情哲学的弘扬者。杜甫代表着儒家初创时期的方向，杜诗代表着唐代儒学的最高成就（第 114 页）。由杜甫延展，可发现真正能和原始儒学接轨的，并不是后世形形色色的儒学家或经学家，而是富于感情的文学家、诗人。因此，后人读杜甫诗所受到的儒家观念感染，绝不会亚于读儒家经典（第 100 页）。作者此论，让人想起钱锺书先生的一段名言："哲学思想往往先露头角于文艺作品，形象思维导逻辑思维之先路。"

不过，作者的诸多论断，总让笔者感觉尚欠"翻进一层"。这种感觉，就像是饥饿的人只吃了个半饱或大半饱。比如儒家民本思想与贱视民命传统之间的关系，古人就曾有过"周孔徒劳，名教虚设"的讲法，意思是说儒家教化等于白说（详见钱锺书《管锥编》第 1164 页，中华书局 1979 年 8 月版）。倘能沿此路向开掘下去，想来更能剥皮见骨。当然，将接力棒交给读者，所达致的目标或许愈加高远。这是否表示作者故意留下空白、以不落言诠做意味深长呢？

（《发现另一个中国》，王学泰著，中国档案出版社，2006 年 5 月。本文原刊于《南方周末》2006 年 8 月 24 日）

学术批评应以“诚”为本

列宁说：能不能同显然不善于用严肃的态度对待严肃的问题的人严肃地谈话呢？难，很难！然而某些人不善于严肃地谈论的问题本身是非常严肃的，所以不妨分析一下对这种问题的显然不严肃的回答。

关于学术批评的正面作用与积极价值，我以为无须多嘴，因为大家都承认它是学术研究乃至文化传承中不可或缺的重要内容，没有歧义。但是，自古以来，在学术批评的名号之下，便存在着这样那样的问题，也是众所周知的事实。这些问题，归结到一点，就是严肃问题不严肃对待，亦即不诚。

一种不诚，名曰老虎屁股摸不得，也就是不许批评。有些人，一遭批评便跳脚，浑然不管人家批评得对不对。而一旦遭受表扬，同样浑然不管对不对，一律照单全收。这样的学者，笔者无以状之，权且状之曰“浩然巾前后有两张脸”。

一种不诚，名曰阿谀奉承，也就是专门讲好话，相当于“语言贿赂”。这样的批评，当面输心背面笑，是庸俗社会学的学术症状之一。这类专门以好话来讲假话的批评，流行最广。

一种不诚，名曰沉默是金，也就是明明知道批评对象的命门，但就是不说，免得得罪人。这种“保持沉默的自由”，其实也是一种滑头，是对学术不负责任。

一种不诚，名曰泼妇骂街，也就是专门搞人身攻击，借所谓学术批评来坏人名声、清除所谓的学界敌人。这类学术批评名号下的违法行为，人们见得最多，但除了摇头慨叹，似乎也没有什么办法。

一种不诚，名曰靠骂街出名，也就是专拿名人开刀，目的既在恶心对方，更在自己出名。他们或者捕风捉影，肆意牵连；或者胡编乱造，满嘴喷粪；或者抓住一点，无限放大。总而言之，为了出名，不择手段，仿佛《水浒传》中的泼皮牛二一样，无理取闹，四处生事。

一种不诚，名曰靠名气骂街，也就是已然出名，便“人仗名势”，到处骂骂咧咧，让不知就里的粉丝们如痴如狂，手舞足蹈。这类专吃名气饭的“学商两栖动物”，笔者见得多了，读者一查便知。

种种不诚，难穷其相，笔者点到而止，但究其极，实为不德。

笔者书房

笔者书房

中国人向来讲究“修辞立诚”。批评作为一项严肃的事情，当然应当以诚为本。“诚”就是“德”，所以中国古人对文人学士的一项基本要求，就是要讲“文德”。文德不佳的人虽然可以“有言”，但这样的“言”，骗得了一时，骗不了永久，最终会被戳穿。

上对社会，下对个人，均应该“诚”。老老实实，诚诚恳恳，不欺世，不欺心，做一个对人对己都“既诚且敬”的人，这应该是对学术批评家的基本要求。目前，我们还缺乏一套制约那些伪劣假冒的学术批评的有效社会机制，因此，发挥批判的武器的威力，显得格外重要。

把严肃指为滑稽是滑稽的，把滑稽指为滑稽才是严肃的。对待学术批评领域的滑稽行为，我们必须严肃地站出来，运用批评的利器，把滑稽归为滑稽。这是我们的责任，是促使学术健康发展的急迫需要。

翻译应以“信”为第一要义

《中华读书报·学林》发表文章讨论翻译问题，引起我很大兴趣。其实，这类问题，向来就有争论，很难取得一致意见。不过，鄙见以为，重要的不是取得一致意见，而是通过讨论，给人们一些思想启发，最终将这种讨论引向对不同文化相互交流问题的思考。

一般说，文化交流总是伴随着“走漏”和“变形”。所以，原封不动的翻译，根本不存在。问题是，怎么“动”，“动”得是否合理。为此，前人曾经提出过“信、达、雅、化”一类标准。无论这些标准的具体内涵如何，我想，有一个最大公约数，即翻译总以不造成误解为宜。

举一个尽人皆知的例子。Ladies and gentlemen，不知什么人、从什么时候开始，把它翻译成了“女士们、先生们”，至今已成定式。但是，这种翻译导致一个错误结果，即许多人由此而不自觉地将“女士”与“先生”理解成了相对应的概念。由于这种误解已经深入许多人的大脑，所以，一旦有人称某位“女士”为“先生”，往往会引起诧异，奇怪女人怎么也可以称先生呢？其实，在汉语中，“女士”与“男士”对应，“先生”与“后生”对应，“先生”不分男女。假如 Ladies and gentlemen 当初不被翻译为女士们、先生们，而是翻译为女士们、男士们，或者翻译为淑女们、绅士们，那么，误会或许就不会发生了。

这是外来翻译改变本国文化概念的一个例子。世界各国的语言习惯、语言规则，当然都会在“外来语”的渗透下发生改变，并不足怪。但是，翻译活动最好不要造成本国语言概念的混淆，并积错成是，让原本清楚的变成糊涂的。

有时，翻译活动还会造成对源语言对象的误解。这又是一个非常有趣的现象。比如说德国的著名城市海德堡（Heidelberg），许多人一看中文译名，头脑中立即设想那个地方肯定有个“堡”。一些到过海德堡短期旅游的人，回来也说那里的古堡如何如何。其实，那里根本就没有“堡”。短期旅游者看到的“堡”，人家叫作“宫”（Schloss）。Heidelberg 中的“berg”，也不是“堡”（burg），而是“山”的意思。所以，据说著名学者冯志先生向来把 Heidelberg 翻译作“海岱山”。有些德语专家只是鉴于“海德堡”已经约定俗成，并且富于美感（那个地方确实非常美），才“迁就”这一译名。不过，这一“迁就”，许多人头脑中幻化出来的“古堡”形象，就更加强化了。

其实，德国许多地名，虽不一定叫作“庄”“屯”“村”“镇”，却也和这些地道的中国字眼一样，“土”得很。但是，它们一旦译成汉语，立即就变得洋味十足了。像著名的法兰克福（Frankfurt），就是某某“滩”（furt）的意思。我在德国居留两年，深深感到，无论中西文化差异多么大，但生活的本质是一元的。越是深入语言深处，这种一元性的感受就越强烈。

遗憾的是，“翻译”在从事“沟通”活动的同时，也时常造成“断裂”。如何在“沟通”与“断裂”间寻求平衡，显然还需要深入研讨。

钱锺书先生在名文《林纾的翻译》中，拈示出翻译的最高境界：化。为达到高境界，翻译家们似乎总有一种追求“雅”的潜意识。所以，把“白房子”（White House）译作“白宫”，把“上下文”（contextualism）译作“语境”，等等，似乎都天经地义。这些翻译都没有错，但或许正因为它们没有错，才更容易造成真相的变形，以及接受者的“别开面目”，因而更容易引发错乱。因此，我觉得现在所需要的，不是提倡最高或更高境界，而是约定最低或起码标准。也就是说，翻译活动，应该以不引发误会为底线。为此，也就不能不以“信”为第一要义。尤其不能为了追求“雅”，为了“提高境界”，而失去“信”。

据李季说，辫子先生辜鸿铭与严复一样，好以己意剪裁原文。他每于译就一句话或一段话时，必说道：“你们看呀，我替它穿上中国衣服了。”李季对此表示不同意，认为译书还是以直译为好。多年来，直译似乎已经被公认为不适宜了，但是，直译到底意味着什么，似乎还缺乏更深入的思考。

（本文原刊于《中华读书报》2006 年 7 月 26 日）

快乐的阅读

疑冰涣然的喜悦

钱锺书先生说过一段很雅趣的实在话："在非文学书中找到有文学意味的妙句，正像整理旧衣服，忽然在夹袋里发现了用剩的钞票和角子；虽然是分内的东西，却有一种意外的喜悦。"（《释文盲》）我要说，在泛泛的浏览中偶遇久觅未得的史料，深蓄的疑难涣然冰释，由此而来的喜悦，不亚于随手买彩票却中了头奖。

举个小小的事证吧！

20世纪30年代著名的中国社会性质大论战中，有一位笔锋甚健的作者，署名伯虎。这位先生到底何方神圣，向来不为学界所知。非但学界不知，即使当年论战的参与者，也未能道出端的。据吴黎平先生回忆，伯虎本名竺廷彰，又叫祝伯英、方亦如，曾在中共中央宣传部工作。可是，竺廷彰又是何许人也，吴老的回忆是否确实，我们却连判定的基本依据都没有。

研读历史文献的难点在此，历史文献的诱惑和魅力同样在此。遇到这种富于诱惑的难点，禁不住诱惑的研究者，大都会强使自己成为刺探情报的“包打听”，扭住不放，非弄明白不可；不受诱惑的聪明人，却能够超然地保持文本本位主义，只管吃鸡蛋，根本不关心那蛋是哪只鸡下的。以新版李泽厚著《中国现代思想史论》(天津社会科学院出版社，2003年)为例，作者既不了解方亦如的身世，也就把此人放在了社会性质论战的主流派别之外（第65—66页)。再如某人在大名鼎鼎的历史刊物上发表文章，居然把“孙倬章”统统写作“孙悼章”。足见即使像社会史论战这类近代事件，要完全搞明白其中人物的真实情况，并非易事。

让我意想不到的是，这个问题居然在2007年被解决了。《秦邦宪（博古）文集》(无锡史志办公室编，中共党史出版社，2007年)清楚地告诉我们，伯虎原来就是博古（第120页)，众所周知的秦邦宪。伯虎、博古，一音之转，竟让笔者不胜失之交臂之感。由此，这部文集的搜讨与考订功夫足见一斑。要知道，上推10年，当代中国出版社出版《博古文选·年谱》时，尚未考订出伯虎就是博古。

博古是钱锺书的同乡。前些年，有学者挖掘出若干篇钱锺书儿童时期的作文，已然让我深感佩服。现在，博古的早期作品，显然也已搜罗殆尽。不过，要了解博古的生命历程，不能单看这部文集，还须阅读《共产国际、联共（布）与中国革命档案资料丛书》。这套丛书对于研读中共历史的重要价值，无须赘述。博古便是书中的要角之一。有趣的是，该丛书的第13—17册由中共党史出版社于2007年9月推出，前12册却是由北京图书馆出版社与中央文献出版社分别出版的。一套书出自三家出版社，足见学术研究之艰辛，大概也说明这套丛书不具备“经济效益”。整套书的一大特点，就是对人名的考订非常精细。比如博古，书中告诉我们，他的俄文名字叫波戈列洛夫。不过，伯虎之于博古，书中却未点明，暗示编者还不知情。

书中对吴黎平（即吴亮平，1908—1986）也有记载（第15册第279页）。现在，知道这位理论家、经济学家、翻译家的人已经不多了。早听说上海一些老人在撰写《吴亮平传》，盼望能尽快出版，也希望最新披露的史料能对撰写吴亮平传记有帮助。

多年来，我一直在梳理半殖民地半封建理论的来龙去脉。对这个问题，丛书也给我带来喜悦。书中收录一份1932年1月的文件，明确载明“中国是半殖民地半封建国家”（第13册第105页）。这大概是正式文件中第一次出现“半殖民地半封建”的完整字句。此前，虽然也出现过这一完整概念，却不是在正式文件中；正式文件中出现的，还是半殖民地与半封建分列的样式。读到这类文字，喜悦不言而喻。

好书的一大价值，在于能够丰富和细化我们的认识，填补知识上的空缺。好多年前，我在阅读李季所著《我的生平》（上海亚东图书馆，1932年）时，得知辜鸿铭的英文稿《义利辨》是李季译为中文的。我将这一消息告之辜鸿铭研究专家黄兴涛教授，引起他很大兴趣。读杨念群教授主编而兴涛为召集人之一的《新史学》第1卷（中华书局，2007年），得知他们致力于建构包含语词史与观念史在内的“新史学”，在关于“她”字的讨论中，黄教授告诉我们，严复与辜鸿铭都曾反对用这个字指称国家，因为“她”字阴性过重（第 162 页）。读到这里，我想到，德国人是以父亲而不是以母亲指称祖国的，莱茵河就是他们的“爸爸河”。这与我们将祖国或黄河比喻为母亲刚好相反。顺便说一句，“祖”字本身是专属男性的。李敖有篇专讲“且”字的文章，发挥得很透彻。

讲到“史学”，需要提到瞿林东教授主编的四大册《史学理论与史学史研究系列》（北京师范大学出版社，2007 年）。它没有使用“新史学”的好名称，但是，对于了解史学研究（不同于历史研究）的新状态或新程度，这套书是绕不过去的。某种意义上说，这套书是国内史学研究状态的集中展示。

博古是新华社首任社长。博古在延安主持新华社工作时，三位得力部下中的一位，就是廖承志。廖承志曾经是延安著名刊物《解放》周刊的领导人之一。读《廖承志与日本》（中共党史出版社，2007 年），我第一次得知这些信息。

感受历史人物的多重面向

与许多事一样，做学问也常会让人感受不公平。以资料搜集而论，许多年前泡图书馆苦索不得的那些稀罕玩意儿，现在只要在互联网上轻点鼠标，便哗哗呈现出来了。每念及此，常有朋友发出“早知今日，何必当初”的感慨！

一些后生占据着科技时代的制高点，情不自禁地冒出优越感。他们时不时地在论文开场白中笑话前辈学者没有看到这、没有发现那。对这种鼠标点出来的优越感，我会有不愉快的感受，却从不作不高兴的表示。

在依靠鼠标按压、驱动的微阅读、碎阅读、读网不读书、写微信不写著作的风气中，能够完整地读一本书、写一本书，简直成了一种美德。如果有人读了许多本书，之后又写出一本新的书，那就不仅是一种美德，甚至可称是大德了！

我读过好多这样与大德相伴的好书。特别是与历史人物传记有关的书，常让我对作者生出许多感佩。

历史人物一直是中外历史研究的大宗，也是写作、阅读的重镇。近四十年来，这类图书的基本特点，是日益走向深细化。

这就是说，单一化、主题化、主干化、线条式的写作模式逐渐淡出了人们的视野，代之而起的，是对历史人物多重面向的细致描写、分析与揭示。西北大学陈峰教授的《生逢宋代：北宋士林将坛说》（三联书店，2013 年），就立足于细微地逐一揭示北宋政坛群体人物的纠结与矛盾，避免给出固化的结论。在他笔下，主政长达二十年的权臣吕夷简，既热衷权术、冷酷无情、老谋深算、纵横捭阖，也有豁达大度、谨小慎微的一面，属于有大才智之人。许多人熟知的寇准，勇担天下大任，具有治国大智慧，但也性情偏激，小事糊涂，而且恋权。在他笔下，人物的双重或多重性格纠集于一体，相关而有区别，独立而又统一，成为与主调笔法相对应的复调结构，从而造成人物线索前呼后应、此起彼落的效果。

特别是对心理史学方法有意无意的调动，使得作者的生命情感遥接、投射到对象的行迹之中，因之史料成为素材，对象有了动感与形象，“生逢宋代”也就不仅是对“逢宋代而生”的那些人的简单描画，而且是将读者的体验“与宋代相逢”起来了。

这个特点不仅属于陈锋教授。卜键先生的《明世宗传》（人民出版社，2013 年），也有这个特点。作者在引言中说，史籍中，明世宗嘉靖皇帝既仁孝善良，又暴虐残酷；既果断刚毅，又对弊政漠视迁延；既对所爱的女人缠绵，又乖张狠戾，予夺予取；他有一颗孤寂凄苦的心，丧失了治世的热情，又履行着一位帝王的责任。对这样一位多重面相的历史人物，当然需要复调式的再现，需要作者“生逢”明世宗那个时代。

政治是历史人物演出其活剧最重要的舞台。以往的历史人物研究重在揭示这些人物所发挥的历史作用，从而对其进行价值定位。现在，则重在对历史人物多重面向的走近与揭示。这一特点，集中于对历史人物多重人性与人格特点的揭示，正是历史人物类图书深细化最突出的表现。由古代人物转到近现代人物，由政治人物移到非政治人物，由单一图书扩展到所有历史人物类图书，都可以感受到这一特点。

说到近现代人物，不免让人感慨：目前要策划出版一本（套）近现代人物图书，已经非常困难。因为，但凡近现代的一线名人乃至二三线名人，几乎都出版了与之相关的图书。这些直接（如日记、文集）或间接（如传记、年谱）的图书，有一大好处，就是让读者丰富了对历史人物多重面相的认识。中华书局重新出版的《谭献日记》(2013年)，是《中国近代人物日记丛书》中的一种；书中有钱基博先生为日记续录写的一篇跋记，即让我们对章太炎的认识更加丰富了。钱氏说，章太炎曾经给谭献（字仲修）写信，首署“夫子”，自称“受业”，而给另外的人写信，提到谭却不但直书“谭仲修”，而且称之为“乡先生”。钱氏感叹：“师弟徙以死生，势能施于问学。”

钱基博先生的绝大部分著作，都已经翻印或整理出版（主要有华中师范大学出版社陆续推出的《钱基博集》），他的儿子钱锺书先生的著作，也几乎出齐了（包括商务印书馆出版的手稿）。关于钱锺书先生的相关研究，现在却不那么“热”了。当年许多人遍寻不得，甚至压根儿不知道其存在的史料，现在几乎都被翻出来，印成了铅字，轻而易举即可得手。仅以《堠山钱氏丹桂堂家谱》而言，过去我只能想象它的样子，现在却影印在凤凰集团出版的《无锡文库》中。可是，现在又有几个人肯去读这些“老古董”呢？匮乏时，我们会与史料发疯恋爱；丰富时，我们会对史料不抬眼皮。学术的轮回就像“围城”一样，充满矛盾，当然也是对碎片化阅读的报复。

但有一本书例外，那就是钱之俊先生的《钱锺书生平十二讲》(上海社会科学院出版社，2013年)。这本仅19万字的小书是从许多老古董中爬梳出来的，让我非常钦佩。我以为，这是近年来研究钱锺书先生用力最深、取得成绩最大的一本书。作者作为“80后”的年轻人、一位中学语文教师，像蜜蜂一样在各类史料中采集精要，发现了许多鲜为人知的史实，填补了许多以往研究的真空。像“钱锺书与《桃坞学期报》”“钱锺书与合众图书馆”等题目，放在20世纪八九十年代，我想都不敢想。

这印证了历史人物类图书深细化的另两个表现，即日益重视从社会化视角揭示精英人物的历史作用，日益重视从实证化角度呈现学术人物的细微动作与局部作为。

深细化是历史人物研究的进步，但应切忌把历史人物的主脉络淹没掉。因为，无论怎样深化或细化，历史人物评价的基本准则都是不可改变的，那就是看这个人物是顺应历史发展，还是逆历史潮流而动。我们不应该以复杂性的面向去掩盖一个人的基本面向，也不应该以笼统的历史人物概念去消解价值判断。复调可以补充主调，但不可代替主调。正义原则与历史主义原则有机结合，应该是我们研究任何历史人物的基本遵循。在创新发展中不忘本源，才是学术进步的正途。当然，这是一般性的道理，并非影射上述四本好书。

作为热点的区域社会史

与历史人物类图书一样，区域社会史是当下历史写作的一个热点，从一个侧面映现了中国史学研究整体层面的深细化程度。

在严格限定的时空范围内，姚霏围绕晚清（1843—1911）、上海、女性三个关键词，对女性空间进行了空前广博的研讨。她似乎穷尽了可以搜讨的材料，用尽了可以变化的视角，应有尽有地吸取跨学科的理论与方法，细腻而从容地讲述“女性空间”的所有故事。不消说，在强烈的创新意识引领下，她试图以女权主义的图式去重新定位转型时期上海女性的社会角色，野心勃勃地要将理论突围与实证考索结合起来［《空间、角色与权力：女性与上海城市空间研究（1843—1911）》，上海人民出版社，2010 年］。

显然，姚霏不折不扣地得到了老师苏智良教授的真传。就在新作《上海黑帮》(上海辞书出版社，2010 年）中，苏教授非常仔细地告诉读者当年黄金荣如何洗澡、怎样抽鸦片，杜月笙喜欢吃什么菜肴，等等。姚霏则不避繁难地统计出《海上花列传》总共提到了多少次妓业空间，精确而周密地罗列出某个女性演讲会的时间、主讲人与主题，等等。此类精细的微雕功夫，恰似元好问的一句好诗：“枯槐聚蚁无多地，秋水鸣蛙自一天。”在有限的时空范围内，尽量做无限多的事情，这正是区域社会史研究的本色。

区域社会史著作的一大劳绩，就是极大地丰富了历史撰述的血肉。读者从这里看到的历史，不再是干枯的骨骼，而是充盈着血脉，流动着影像。它有时会是城市史，有时会是环境史，有时又是不同时空下的生活史。搞不好，它会让历史变得细碎；搞好了，会从微观中映现宏观。它默默地改变着中国史学的撰写方式，影影绰绰地孕育着一种新的史学样态。值得注意的是，它的方法自觉还日壮一日地生长着。不过，许多学者都认识到了由“区域”向“整体”、从“特殊”向“一般”靠拢的重要性。毕竟，仅仅专注于特殊性，对历史做形式的、现象的描述是不够的。历史学家的最终目的，是揭示形式与现象背后的质的规定性。

读符静《上海沦陷时期的史学研究》（社科文献出版社，2010年）、尚季芳《民国时期甘肃毒品危害与禁毒研究》（人民出版社，2010年），我都十分心醉于他们精雕细刻的实证功夫。没有实证，就没有历史学。但是，我也非常留意这些著作在填补史学空白后的走向。实证是历史学家的本分。尽本分是值得赞美的，但读者并不因此满足，因为他们还奢望一些“情分”。

海外汉学家们的研究兴趣，也集中到了中国的区域社会史领域。徐有威重新翻译了英国学者贝思飞《民国时期的土匪》修订本，姚斌则在《拳民形象在美国：义和团运动的跨国影响》（世界知识出版社，2010年）中，顺便讲述了美国学者对近代山东与河北社会的研究。中国学者与海外中国学的互动，前所未有地密切。他们不约而同地将目光由政治移向社会、由上层移向民间，而且在互动中明显地表现出某种方法的自觉。

有三部力作需要提及。一部是杨念群偏于文化史与思想史的《何处是“江南”？——清朝正统观的确立与士林精神的变异》（三联书店，2010年），一部是马俊亚偏于社会史与经济史的《被牺牲的“局部”：淮北社会生态变迁研究（1680—1949）》（台大出版中心，2010年），一部是李庆新偏于海洋史与外贸史的《濒海之地：南海贸易与中外关系史研究》（中华书局，2010年）。三部书虽然起跑点均在区域史范围内，但全都具有宏大叙事的格局、气魄与力道，同时不乏深细的辨微考据。良好的外语修养配合着专业学术训练、阔达的国际视野，让我暗自觉得中国正在形成自己的“年鉴学派”。

这是一批具有过渡性质的著作。他们的目光已经从陆地转向海洋，从历史舞台上的人物移向戏剧的操纵者与制约因素。人与自然的互动关系，在他们笔下再不是可有可无的配角，而是成为决定性的力量。他们不仅通过电脑键盘与世界交往，而且时常坐着飞机到各处去交流，研究节奏已经与国外学者没有什么差别。他们不仅本来就有在海外研讨的经历，而且在海外成名成家的一些学者，例如王勇、王柯、王希、王笛、陈勇等人，原本就是他们的同辈。可以这样说，中国学在壮大，中国学的队伍在萎缩，因为队伍中的中国人在增加。已经有学者感叹，汉学或中国学正在被中国学者所承包。

最后，我想提一下李治安教授主编的《中国五千年中央与地方关系》（人民出版社，2010 年），这部出自集体之手的宏大著作全面系统地梳理了自古至今的中央与地方关系，无疑值得研究区域社会史的学者认真对待。

生成中国视角

20 世纪 80 年代，在山东大学读书时，老师分发过一小册题为“东物西传”的油印资料。进入 21 世纪以后，读书中的遭遇，总让我强烈地回想起三十年前捧读那数页纸册时的激动情景。

我们似乎已经习惯了讲论“西学东渐”，却忘记了“东物西传”。零零星星，偶尔也听说比萨源自马可波罗的“中国饼子”，西洋小狗本名叫“北京狗”，但即使在学术图书中，也难得一见地道的中国本位、中国视角。

这种状态，已经非常明显地改变了。中国视角的研究与书写正在悄然升温。

首先是域外汉籍的回归。所谓域外汉籍，好朋友孙晓研究员认为，是指外国古人用汉字写的书。而我这里所指则是泛化的，也就是那些流传到域外的中国典籍。就此而言，近些年对域外汉籍的搜讨、编纂、结集，成绩堪称巨大。2016年度由郑金生先生主编出版的《海外中医珍善本古籍丛刊》（中华书局出版），即堪称一个范例。

这是一套花大力气编成的巨编，历经20余年始克成功。全帙403册，一律影印出版，以存原貌。由此巨编，不仅散佚于海外的古医籍得以回归故里，而且对于研究中国传统文化、中外交流史的学者来说，不啻一个福音。

中医之学，既为医术，亦为医道。中医西医，孰优孰劣，固难有定论，但中医之学博大精深，中医之术精妙幽微，中药之学贯通天人，观此巨编，当为不刊之论。当然，一旦生病，我是只看西医的。

对海外珍善本古医书的搜讨，与对其他域外汉籍的搜讨一样，体现的是中国立场与中国视角。那么，作为中国传统的典范学科，今人对古代医学应该怎样定性呢？吴国盛教授在《什么是科学》（广东人民出版社，2016年）中，提出了他的解答。在这本被韩启德院士誉为“最好、最适合当前国人阅读的科学哲学著作”中，吴教授提出，中国古代医学的药学部分主体是地学博物学的本草学传统，其医学部分则可归为人体博物学；药典，其实是药用博物志。

这样的定性能否被中医界人士接受，笔者不敢确定。但是，吴教授的著作体现了一种反思性的中国立场与中国视角，却是明显的。初看上去，书中一些话，或许会让个别人不舒服。因为，他颠覆了许多经验性的似乎理所当然的直观感受。从西方理性科学到数理实验科学，阅读到全书的半路，感觉他太偏爱古希腊人的理性科学了，而对于诸如中国人学以致用之类传统，未免贬谪过苛。但是，终读掩卷，笔者体会到的，依然是吴教授满满的中国情怀。

这本书具有宽宏大度、不温不火、娓娓道来的美德。说是“科学哲学著作”，其实一点都不枯涩。作者不仅对科学采取科学的态度，而且对那些搞不清楚到底是不是科学的东西，也具有科学的态度。他不是用科学去猎杀什么，而是以科学去包容。这种给予科学以慈善特质的著作，表现的是科学的自信。不管你是否同意作者的大判断与小结论，但随着他的思路到中西科学的线路上去徜徉一番，肯定不虚此行。全书从思想方法、思维方法、文化形态上区隔中西科学，同时又从科学形态上观察东西方文化，给人的启发是相当多的。

在认识论的前提下，该书重建了中国科学传统的认知体系。如此一来，古代科学依然是古代科学，但随着定义的改变，古代科学的价值和意义也转变了。一些似是而非的命题被清洗掉，露出真容的，是中国古代科学的独特价值。那就是在博物学的意义上，不是在数理实验科学的意义上，中国古代具有独特而强大的科学传统。“对于未来的中国古代科学史研究而言，一种博物学的编史纲领是大有传统的。”书中提炼出中国人最擅长的部分，点明最不擅长的部分，对于我们反躬自问，无疑是有益的。当然，见仁见智，存在不同意见，也是可以想见的。

在中国情怀的呈现上，李零教授《我们的中国》（三联书店，2016 年）最为彻底。这虽然是四本文集，却是一部典型的以中国为本位的书。就连讲“东学西渐”，说的也是中国内部的事，所谓“先秦历史，武化革命，自西向东；文化革命，自东向西”。

作者自嘲自己的专业“有点乱”。其实，拨开驳杂的内容，会发现此书是以地理作基础，以民族作线索，以融合作主题，以人物作棋子，以行走代串讲，讲述中国的本源与过程，也就是走向大一统的故事，书中叫作“咱们可爱的中国”。因此，全书虽然几乎不做任何宏观性的理论预设与判断，但试图呈现与维护的，是本真的中国。

李零代表了当代中国古典学者的考据水平，这本书也绝非一般读者所能阅读，更不用说通解。但是，李零能够把考据文字作得非常“俗”。以满不在乎的张扬作十分在乎的学问，似乎是李零的特点。在考据中，他会融入生命意识与生活感受，夹带上雅俗相间的现场解说与议论，使其考据文字尽量远离枯燥的干冷，附着老酒的暖火，带上浓重的泥土气。其实，他的学问属于沈曾植、王国维一路，原本是属于象牙塔的。

这四本书最后一本的最后一篇，居然谈的是近现代史。研究中国近现代史的学者看了，不知做何感想！我是觉得有启发，但也确实“有点乱”。

要看一部专业学者撰写的中国近现代史，那得看王建朗、黄克武主编的《两岸新编中国近代史》（社会科学文献出版社，2016 年）。这部书分为晚清卷和民国卷，每卷又分为两大本，合计接近 2500 万字，作者达 57 位。主编之一王建朗先生说该书意在“全面展示两岸对于近代史研究的最新思考和成果”。另一主编黄克武先生则说该书是“海峡两岸中国近代史学者携手合作的一个心血结晶，是一个划时代的创举”。这样说来，书中所蕴含的一家亲情结，也就不言自明了。不过，因为采用专题架构，未免有些论文集的味道。

相对来说，张国刚教授的《资治通鉴与国家兴衰》（中华书局，2016 年），是一部最周正的史论性著作。它虽然在作者的“慕课”讲稿基础上修改而成，但几乎没有口语化的特点。经世致用是《资治通鉴》的一大特点。作者则借《资治通鉴》中的故事来讲述人生哲学。书中采用当代的概念、术语和词句，将古今贯通，其所提炼出的人生智慧与感悟，也体现了中国的视角和情怀。

中国的视角、国际的视野、长时段的视域。经过近 40 年积累，中国学者的文化自信越来越牢固。学术风格同样体现着时代、社会的变迁与进步，岂虚妄哉！

辜鸿铭的辫子

托派理论家李季《我的生平》中一段记载，引起我特别注意。

一次，李季在课堂上向辫子先生发问：“先生在外国留学时，当然是短发洋装，后来回国才蓄辫子，初时不感觉不方便吗？”

辜鸿铭马上用手指着一张门，反问道：“那张门上为什么要起凸线呢？”李季一时语塞，不知怎样回答。

“这是文啦！你觉得门上有凸线不方便么？”辜鸿铭又追问一句，然后拿着自己的辫子，摆一摆，说道，“这也是文啦！”

《辜鸿铭文集》书影

什么是“文”？书中另有一段记述，颇可参考。

李季等同学第三年毕业，纷纷穿上毕业服装。辜鸿铭见状，评说道：“娼妓最喜欢招摇过市，炫示自己的美丽，无论什么足以自炫的东西，她们总要表示出来给人看，所以叫做‘表（婊）子’。你们现在穿戴这样的衣帽，不独是‘堂堂乎张也’，而且洋派十足，真是了不得！”

所说“招摇过市”“炫示”“自炫”，都属于所谓“文”。汉语所谓“文饰”“文过饰非”，揭示的就是这种指向。

关于“文”的字源学意义，层次叠加，颇为复杂，不必去考究了。总之，“文”乃是一种“遮饰”，目的是在遮饰中彰显。彰显什么？彰显文化与品位。当我们有所遮蔽，亦必同时有所彰显。衣服遮蔽了丑陋的身体，彰显了线性的流动；假发遮蔽了秃头的光亮，彰显了乌黑的油色。妓女插花，彰显职业特性；教授写作，遮蔽学识浅陋。

辫子本来是落后、保守的标识，但是，经过一番“文”，突然发生了价值转移。“文化保守”变成了“文化坚守”，“思想落后”变成了“信仰坚定”。本该淘汰的，变成了淘汰他者的依据。这不，就连李季这位坚定反封建的民主主义战士，都称辜鸿铭为辫子先生，不敢有丝毫轻蔑的意思。辫子作为辜鸿铭身上至高无上的装饰品，经过那么一“文”，立即成为价值的特别符号，带有了神圣性。

可见，最高级的“文”，是理论包装。有了理论，任谁都打不倒。

这个例证当然也可以用在王国维身上。他的那只辫子，经过理论包装，同样不再被抨击，而是视为有趣，成为特立独行的价值标识，成为审美对象，为人们所乐道和欣赏。如果有人硬指那只辫子开骂，反倒让人觉得煞风景了！

“文”具有征服人心、改变人心的作用。妓女懂这个道理，学术与理论骗子更懂这个道理，于是，有了“名教”。

文化、文化，文以化之。“朝三暮四”，无非是“化”的把戏。

李季《我的生平》讲了几段辜鸿铭的逸事，颇有史料价值。

李季与辜鸿铭都是留欧老前辈。多年来，辜鸿铭作为一件陈旧的时新货物，在文化界忽然时髦起来，李季却还声名不彰。陈旧，不仅是所处的时代既陈且旧，还由于辜的思想与新时代格格不入；时新，不仅由于他是知识考古中新掘出的一件展品，还由于他被宣传为精通西学的文化大师！

有人问，辜鸿铭“精通西学而极端保守”，这二者怎么统一得起来呢？

这个在诧异中引起的追问，由两极对立的形而上学思维方法引起，直接上升为对中西文化的价值判断。这里的“西学”，代表着文明和进步，“保守”则指恪守中国传统价值。这里暗含文化二元论，更含有“西方中心论”和“西化论”。顺着这样的假定，则西方不应有保守派，传统中国人则统统是保守分子。

老辈如严复，通“西学”，临死前说了这么句话：“旧法可损益，必不可叛。”文化保守主义的纲领，正可从这九字求之。晚辈如陈寅恪，同样通西学，但最认为自己“平生思想囿于咸丰同治之世，议论近乎曾湘乡、张南皮之间”。周一良先生说，陈寅恪的思想基本上是孔孟之道。后者，老辈如吴汝纶，不识洋文，未开过洋荤遭过洋罪，而严复有言曰："吾国人中，旧学淹贯，而不鄙夷新知者，吴先生一人而已。"晚辈如顾颉刚，也未开过洋荤，而疑古疑得绝对够"激进主义"。所以，把知识结构与价值判断挂钩，是认知错位。

我们实在不必对生活中以及文化上许多"矛盾"的现象感到奇怪，不应把差别误解为对立。还是恩格斯说得好："判断一个人当然不是看他的说明，而是看他的行动；不是看他自称如何如何，而是看他做些什么和实际是怎样一个人。"看人是这样，看文化同样如此。那种只认标签不看实际的思想方法，只是"朝三暮四"故事中猴子们的思想方法。当然，猴子是没有思想的。

读李锦全先生文有感

2015 年 7 月 29 日出版的《中国社会科学报 · 人文岭南》，刊登著名学者李锦全先生一文，题为《实事求是评价儒家功过得失》。

李先生有个发现：一些宣讲儒学的人，并不对儒学一一道来，而是颇有裁择。比如对“孔子重战备保和平的思想”，就“很少有人注意”。李先生说，孔子儒学中原本有“实学”传统，“但遗憾的是，时至今日，国内一些研究孔子儒学的学会，大多研究将孔孟儒学哲理化发展的义理心性学派，而将主张功利的实学派排除在外，现在国内另有实学研究会的组织，是否表明讲实学的已不属于儒家？我思想上感到有点困惑”。

为什么要对儒学传统挑肥拣瘦呢？李先生感到困惑，不得其解。不过，在笔者看来，有一点是清楚的，即那些以儒学为信仰的人，绝非因为儒学中有精华也有糟粕，所以才挑肥拣瘦。在那些人心目中，儒学全是精华，没有糟粕，因此不存在“去其糟粕，取其精华”的问题，不存在弘扬“优秀”的问题——“传统文化”哪有不“优秀”的？

这就奇怪了，既然儒学中全是精华，何以专讲这部分

《李锦全文集》书影

“精华”，不讲那部分“精华”？

有如此疑问的，当然不止一人。比如刘大年先生，就曾对儒学研究中不讲“大一统”的传统、不讲“尊王攘夷”的传统表示质疑。他在《见说四首》诗中甚至用了“一钱一果互相争”的妙语来隐喻那些儒学宣传家的滑稽可笑。

仔细看去，人们应该还会发现，一些崇拜孔子的复古主义者很喜欢自由主义“大师”胡适，可他们对胡适那些不利于儒学的“考证”或言论，照样不取。胡适在名文《说儒》中“考证”出，“正宗的儒是殷民族亡国遗民的宗教”。范文澜先生指出，胡适的意思，“说得明白些，就是说，儒是亡国奴的宗教”。对这样的判断，儒家“信徒”是绝对避言的。

这就很让人生疑！别看某些人整天到晚以儒家“信徒”自居；他不喜欢的儒，是照样不讲的。

相反，他所讲的儒，只是他喜欢的。而他喜欢的儒，照笔者看，大体可归入糟粕一类。

儒学中有糟粕吗？孔夫子本人认为是有的，至少他认为儒家队伍中是有败类的。所以，孔子说：要做君子儒，不要做小人儒。这样的话，显然不中听，所以儒家“信徒”也避之唯恐不及。

在儒学领域，有多少人是君子儒？又有多少人是小人儒？这个问题，无法做量化统计，也无须做。要感受古代的情况，只需翻翻《儒林外史》那类白话小说；要感受当今的情况，只需到一些儒学会议上听听高论。反正，在笔者看来，那些戴着儒冠专干偷鸡摸狗勾当的人，疯狂向国外走私人口的人，无疑是小人儒。

小人儒也叫俗儒。胡适在《说儒》中说他们是一个不务农、不作务、不耕而食的寄生阶级，常受人轻视与嘲笑，但对他们自己来说，由于不劳而获，只会帮人办丧事，衣食靠人供给，反而产生一种倨傲的做派。

胡适倒也罢了，偏偏公认为国学大师的章太炎对儒家也没有好话。

太炎大师说，儒家的毛病，在于太看重富贵利禄。为此，儒家非常“趋时”，不惜随时改变自己的信仰，实行机会主义，以至“言不必信，行不必果”。儒家所讲的中庸，在人格上就是乡愿，可孔子表面上又反对乡愿。实际上，儒家培养出来的全是“国愿”。国愿，就是不讲是非、不讲理想、只要自己合适就行的机会主义者。这样的儒，就是小人儒。小人儒平时游手好闲，但很喜欢刺探大人物的心思，以便于奉迎谄媚。用这种小人儒的道德来治国，就会造成“艰苦卓厉者绝无，而冒没奔竞者皆是”的无耻局面。所以，太炎大师提醒社会，提倡儒家学说一定要“沙汰其干禄致用之术”，千万不要上那些拘迂守旧的“腐儒”、卑污迎媚的“贱儒”的当。

我们在梁启超、严复、刘师培等大师的笔下，都能或轻或重地读到这类言论。刘大年先生的遗著《评近代经学》，笔者以为就颇有章太炎的风格。当然，这类言论，自然也被儒学“信徒”归于选择性的遗忘。

确实，自古以来，儒学中就既有“鸿儒”“硕儒”，也有腐儒、俗儒、贱儒、伪儒以及陋儒，既有大丈夫的君子儒，又有猥琐恶俗、热衷利禄、卑鄙无耻的小人儒，还有经儒、世儒、汉儒、宋儒等讲法。这原本是儒学史的常识。而这样的常识，“儒教”中人一向是挑着讲的。

于是，有趣的场景出现了。只要打上“儒”的标签，就成为真“君子”了；穿上西装裁缝缝制的汉服，便成为地道的儒生了；大叫几句《论语》中的句子，便成为“心灵鸡汤”的烹调师了。古老的儒学，成了时新的营生。一方面，它很便宜，是人不是人都可以开班办学；一方面，它很昂贵，动不动就能赚大把的钞票。各路酸腐，粉墨登场，活脱脱上演着闹剧与笑剧！

别忘记，自儒学诞生那天起，就存在反儒斗争。一部儒学史的对立面，是反儒史。所反的儒，多是小人儒。近代以来，李大钊、鲁迅、陈独秀、蔡元培、吴虞、钱玄同等人的反儒思想，“儒教”中人恨之入骨，当然不讲。但是，作为复古主义者，对古代的反儒思想，他们也不讲。这真应了列宁那句老话：几何公理要是触犯了人们的利益，也一定会遭到反驳。

行文至此，必须申明，笔者绝非笼统的反儒人士。我只想呼应李锦全先生的根本见解，即我们要像匡亚明老人那样来研究儒学，而不要再造就所谓当代新儒家。当然，李先生是蔼然长者，涵养高，说话客气，而我是后学，难免粗言恶语。

我想特别提醒读者，一些自封的儒学“信徒”，别看他们做了教授、博导，还当上了什么院长、主任，成了所谓的著名人士、准国学大师，整天尸祝孔林、自以为是，其实酸腐可厌，不知自羞，骨子里不过是追逐名利的小人儒而已。

弘扬优秀传统文化，首要之义，不可忘记“优秀”二字。要不要“优秀”二字，是我们与小人儒的分界点。摒弃小人儒，才会有君子儒，才会有博学鸿儒。

（本文原刊于《中国社会科学报》2015年8月26日，《人文岭南》）

《尚书》的传播者伏生

《尚书》是重要的儒家经典之一。在儒家十三经当中，《尚书》的真伪问题一直困扰着历代学者。经义最久远、最难于分明者，以《尚书》为最甚；存在今古文的分别，以《尚书》为最早，也以《尚书》为最纠纷难辨。著名国学大师王国维曾经感叹自己“于《书》所不能解者殆十之五”，便是“汉魏以来诸大师未尝不强为之说，然其说终不可通”。王氏认为，《尚书》难读的原因有三：讹阙，一也；古语与今语不同，二也；古人颇用成语，其成语之意义与其中单语分别之意义又不同，三也（《与友人论诗书中

清皮锡瑞撰《尚书大传疏证》书影。吴仰湘点校，中华书局2022年出版

成语书》)。以王氏一代大师的感慨，可见《尚书》的难通。顾颉刚先生精研《尚书》一辈子，最后由弟子刘起釪先生写成《尚书校释译论》，但也不敢说解决了所有问题。清代学者皮锡瑞在《经学通论》中认为，学习钻研《尚书》，如果不先考察今古文问题，必然茫无头绪，治丝益棼。这就是说，如想了解这部古老经典，就要考辨其学术源流，追溯今古文问题的滥觞，然而要做到这些，又必须首先了解伏生这一《尚书》学史上的关键性人物。

伏生，名胜。"生"是尊称，犹"先生"之意。他是秦汉时期济南（郡治今章丘）一带的著名学者，今文《尚书》最早的传播者。据清末学者陈蜚声（山东潍县人）所著《伏乘》一书考辨，伏生生于周赧王五十五年（前260），卒于汉文帝后元三年（前161），享年99岁。这是悬度之词，不一定十分准确，但大致不差。有关伏生的直接历史资料很少，许多问题已无从考察。但历代学者一致承认，伏生在中国文化史、经学史、学术史上占有重要地位。西汉一代的《尚书》学者无一不出自他的门下，历代今文《尚书》学者也无一不在学术上以他为宗师，恪守其家法与师法。宋元之际学者吴澄就曾作诗说："先汉今文古，后晋古文今。若论伏氏功，遗像当铸金。"（陈梦家《尚书通论》106页引，中华书局2005年版）清代文学家蒲松龄也曾作诗称赞他："秦燔直多事，圣泽流孔长。齐鲁尊博士，日月炳重光。祠古碑无字，经传书有香。抠衣一展拜，肃然瞻阶堂。"（《聊斋诗集》）经学家皮锡瑞甚至将自己所居书屋署名为"师伏堂"，以示对作为今文学派开山祖师的伏生的崇拜。

据传，伏生是孔子学生子贱之后（颜之推《颜氏家训·书证》）。他的近祖由陈国（都今河南淮阳）迁徙到鲁国（今山东南部），后定居于济南。济南在西汉初置郡，领有今天的济南、章丘、济阳、邹平等地。传说伏生年仅十岁时就拜冯翊（今属陕西）人李克（一说李克即李悝）为师，开始习读《尚书》，对于上古四代之事，已知之甚详。史书记载李克是孔子学生子夏（卜商）的弟子，因此，伏生的师承直接孔子。这些是否可信，需要进一步考证。但是，追到子夏，有其道理。据说，孔门弟子中，子夏以“文学”见长，传承了除《易经》之外所有孔子的文献学功夫。

伏生的学习相当艰苦。据说，他曾把自己关在阴冷潮湿的石头屋子里，在腰部缠上一条大绳，每读一遍《尚书》就在绳上打一个扣结。不久，80尺长的大绳就完全打满了结（段成式《酉阳杂俎》）。

秦朝时，伏生做了国家的博士。《汉书·百官公卿表》说，博士是“掌通古今”的官。钱穆先生认为，秦置博士，替代的其实是先前的史官之职（《孔子与《春秋》），此说与《汉书》相合，颇有道理。秦始皇三十四年（前213），丞相李斯奏请焚毁“《诗》《书》百家语”。不久，许多术士又被活埋在山谷。这就是历史上著名的“焚书坑儒”，被隋朝的牛弘称为中国古籍五大厄运的第一大厄运。伏生因为是博士，没有遭受坑儒的迫害。但秦朝末年发生战乱，刘邦、项羽等英雄豪杰继陈胜、吴广之后相继起来造反，此时伏生躲不过去了，便不得不把自己那部《尚书》藏在夹壁墙内，出外流亡避难。西汉统一后，伏生回到家乡，找到那部被他藏起的书，结果丢失了数十篇，只剩下 28 篇（班固、司马迁说是 29 篇，大概加入了后得的《泰誓》。另有他说多种）。于是，伏生便以这 28 篇在齐鲁一带教学，由学生用汉代通行的文字隶书记录下来。隶书在当时相当于我们今天的楷书，便于认识，因此汉代称隶书为今文，用隶书写下的《尚书》便称为今文《尚书》。我们今天通常所见的《尚书》，就是伏生所传的这个本子。

到孝文帝时，天下安定，经济复苏起来，以后还出现了“文景之治”的盛世。于是，朝廷开始着手搜集以前散失的各种典籍。当时文帝想找一位懂《尚书》的人，可找遍天下只有伏生一人，便想召他进宫，但这时伏生已经九十多岁，走不动了。不得已，文帝只得派太常掌故朝（亦作晁）错亲自去向伏生求教。朝错到伏生家里，伏生由于年纪太老，连话都说不利落，只得叫自己的女儿羲娥（又名佚）传话来教授朝错。这样，伏生的女儿羲娥便成了传播《尚书》最早的女学者。明人张延登曾赋诗赞叹：“嬴氏干天纪，六籍付灰烬。博士焚其业，挟书有酷禁。不谓笄黛流，能习此典训。微言代以明，允执发真蕴。翩翩曹大家，续汉史不紊。之子传绝学，古文得正印。伟哉两文苑，千载流芳韵。”

关于伏生向朝错授经的情形，后人还曾作画刻碑描述。史载唐代诗人王维就画过一幅“伏生授经图”。《邹平县志》卷十七《艺文考》记录了明朝崇祯年间一块伏生传经碑的内容。据说伏生讲学的地方古柏阴森，芭蕉茂密，十分幽静。伏生高坐在水边台地中央，一幅修长的须髯，两对宽大的眉毛，满头垂耳的白发，凭几执尘，若有所思，仿佛神仙一样。他身后是羲娥，现出半边身子，坐在大石后。左边是一个捧书的童子。前面一人端坐古松旁，幅巾深衣，在横条桌上记录着什么，这便是朝错。有两个警卫的士兵执杖远立在树外，似有所语。清代诗人王士祯就此赋诗赞叹说："祖龙枉以吏为师，牵犬东门笑相斯。转盼阿房化焦土，千秋人拜伏生祠。"这些诗画作品融合了写史与虚构双重要素，因此属于历史真实的艺术再现，其史料功能只在其基本事实的呈现，不在其细节上的描画。

从伏生开始，今文《尚书》传授开来并形成若干学派。最早由伏生传给济南张生与千乘（今山东高青东）欧阳生。欧阳生传同乡倪宽，一直到欧阳生的曾孙欧阳高，为《尚书》欧阳之学。欧阳高授济南林尊，林尊授平当、陈翁生。平当授朱普和鲍宣；陈翁生授琅邪（今山东诸城）殷崇和楚人龚胜。张生的一脉首先传山东东平人夏侯都尉，都慰授同乡夏侯始昌，始昌授夏侯胜，为《尚书》大夏侯学。夏侯胜传夏侯建、周堪、孔霸。周堪授牟卿、许商；孔霸传子孔光；夏侯建传张山拊。张山拊授李寻、郑宽中、秦恭、陈假仓、张无故，为《尚书》小夏侯学。以上便是经学史上著名的汉代"欧阳、大小夏侯并立"局面（《隋书·经籍志》）。通过这种学派的蔓衍，更加显示出伏生在《尚书》传播史上前驱先路的始祖地位。后代学者曾绘出多幅《尚书传授图》来清晰地勾勒这种师承关系（详见吴调甫《经学概论》）。今文经学的一大特点，就在于其传承有序。

所谓古文，是指汉代以前的文字，马端临谓为科斗或蝌蚪书，皮锡瑞谓为古籀书，或又谓篆书，西汉已不通行，好像我们今人之视篆隶，不能人人尽识，所以叫作古文。用这种文字写成的《尚书》就叫古文《尚书》。古文《尚书》的版本共有七种，即鲁恭王刘馀所得壁中书，河间献王刘德所得本，杜林漆书一卷，张霸百两篇，刘向所用中秘本，刘陶本，东晋豫章内史枚赜（又作梅颐）所献孔传本。这七个本子，前面的六种已经散佚，看不见了，只有最后一个本子还看得到，在《隋书·经籍志》和孔颖达的《经典释文·序录》中都有记载。然而，这个本子经几代学人的怀疑，到了清代著名学者阎百诗（若璩）手里，用毕生精力为之疏通证明，结果发现竟然是一部伪书，因而被称作伪古文《尚书》，虽有人为它大鸣冤词，也未能翻过身来。

因此，所谓《尚书》，只是指伏生所传今文《尚书》，不包括古文《尚书》在内，其原因正如皮锡瑞所说："篇名文字多伪，皆属古文。古文有伪，伏生所传今文二十九篇，固无伪也。"皮锡瑞是今文经学家，含有攻击古文学派的门户之见，但这里所讲今古文《尚书》情况，却很正确。当然，也有学者对今文《尚书》产生过怀疑（胡鹏南《书经问答》说程子疑《金縢》、朱子疑《大诰》），但这与否定古文《尚书》的情形相比，相去甚远，不可同日而语。

鉴于伏生的突出贡献，后人对他评价相当高，甚或认为中国没有沦为所谓"彝翟人类"，没有化为禽兽，完全是伏生的功劳；如果没有伏生，那么经书就无法传授下来，人们也就不会懂得修己治人之事，天下终究会如长夜，一片黑暗（《伏乘·张序》）。这未免过于夸大了。清代学者崔东壁曾经说，欲探求尧舜时期的历史，非《尚书》无由知之。如果没有伏生，则二十八篇之书不传，人们对于禹汤文武之事也就莫得其详。因此，传《尚书》之功以伏生为最（《考古续说》）。这个评价是比较公允的。

伏生死后一千年还受到封侯，被称为先儒圣贤，得以配享孔庙，成为历史上仅次于孔子的大圣人之一，获得历代文人墨客的顶礼膜拜。他的子孙后代也多成为达官贵人，有的还做了皇后，在两千年中蒙受着他的功德。

传伏生的著作有《尚书大传》，皮锡瑞认为《尚书》之确实凭据当首推此书。《伏乘·辑伏氏佚书》收三卷，另外清陈寿祺有辑本，凡四卷，补遗一卷。按郑玄序所言，张生、欧阳生等数人各论所闻，作章句并撰大义，因经属指，名之曰《尚书大传》。考察该书的内容，其文字与经义在离合之间，唯《洪范五行传》首尾完备，因此后代学者一般都信从郑玄之说。

通过伏生，可以窥见古典知识传播史的基本特点。

（本文原刊于《文史知识》1999年第9期）

惠栋的古典阐释学

周予同先生说，中国古代思想史的特色，在于其经学性。所谓经学性，就是阐释性。中国传统思想一向是在阐释中展开。空诸依傍的玄思，在中国没有地位，故很少见。

夏曾佑认为，中国的原始文化，原本以“鬼神五行之说”“鬼神术数之学”为“学问宗教之根本”，直到老子，“大约以反复申明鬼神术数之误为宗旨”，打破了这套文化观念体系。此后，到孔子，去掉鬼神，留下术数，将六经文本进行公共性、标准性的删定，便有了儒家文化。这就是说，前轴心时代的中国文化没有走向纯粹的宗教神学之途，而是转向了人文的方向，发展出了具有后世文化塑形意义的经典文本。

有了六经，也就有了六经的阐释学。孔子不是六经的原始作者，但他删定六经，实则对六经进行了阐释，照着他的社会理想去阐释。

所谓阐释，就是借着一个外在的对象说话。既然“借着”，那就有一套“借着”的规则与套路，照套路出牌。所以，在古代中国，关于阐释学规则的学问，是很发达的。“春秋五例”既是一套政治学规则，也是一套阐释学规则。

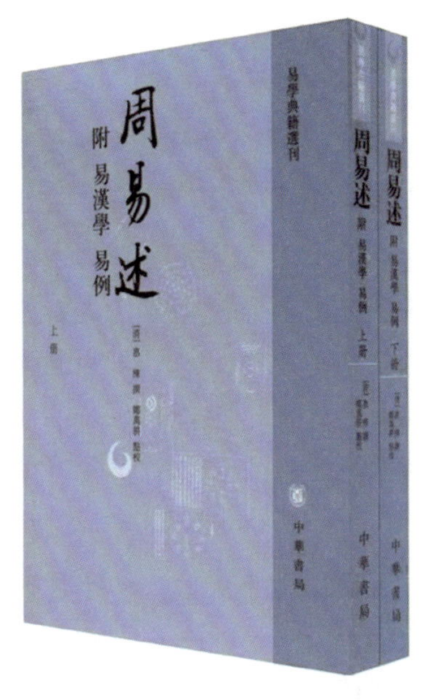

惠栋著《周易述》书影，郑万耕点校

扩大来看，整个中国传统文化，都是阐释的。戏剧也好，书画也罢，都遵守着固定的套路阐释。换言之，是戴着镣铐跳舞。“镣铐”是规则，如同对弈的棋盘，既是约束，也是游戏的场域。

阐释的核心对象，当然是“经”。对于弘扬经典，历代统治者从不懒政、惰政，而是勤政得很。特别是乾隆嘉庆年间，经学达到高峰，官方颁布标准文本《周官义疏》《仪礼义疏》《礼义义疏》《四库全书》，由皇帝亲自挂名担任《周易述义》《诗义折中》《春秋直解》的主编，还诏刊十三经于太学。在官方引领下，知识分子纷纷追逐经学，求名求利。较其大概，则有所谓吴派、皖派之分。

皖派的代表人物是戴震。他既是哲学家，也是学问家，气魄很大。有学者研究清代朴学中的哲学思想，专拿这个人说事，因为其他人实在谈不上有什么哲学思想。戴震本来就是哲学家，怎么成了朴学哲学家了呢？实则不通。要说朴学家，倒是吴派的代表惠栋更单纯，怎么不讲一讲他的哲学思想？足见，所谓朴学中的哲学思想，多少有些伪命题的意味。

以惠栋为代表的吴派，徒子徒孙遍及中原，专做缺乏思想、少含哲学的学问。惠栋的祖父惠周惕是吴学派的开山祖师。《清史稿·儒林传》说："清二百余年谈汉儒之学者，必以东吴惠氏为首。惠氏三世传经，周惕其创始者也。"他做学问的最大追求就是在画地为牢中画出好作品，在拖动镣铐中跳出好舞蹈。但是，光有好学问不行。学术圈的一个规则，是必须有人捧，而且得是名人捧。他的知音，是名儒朱彝尊，后者称赞了他的学问，于是他的生命曲线也就向上展开了。

惠栋的父亲惠士奇是使吴学派由发生而走向成熟的过渡性人物。他字天牧，一字仲孺，晚号半农。生于康熙十年（1671），卒于乾隆六年（1741）。十二岁就能作诗，其"柳未成阴夕照多"的句子，曾得到先辈们赞赏。二十一岁时，惠士奇正为诸生，却自愿不参加省试，自谓"胸中无书，焉用试为？"从此奋志力学，晨夕不辍，终于博通六艺，对诸子及《史记》《汉书》《三国志》诸史书皆能背诵。

一次，名流宴集，座中一客故意难之说："闻君熟于《史》《汉》，试为诵《封禅书》。"于是当场背诵终篇，竟然不漏一字，众皆惊服。康熙五十年（1711），得为进士，选翰林院庶吉士，曾官编修、侍读学士。康熙五十九年（1720），典试湖南，督学广东，在任上积极提倡经学。三年后，通经愈多。曾举荐海阳进士翁廷资为韵州府学教授，部议格置不行，清圣祖康熙皇帝亲自干预说："惠士奇所举，谅非徇私，著如所请，后不为例。"（《清史稿·儒林》）他盛年经史兼治，晚则尤邃经学。著有《易说》六卷、《礼说》十四卷、

《春秋说》十五卷、《交食举隅》二卷、《琴笛理数考》四卷，《红豆斋小草》《咏史乐府》《南中集》《采莼集》《归耕集》各一卷，《人海集》四卷、《时术录》一卷。内容除经学外，还包括天文、音乐、文学诸方面。

惠周惕本来住在吴县的东渚村，后来迁居到城东南的香溪北面，时附近东禅寺内种着一株红豆，本来早已老而枯干，此时竟然复生新枝。惠周惕移一枝栽于阶前，更是生机盎然，焕发出勃勃活力，四方名士过吴门者，必停舟相访。因此，惠周惕即自号为红豆主人。同里乡人习惯上把他唤作老红豆先生，而把惠士奇称为红豆先生，把惠栋称为小红豆先生（江藩《国朝汉学师承记·惠周惕》）。

惠士奇有子七人，惠栋是老二，在兄弟中学问最好。他自幼笃志向学，孜孜不倦。家有藏书，日夜讲诵，自经史子集到百家杂说、稗官野乘、释道二藏及儒家谶纬之学，无不津逮。由于他生长在一个书香世家，又赶上政治、经济、文化都高度发达的“乾嘉盛世”，因而得以充分发挥聪明才智。当时他父亲的朋友李绂一曾竖指称赞说：“仲孺有子矣！”惠士奇督学广东期间，惠栋形影相随。时广东高才生苏珥、罗天尺、何梦瑶、陈海天，有“惠门四子”之称，从士奇讲论文艺，与惠栋为莫逆交，但四人皆自以为学问不及惠栋。以后，他又来往于京口一带，因父亲在雍正初年“入对不称旨，罚修镇江城，以产尽停工削籍”，饱尝饥寒困顿之苦，甚于寒素。不久，父母双亡，惠栋恪守孝道，并不以贫废礼，终年教授学生自给，任凭甑尘常满，处之坦然。

生活虽然困苦，但惠栋对古代典籍甚为爱惜，每得一善本，不惜倾囊，有时还借读手抄，精审地予以校勘，以致对古书之真伪，了然若辨黑白。他读书主张从名家入手，在远大处着眼。学者余萧客写成某书，向他求正。他说：“子读书撰著当务其大者远者。”余氏闻之深受触动，当下执弟子礼。学派上，他与戴震既有师生之谊，更为忘年交。乾隆皇帝登基后，标榜风雅。一方面大兴文字狱，将追怀明代、想着经世致用以为驱逐鞑虏的士人打压下去，一方面采用笼络怀柔的欺骗手段，把士人拉入死读书、专事考据的窠臼。乾隆十五年（1750），诏令各地举荐明经行修的士人。时陕甘总督尹继善、两江总督黄廷桂与惠栋并无半面之识，但因早闻他的学行，因此交章论荐，认为他“博通经史，学有渊源”。然而，因为惠栋没有及时将著作呈递给掌权的大学士与九卿，更不擅长胁肩谄笑的贿赂，再加上他名大招忌，因而罢归，失去一次极好的入仕机会。此后，他与仕宦再无半分缘分，专事著书立说，在大半辈子的治学生涯中，培养出一大批封建时代最优秀的第一流学者，余声所及，及于今日，犹自未绝。如余萧客、江

李开著《惠栋评传》书影

声、钱大昕、钱大昭、王鸣盛、戴震、王兰泉、顾广圻、王昶、江藩诸人，都与惠栋有着直接或间接的师承关系。没有这些学者，所谓乾嘉学派也就失去了光彩。因此，惠栋在清代知识传播史以及知识观念塑造上的价值，不可低估。

《周易》是惠栋学术的研究顶峰。他著作有《易例》二卷，“乃熔铸旧说，以发明《易》之本例，实为栋论《易》诸家发凡”。《易汉学》八卷，“掇拾孟喜（西汉宣帝时博士）、虞翻（三国时人，传孟喜之易者）、荀爽（东汉治古文费氏易者）绪论，以见大凡。其末篇附以己意，发明汉《易》之理，以辨证河图、洛书、先天、太极之学”。《周易述》二十三卷，“以荀爽、虞翻为主，而参以郑玄、宋咸、干宝之说，约其旨为注，演其说为疏”。可惜这部书并未完成，缺《未济》以上十五卦及《序卦》《杂卦》两传。后来，他的再传弟子江藩代为补注，作成《周易述补》一书。

惠栋的《周易》阐释学有两大特点：一是专主汉人之说，二是混淆家法。这两个特点主要来自惠士奇。士奇有《易说》六卷，专主汉说，认为《易》始于伏羲，盛于文王，大备于孔子。这种观点，沿袭了“人更三圣，世历三古”的传统讲法。皮锡瑞《经学历史》曾十分强调汉人的重家法和师法。汉人最讲学有专门，而惠士奇则混淆汉人的家法与师门。如孟喜以卦气、京房以通变、荀爽以升降、郑玄以爻辰、虞翻以纳甲分别说《易》，各不相同，士奇却认为“其说不同，而指归则一，皆不可废”。这就不管汉人的门户界线，而给以综合融汇的功夫。此外，对孔子据以正名的《春秋》，也是事实据左氏，论断多采《公》《穀》。至于汉人以后，他认为自三国魏王弼以玄言注《易》，其古义便荡然殆尽了。

惠栋几乎全部承袭其父的观点，但更加精审翔实。不过他认为唐人李鼎祚《周易集解》还是保存了一些汉人精华。不妨举例看一下惠栋是怎样为汉人张目的。

《周易》卦爻辞的作者，自古有三种观点：一种认为并是文王所作，以郑玄之徒为代表；一种认为卦辞文王作而爻辞周公作，以孔颖达为代表；一种认为卦爻辞为孔子作，以皮锡瑞为代表。其中皮氏在惠栋之后，可以不论。

孔颖达认为爻辞不为文王作，一条很重要的内证，是《周易》明夷六五："箕子之明夷。"箕子是商纣时的人。"明夷"的卦象为上坤下离，离为日，坤为地，明为日，夷为没。日没于地，表示箕子劝谏商纣王反被囚禁，仿佛太阳沦入地下。然而箕子被囚是在文王死后，他不宜预言箕子的灾难。因此，爻辞不会是文王作。

为反驳唐人孔颖达的这种观点，恢复汉人郑玄的观点，惠栋请出三位他所崇拜的汉人：赵宾、刘向、荀爽。

据《汉书·儒林传》载，赵宾，四川人，是个类似于公孙龙、惠施的诡辩式人物。他认为，"箕子"不过是"万物发芽"的意思。这就一下子抽掉了"明夷六五"这条证明爻辞非文王作的根据。由于他持论巧慧，又自称其学来自孟喜，《易》家虽然一致反击为"非古法"，却"多不能难"。"后宾死，莫能持其说，喜因不肯仞（认），以此不见信。"所以，颜师古注《汉书》时评论说："宾妄为说耳。"

刘向是中国目录学的开创人。据凌廷堪《江氏周易补叙》:“刘向云:今《易》箕子,作荄。”荀爽的观点见清人马竹吾《玉函山房辑佚书》卷三《周易荀氏注》三卷。

赵宾的看法不可信,但他是汉人,与惠栋的学术原则相合,所以惠栋极力为赵宾的坏名声翻案。他说:

> 宾据古义以难诸儒,诸儒皆屈于是,施雠、梁丘贺咸共嫉之。雠、贺与喜同事田王孙,而贺先贵,又传子临,从雠问。荐雠为博士,喜未贵而学独高,施、梁丘皆不及。喜所传卦气及《易》家候阴阳灾异书,皆传自王孙,以授梁人焦延寿者,而梁丘恶之,谓无此事,引雠为证,且以此语闻于上(汉宣帝),于是宣帝以喜为改师法,不用为博士。中梁丘之谗也。雠、贺嫉喜而并及宾。班固不通《易》,其作喜《传》亦用雠、贺之单词,皆非实录。

这么一来,赵宾坏了一千多年的形象反而十分完美了。但是,惠栋的辩解全是推测性的想当然。为了学术原则,竟然以讹传讹,清代朴学之主观性,实证主义者的主观强横,于此可见一斑。

对“箕子之明夷”一语,向来有不同解释。焦循、尚秉和、李镜池、高亨等人,均有其解释,但无一人如惠栋之武断。今人解为“箕子之明智”,是否确实,也可商量,但两辞作者既不是文王,也不是周公,显然已成定论。不过,问题的实质显然并不在具体问题之厘定,它背后所蕴含的思想方法问题,显然更深。

除《周易》外，惠栋还遍通诸经。他有《九经古义》十六卷，讨论《周易》《尚书》《毛诗》《周礼》《仪礼》《礼记》《左传》《公羊传》《穀梁传》《论语》的古音古字古义。小学本《尔雅》，六书本《说文》，其中《左传补注》六卷因有别本单行，有目无书，故称九经。论证详博，考证精确，因而惠栋又被誉为“惠九经”。对于《春秋》三传，尊郑玄之《周礼注》、韦昭之《国语注》，而对杜预《集解》多所驳正。他认为，严彭祖所传《公羊春秋》即熹平石经所刻；颜安乐所传乃为何休所注。讨论古代明堂制度有《明堂大道录》八卷、《禘祫说》二卷，认为古代的帝礼（一种祭祀）乃在明堂（见《大戴礼记·明堂》）举行，而明堂制度来自《周易》。于史部有《后汉书补注》十五卷，取《初学记》《艺文类聚》《北堂书钞》《太平御览》诸书，补谢承、薛宝、司马彪、华峤、谢沈、张莹、袁山松七家之亡。又有《诸史会要》《竹南漫录》，惜未成。《王文简公（士祯）精华录训纂》二十四卷，《太上感应篇注》二卷、《山海经训纂》十八卷、《九曜斋笔记》二卷、《松崖笔记》二卷、《松崖文抄》二卷。除此之外，还曾帮助卢见曾手定《雅雨堂十种》《山左诗抄》《感应集》。

值得特别一提的是《古文尚书考》二卷。讲到东晋枚赜所献伪孔传本《尚书》，人们总是先提到阎百诗的《古文尚书疏证》八卷。实际上，惠氏的《古文尚书考》与阎书相比，别具特色，某些方面更胜一筹。据沈彤、钱大昕的惠书序，阎氏著成《疏证》之前，“先得定宇之指，定宇书不谋而与之合，文词未及其半，而辨证益明，条贯亦清益”。阎氏之书终“未若先生之精而约”。可见惠书有其独特价值。从外，阎书沿袭许多前人的错误。如周公摄政称王，封康叔于卫，阎氏相信蔡沈《书集传》之臆说，以“武王诰命为卫侯”。又相信宋人王柏之说，认为《诗经》所谓郑卫淫风非孔子手订，为可删。这些均反衬出惠书的价值。惠栋认为，郑玄所传的二十四篇《尚书》乃孔壁真古文，东晋晚出的二十五篇为伪。对唐人所说郑玄所传乃张霸伪造的百二篇，今文《泰誓》出于伪造，都一一予以驳证。创见颇多，但其中是否有主题先行问题，值得特别留意。

皮锡瑞认为，惠氏为雍乾以后汉学大宗，但未尝废宋学。如惠士奇曾手书楹联云：“六经尊服郑，百行法程朱。”江藩在《宋学渊源记》的《前叙》中特别将这句话提示出来，以表示汉宋并重的学术取向。其实，这副对联所揭示的是做学问与取功名的二元分裂。做学问“尊服郑”，做官则必须“法程朱”。“程朱”是主流意识形态，“服郑”是学术自选动作。纪昀即为一例。对此，钱锺书先生有精辟的分析。另一方面，所谓“法程朱”，是有前提的。惠士奇认为，程朱的学问同样来自汉人，最终以汉人为法。钱大昕在《潜研堂文集》中评论说：“惠氏世守古学，而先生所得尤深，拟诸汉儒，当在何邵公（休）、服子慎（虔）之间，马融、赵岐辈不能及也。”因此，即使“法程朱”，也不过落在“尊服郑”之下而已。

重读李斯《谏逐客书》

钱锺书先生非常重视李斯的《谏逐客书》，多次提及，深致感慨，长言咏叹，寄寓颇深。

李斯撰写该文的背景坊间熟知。公元前 237 年，秦国宗室大臣借口韩国水工郑国在秦搞间谍活动，请求秦王下令把外籍官员全部赶走。李斯是楚国人，也在被逐之列。他觉得这种一刀切的做法对国家危害甚大，便写了这篇《谏逐客书》，劝秦王收回成命。

马红著《李斯》书影

李斯反对逐客的理由，一是从历史上看，秦国之所以富强，就因为不拘一格地重用了大批来自他国的人才。没有这些外来户，秦国哪会有今天？他们不但没有什么对不起秦国的地方，还是秦国的功臣。二是从现实看，秦国许多好东西，全是他国货；剔除这些他国货，就没好东西了。他国的东西可以用，他国的人才为什么不能用?“不问可否，不论曲直，非秦者去，为客者逐，然则是所重者在乎色乐珠玉，而所轻者在乎民人也。此非所以跨海内，制诸侯之术也。”

这里，李斯明确提出一个“跨海内，制诸侯”的问题。这六个字，反映出李斯作为一个战略家的胆魄和目光。他说，要想成为有大作为的政治家，最起码要做到不拘一格地使用人才。“泰山不让土壤，故能成其大；河海不择细流，故能就其深；王者不却众庶，故能明其德。”在用人问题上，不该有地域界限，不应画地为牢，束缚自己的手脚，正所谓“地无四方，民无异国，四时充美，鬼神降福，此五帝三王之所以无敌也”。没有这种气魄和胆识，等于是把人才往敌人那里送，倒霉的还是自己。他语重心长地写道：“今乃弃黔首以资敌国，却宾客以业诸侯，使天下之士退而不敢西向，裹足不入秦，此所谓藉寇兵而赍盗粮者也。夫物不产于秦，可宝者多；士不产于秦，而愿忠者众。今逐客以资敌国，损民以益仇，内自虚而外树怨于诸侯，求国无危，不可得也。”

结果，秦王废除逐客之令，恢复李斯官职，后来便统一了全国。假如李斯当时不上这篇谏书，任凭逐客的错误政策推行下去，历史恐怕就得改写了。所以，说这篇文章改变了历史进程，并不过分。

当然，李斯是个很复杂的历史人物，功过是非，向来歧见迭出。但仅就该文而言，人们不能不佩服李斯远大的政治战略眼光。事实上，秦以后，“逐客”与“反逐客”的争论始终没有停息，而李斯这篇文章正如钱锺书所说，成了“反逐客”一方最早的理论依据。例如，释教入华，西学东渐，而儒者辟佛，守旧者斥新知，其基本出发点，即对方是外来的，因而是异端。反对排外一方，其立论“每与李斯之谏逐客似响之应而符之契”。

李斯不仅提出了怎样用人、用什么人的问题，实则涉及更深议题。不难看出，他是想告诉秦王，要想取得霸业，保持先进性，必须延揽先进人才；而一个人可用不可用，不是看出身籍贯，而是看他是否“忠”，是否具备先进性。不这样做，一味画地为牢，就等于“损民”“益仇”，是“内自虚”“外树怨”。如此下去，则“求国无危，不可得也”。因此，李斯所言，实为国家发展之基本方略。

李斯言此，固然有自保之意，但依其本领，恐怕到任何一国，都会混得不错。特别是战国时期，延揽人才乃是诸国竞争的重要途径，故李斯本人不愁找不到好饭碗。他之所以上书言事，表明他确实忠于秦王，并无二心，但更与其政治抱负及政治思想关联紧密。其中最重要的一条，就是他具有因时变法的牢固政治理念。

李斯曾经说过这样一段话：“五帝不相袭，三代不相复，各以治；非其相反，时变异也。”意思是说，五帝并不相互承袭，三代也并非简单的重复，但都达到了治理国家的目的，这并非他们故意标新立异，而是顺应时代变化。李斯此话，既非独创，也非孤立，而是流行于先秦至秦汉时期的普遍变法主张。《史记》中记载赵武灵王和商鞅，说过几乎一模一样的话。《乐书》载：“赵高曰：五帝、三王，乐各殊名，示不相袭，……亦各一时之化。"《平准书》："天子曰：朕闻五帝之教，不相复而治，禹汤之法，不同道而王；所由殊功，而建德一也。"《六国年表》："秦取天下多暴，然世异变，成功大；传曰：法后王。"《高帝功臣侯者年表》："居今之世，志古之道，所以自镜也，未必尽同。帝王者各殊异礼而异务，要以成功为统纪，岂可混乎？"《酷吏列传》："杜周曰：当时为是，何古之法乎？"据钱锺书考察，同样的意思，《史记》表达过许多次。其中一句话是："盖受命而王，各有所由兴，殊路而同归。……议者咸称太古，百姓何望？"那些空口说白话的人净称颂古代，人民还有何指望？另一段即前面所引："居今之世，志古之道，所以自镜也，未必尽同。帝王者各殊异礼而异务，要以成功为统纪，岂可混乎？"身处当代，之所以不忘记过去之事，意在为现实提供镜鉴，不是为了复古，两者不能混为一谈。

因时制宜的主张不仅存在于法家著作之中，其他派别也持同样主张。据说孔子就说过这样的话："生乎今之世，返古之道，如此者灾及其身者也。"据汉代经学家郑玄解释，这是批评那些眼光狭隘之人"不知今王之新政可从"。老子则说：政治家应"应时权变，见形施宜，论世立法，随时举事，与化推移"，绝不可"胶柱调瑟"。庄子则说，古与今，就像水与陆，怎么可以在陆地上行船呢？所以，"三皇五帝之礼义法度，不矜于同，而矜于治。礼义法度，应时而变者也"。特别是《汉书》所载阴阳家邹衍的一段话，尤其明确："政教文质者，所以云救也。当时则用，过则舍之，可易则易之，故守一而不变者，未睹治之至也。"这些言论虽然轻重缓急不同，但都贯穿着应时而变、与时俱进的内涵。

中国思想史上有所谓“法先王”和“法后王”的争论。上述言论代表了“法后王”一派的基本主张，而“法先王”一方的基本观点则可用八个字概括，即“变古乱常，不死则亡”。从古籍记载看，那些反对因时变法、与时俱进的人物与主张，大都以反派形象而存留于史书之中。上至秦始皇时候的所谓“博士”，下至近代阻碍变法的守旧派，无不如此。人谓中国人保守，恐亦未必尽然！

（本文原刊于《学习时报》2002 年 1 月 7 日）

元朝儒学的尴尬

表面看去，儒学在元朝的地位非常之高。不是一般意义上的高，而是绝对的高，甚至不可比拟的高。为什么把儒学捧得那样高呢？儒学的地位，果真那样高吗？

比较一下儒与释、道的处境，再看看政治史、教育史等方面的材料，问题便出现了。其实，元朝儒学与被称为新儒学的理学一样，其地位和境遇是非常尴尬的。一方面，它确实受到高度重视，另一方面，许多儒生贫困交加，乃至沦落为奴隶。一方面，职业儒生确实受到特殊优厚待遇，另一方面，这种“优

陈谷嘉著《元代理学伦理思想研究》书影

厚待遇”毋宁说更像倡优之蓄，带有一定的人格侮辱性。儒生们学而优则仕的上升之途基本被堵死，丧失了人生的希望。虽然科举制度为儒生开启一扇希望之窗，但科举制度三起三落，几乎没有发挥隋唐以来科举的正常功能。在这种实况下，元朝儒学呈现出两副面孔。一副面孔似乎很滋润，另一副却又挺悲惨。那么，元朝儒学之地位，到底是高，还是低呢？

对元朝历史的认识，在基本属性上就存在分歧。不过，学者们有一个基本共识，即蒙古族所建立的奴隶制国家入主中原以后，始终处于向中原先进体制转化的过程之中，这一转化过程并没有最终完成，这就导致整个社会一直处于过渡性、混杂性的状态中。处于这种状态中的儒学，其处境也就可想而知。

就儒学的本性而言，它要依附在王权与皇权之下才能得到发展。然而，崇佛尊道的元朝建立者，并不独尊儒术。而且，元朝贵族阶层还一向对儒学持抵触和反对的立场。正如史家所说：“元朝制度又不可能是中原封建王朝简单的继续。忽必烈和他的继承者同时也把蒙古奴隶制传统的某些统治制度和统治方法纳入元朝的制度，从而使元王朝的封建统治表现为更加强烈的专制主义，对蒙、汉及其他各族人民实行着残酷的阶级压迫。”[①]这对于儒学，无异于丧失了最基本的成长平台。

①蔡美彪等著：《中国通史》第7册，北京：人民出版社，2008年，第98页。

但是，入主中原的蒙古族人不能不向接受中原封建制度以更有利于统治的方向靠近，这就给予了儒学攀附、生存、成长的机会。要给元朝儒学一个恰如其分的定位，归根到底，要到元朝混杂性的总格局中去寻找答案。脱离这种总格局，不容易看清元朝儒学那种空前绝后、独一无二的尴尬局面。

元朝统治与明清以及前面的唐宋等王朝都不同，其不可复制的特点，在中国古代历史上堪称最为鲜明。“元朝统一，曾是以经济和文化发展的趋同性和内聚性为基础，是以军事征服为实施手段的复杂演进的过程。”[①]在文化上，元人有一个从崇尚武功到文武兼重的认识过程。最初，对军事俘虏中的知识文人，当作普通俘虏一样对待。随着政权稳固，这种习惯性的政策逐步得到调整。但是，“历代蒙古皇帝都不通晓汉语文。仁宗、文宗相继提倡汉文化，特别提倡程朱道学，讲述伦常以维护其统治。但由于蒙古草原势力的强大和贵族内部行汉法与反抗汉法斗争的反复进行，元朝统治者一直没有像辽、金那样趋于汉化”[②]。在没有彻底汉化的政治大格局中，儒学怎么发展?

这里牵涉儒家的两个命题，一是严夷夏之防，二是所谓“夷狄入中国则中国之”。这两个命题可以相互打架，也可以相互支持，全看政治语境的需要。元朝儒学的命运验证着两个命题的伸缩度。趋于汉化，属于“夷狄入中国则中国之”，

①李治安:《元代行省制度》，北京：中华书局，2011 年，第 1 页。

②蔡美彪等著:《中国通史》第 7 册，北京：人民出版社，2008 年，第 218 页。

儒学为之效命不违反自家理论主张。抵制汉化，又从另一面证明着夷夏之辨的正确。横向看，与儒学并行，佛教僧侣文化大张其行，这既给了儒家参与竞争的机会，也造成儒学的尴尬。

说儒学在元朝地位高，当然有根据。比如在元太宗窝阔台（1186—1241）时期，就已经封孔子后裔袭爵衍圣公，并设立经籍所、编修所，开科取士。元世祖忽必烈则是“第一位比较主动地接受汉文化并运用到国家政策中的蒙古贵族”①。据说，1252年，元好问、张德辉欲尊其为“儒教大宗师”，忽必烈愉快地接受下来。忽必烈的金莲川幕府中也曾汇集了一批汉族儒士。这些儒士学术志趣不尽相同，但无不殚精竭虑地向忽必烈献上儒学治国之道。……儒学和儒士为忽必烈提供了来自汉地王朝的非常丰富的政治经验，提供了直接治理汉地的基本蓝图和有效方略。②成宗即位后，继续崇奉孔子。武宗时，加封孔子为大成至圣文宣王。特别是在仁宗时期，尊孔崇儒，不仅以太牢（牛牲）祭孔，而且以宋儒周敦颐、程颢、程颐、张载、邵雍、司马光、朱熹、张栻、吕祖谦及元儒许衡从祀孔子。学界一致认为，仁宗时，儒学地位达到高峰。

显然，儒学在元朝的地位确实不低。但是，这种不低需要联系具体的历史境况才能通解。首先，它是一个动态过

---

①李治安：《元史暨中古史论稿》，北京：人民出版社，2013年，第168页。

②李治安：《忽必烈传》，北京：人民出版社，2004年，第544—545页。

程，并非固定常态。对儒学，“以成吉思汗为代表的蒙古王朝时期，他们的态度是不解、排斥和冷漠，但随着自身政治、经济的发展，蒙古社会结构的变化，他们逐渐意识到汉文化的作用。元朝初期的帝王对理学进行了思考和再认识，在此时期，理学尚仅作为儒学的一派被蒙古人囫囵吞枣地一并接受，他们对理学与儒学的分界是模糊的，但是，随着认识的加深，理学的形象逐渐在帝王的心中树立起来。直至元仁宗朝恢复科举，并将程朱理学作为科举制定内容，他对理学的推崇直接将原本属于民间的学术提升为官方学术，这在理学产生的宋代也是很难想象的，更何况是一个少数民族统治下的政权”①。

其次，儒学始终没有取得独尊地位。元朝的整体文化样态呈现多元多样格局。“元朝迎来了继魏晋隋唐之后第二个文化多元的时代。与隋唐相比，元代进入中原汉地的异域文化，门类更多，内容更丰富，与汉地本体文化的相互撞击、冲突、融合、吸收更为频繁深入。”②比如官方文字，有蒙古语、汉语、波斯语；宗教则有佛教与喇嘛教、道教、伊斯兰教、基督教。从忽必烈开始的元朝十个皇帝，都“崇尚释氏”③。至于道教，从成吉思汗以来，全真道便受到重视，不断发展。灭南宋之前，元人对北方的全真道、真大道教和

①朱军：《元代理学与社会》，西北大学博士论文，2015年，第65页。

②李治安：《元史暨中古史论稿》，北京：人民出版社，2013年，第237页。

③郭朋：《宋元佛教》，福州：福建人民出版社，1981年，第177页。参看陈登原《国史旧闻》，北京：中华书局，2000年，第2册，第569—572页。

太一教等道派大力争取和利用。灭南宋后，又对南方的天师道极力争取。道教在元统治者的崇奉下，获得大发展。[①]当然，成吉思汗之后，道教地位开始下降，直至遭受严厉打击。这种多元性，与儒家的希望与追求，是矛盾的。

总之，儒学“始终不是第一位的文化。儒学与儒士也不再是传统体制内的主导，其独尊地位已经丧失，开始被边缘化。这是自汉武帝独尊儒术以后，历朝历代未曾有过的”。因此，元朝出现“九儒十丐”的讲法，绝非偶然，更非“谣传”一语所能破解。[②]

元朝的教育制度，特别是科举制度，印证了儒学的尴尬地位。元朝的整体教育水平，学校普及程度及规模，均不及宋金两朝。元代的科举，不仅起伏不定，而且与民族等级制度结合。在国子学中，汉人考试内容最难，要求最严，蒙古、色目人要求宽松，内容简单，但授官等级却高于汉人，学官待遇也高于汉人，汉人南人处于受歧视状态。由此，许多汉族知识分子与元朝统治者采取不合作态度，拒绝参加科举，并以兴办私学的形式来弥补空缺。因此，元朝的私学兴盛一时，水平也高于官学。在管理方面，元代始终没有形成

①卿希泰主编:《中国道教》第1卷，上海：东方出版社中心，1994年，第62页。

②李治安:《元史暨中古史论稿》，北京：人民出版社，2013年，第240—241页。陈登原:《国史旧闻》，北京：中华书局，2000年，第2册，第568—569页。按陈垣认为“九儒十丐”之谣乃“出于南宋人之诋词，不足为论据”。陈垣:《元西域人华化考》，陈智超主编:《陈垣全集》第2册，合肥：安徽大学出版社，2009年，第374页。

统一高效的管理体制，而是政出多门。教师与宋金诸朝相比，地位更低，数量也更少，学生的贵族化程度更高，名额较少。“就品级而言，按照至元六年（1269年）的规定，地方官学教师品级最高的路学教师，仅为正八品，府州教授为从八品，只相当于一个宣慰司令史的品秩。以后，路学教授又进一步降为正九品，只相当于一个廉访司的书吏。就学官迁转而言，一个最低级别的直学，如果一切顺利，最起码需要任满四考，才能升为从九品的府州教授。这个过程起码也在12年以上，再想进一步升迁，就更难了。可见，大部分州县学官实际已沦为不入流的杂吏。”一些少田或无田的学校教师，连基本生活都得不到保障。[①]这种情况，被称为中国古代教育史上的奇特一页，是绝无仅有的现象。

无论在政治上，抑或在社会上，儒学都失去了中心与主导位置。“由于儒学边缘化和科举仕途不畅，元代儒生士大夫多数无法走向庙堂，只能从事教官、儒吏等下层职业，致使他们开始向区域社会发展。元后期科举重开，乡试逐渐正规，客观上又增加了儒生士大夫对区域社会的亲近。这似乎是明清士大夫缙绅成为区域社会中坚的先声。”[②]以忽必烈时期儒生的境遇为例，他们虽然能享受儒户定籍、免除差役、选拔充当教官及儒吏等待遇，“但唐宋以来儒士赖以仕进登

①李国钧、王炳照总主编：《中国教育制度通史》，济南：山东教育出版社，2000年，第3卷，第517页。

②李治安：《元史暨中古史论稿》，北京：人民出版社，2013年，第241页。

龙的科举迟迟未开，大多数儒士‘学而优则仕’的门径被堵死。……就仕进之限于中下层教官及吏员的大多数儒士来说，其地位确实是比较低的。儒士虽然未必卑下至第九位，但比僧、道肯定低的”[①]。这难道不是地位尴尬的活写照吗?

不过，凡事都有另外一面。儒学的尴尬地位，无意中导致了一个意外收获，即儒学走向了世俗化。

这得从儒户制度说起，因为这个奇特的制度是儒学走向世俗化与实用化的一个重要条件。它对儒学是一个打击，也是促使儒学向底层社会发展的一个杠杆。

众所周知，元朝实行严格的户籍制度，主要特点是根据职业编户，并且世袭。例如把工匠编为“匠户”，把管理驿站传递（站赤）的编为“站户”。此外还有僧户、道户、军户、民户、猎户、盐户、矿户、乐户、娼户，等等。照理说，这套制度如果长期严格地执行下去，有利于形成西欧、日本那种典型的封建制，有利于商业资本的成长以及资本主义萌芽的生长，因为秦汉以后流行于中原地区的地主所有制，并不是典型的封建制，这一点限制了后来中国社会向近代的转型。但是，元朝享祚太短，因此不足以语此。可是，它对儒学的影响，却是深重的。在整个户籍体系中，儒户属于中上阶层，与僧、道等一样，享受一定的经济福利和特权。匠户的职业是手工制作器具，儒户的职业则是修习儒业，同时充当基层教师。这在元朝的治理体系内，自然是不错的待遇，但实际上将儒户基本圈定在了社会基层范围内，

①李治安：《忽必烈传》，北京：人民出版社，2004年，第557—558页。

总体上斩断了唐宋以来读书人通过科举走仕途的正路。因此，儒户要么出任补吏、教官，或者改行做商人。总之，儒户实际成了社会基层的民间教师或乡间教师。在边缘化的身份演变过程中，儒学的世俗化也就成了必然，读书人阶层的形成同样成为必然。这个游离于统治集团的阶层，必然与元统治者对立。[①]

儒户享受优待乃至部分特权，已经得到学界公认。但是，与儒家的理想相比，与儒学经师的抱负相比，那又算什么优待与特权呢？毋宁说，是一种人格上的侮辱。而且，即使如此，优待的幅度、范围以及时段和区域差别，也不一致。儒户数量控制严格，在总户口中所占比例极小，同时，优惠儒户的政策还屡屡遭到守旧势力和权臣抵制，经常是朝廷屡屡颁诏而“有司奉行不至，儒者杂于编户”。高智耀中统年间在汉北推行此政，就多次遭到权贵阻挠：“时汉北淮蜀儒人多为驱者。公奏曰：‘以儒为驱，古无是也。帝方以古道治天下，宜除之。’上可其奏，命公奉旨以行，前后得释为民者几三四千人。以此忤权势，或诉于上曰：‘高秀才所释者多非儒也。’……久之，有权臣欲令儒户与民给徭役者。”[②]

还须看到，元统治者对儒学的所谓重视，是有偏重的，

①儒户研究的较新成果，参看侯昊嵩《元代儒户研究》，宁波大学人文与传媒学院硕士论文，2011 年 2 月。

②李国钧、王炳照总主编：《中国教育制度通史》，济南：山东教育出版社，2000 年，第 3 卷，第 473 页。

也就是重视其实用性的方面，对其形而上的精神教化功能，则认识不足。忽必烈非常重视经世致用，鄙夷空言义理。只有解决实际问题，他才喜欢。专讲玄而又玄的空话，他要批评。他还不完全晓得，玄而又玄的空话，往往比实而又实的实话还重要。被笼络在他身边的，不仅有儒士，而且有各种各样的人。忽必烈尊儒学，但仅仅是尊而已，不独尊，也不完全信奉。[①]

世俗化意味着社会化。世俗化必然导致社会化。社会化必然巩固世俗化。元代儒学，特别是理学，由于上述原因的综合作用，向着世俗化、社会化的方向发展。“理学在元代的普及面相较宋代更为广大。”[②]因此，世俗化、社会化又会导致理学的普及化。普及化的具体表现，突出的是理学与乡村建设相结合。理学通过与宗法关系联姻，依靠族长和乡绅的势力，以乡约等形式，使得理学在乡村的精神信仰体系中扎下根。小说《白鹿原》所描绘的宗祠乡约情形，就是这种情况长期演变的结果。

当然，在世俗化、社会化、普及化的过程中，一些理学名家发挥了引领性的作用。

首先是理学的北传为它在北方传播奠定了基础。理学北传的核心人物是宋元易代之际的赵复。此人在元师南下时成为俘虏，经历亡国之痛。元朝的杨惟中、姚枢鉴于他的名气，予以救护，元人将他带到燕京（今北京市）。由此，他

---

①李治安：《忽必烈传》，北京：人民出版社，2004年，第549页。

②朱军：《元代理学与社会》，西北大学博士论文，2015年，第213页。

把程朱理学带到北方。“赵复来到北方，首先把程朱著作系统地介绍给北方学者，并且在燕京新建的太极书院公开讲授程朱理学，吸引了一批学子从游，开始在北方建立起理学的师承授受体系。随着程朱理学的传播，北方的学术空气也为之一变。一些具有探索精神的知识分子，开始摒弃旧儒学，转向程朱理学。在元朝灭宋之前，理学在知识界受到欢迎，有了首批追随者。而在灭宋统一全国之后，由于南北阻隔打通，学术文化交流不再受地域限制，北方理学与南方理学获得了同步发展的机会，开始步入创立具有自己特色的独立学派的阶段。”①因此，赵复是一位具有枢纽作用的人物，客观上打通了南北之间的思想桥梁。

北传之后，理学出现了若干标志性的人物。其中许衡（1209—1281）被称为元代朱学第一人。他在忽必烈时，即出仕元朝。世祖即位后，成为有名的国师，给元人出谋划策。他最独特的地方，是看清了少数民族要想在中原立住脚，必须采用汉法，提出：“考之前代，北方之有中国者，必行汉法，乃可长久。”这在当时，是富于远见也是很进步的理念。他另一个值得注意的思想，是不主张实行科举制。1260年（庚申），忽必烈问他：“科举如何？”回答：“不能。”②此外，他还反对立太学，忽必烈也听从了他的建议。③具体意义，还值得深究。出于对儒学的坚定信仰，他反对释老。不过，他

①徐远和：《金元之际北方理学发展的特点及社会作用》，《晋阳学刊》1986年第4期。

②许衡：《考岁略》，《鲁斋遗书》卷十三。

③《元史·许衡传》。

书呆子气也很重，时而在政治上发迂腐议论，遭到过忽必烈责斥。许衡创立的学派，被称为“鲁斋学派”。他为理学走出书斋融入社会和贴近百姓大众生活作出了贡献。他是一位教育家，常年以“课童仆”为业，从事民办私学教育。至元八年（1271）四月，许衡被任命为集贤大学士兼国子祭酒，负责对“大朴未散”的蒙古子弟进行教育。他非常重视这项任命，专门召集12位弟子前来陪读。他的《大学要略》《大学直解》《中庸直解》《稽千古文》《编年歌括》等，就与对贵胄子弟们的教学活动相关。[①]“许衡对被宋儒所独尊的儒家经典《大学》《中庸》作出了富有创造性的通俗化的解读”，“开了经学通俗化的先河”。[②]

以许衡为代表，元代的理学名家带头编写了一批儒学通俗读物，从而将儒学及理学推到了一个通俗化和普及化的阶段。这是此前从未有过的现象，是元人文化水平较低、对中原儒学缺乏理解的现实状况下自然会出现的现象。以“四书”为例，通俗性的解读本就有许衡的《大学直解》《中庸直解》，此外还有刘因的《四书集义精要》，许谦的《读四书丛说》，陈天祥的《四书辨疑》等。这些读本所采用的语言，已经很接近今天的白话文，亦即以口语化的民间话语作最通俗易懂的解释，属于不折不扣的大众读本，“即使与今天流

①陈正夫、何植靖：《许衡评传》，南京：南京大学出版社，1995年，第31页。

②陈谷嘉：《元代理学伦理思想研究》，长沙：湖南大学出版社，2010年，第37页。

传的四书白话辅读本相比较也毫不逊色”[①]。

元曲中一些伦理剧目，以戏剧的形式宣传儒家伦理，特别是理学观念，推动了理学的世俗化、通俗化、普及化。“以戏曲形式进行道德教化，是元代的一个创造，对元代的儒学及其人伦道德的普及化和通俗化起到了很好的作用。”[②]不过，元杂剧体裁广泛，其中也不乏反理学的思想。有观点认为，理学的兴旺是元杂剧走向衰微的重要原因，这虽然未必确切，但元杂剧与理学具有复杂的关系，其中凝聚着紧张性的一面，则是确实的。

儒学在元朝走过了非常特殊的一页。世俗化、社会化、通俗化，是这一页所收获的重要果实。那么，儒学在元朝的地位到底高不高呢？我以为，那得看怎么说。如果单纯从儒学一条线考察，自然是高的，可是，如果与佛教、道教的地位做比较，如果将儒学放在元朝的整个统治体系当中去考察，你还会说儒学在元朝的地位很高吗？

---

①详见陈谷嘉《元代理学伦理思想研究》，长沙：湖南大学出版社，2010年，第1—9页。

②陈谷嘉：《元代理学伦理思想研究》，长沙：湖南大学出版社，2010年，第307页。

尚钺究竟怎样看中国近代史的开端

史学界一直流传着一个说法，即尚钺先生否认鸦片战争是中国近代史的开端，中国近代史开始于明代中叶。一些介绍近代史研究状况的书，就是这样描写的，仿佛成了定论。

《尚钺史学论文选集》书影，人民出版社 1984 年出版

这是一项非常严重的“指证”！为此，还造成过史学史上很不幸的事件。然而，事实果真如此吗？作为著名的马克思主义史学家，尚钺怎么会否定中国近代史开端于鸦片战争呢？他难道不了解这一重大观点意味着什么？对他的指控，有什么证据吗？

事情得从 1957 年 3 月出版的《明清社会经济形态的研究》一书

说起。该书是中国人民大学中国历史教研室的科研成果，尚钺在为这本书写的《序言》中提出，根据毛主席的指示，中国在1840年以前，早已孕育着资本主义萌芽；即使没有外国资本主义影响，中国也能缓慢地发展到资本主义社会。毛主席还说，旧民主主义革命开始于鸦片战争实行反对外国资本主义侵略和封建势力压迫的斗争。尚钺认为，要了解鸦片战争这个旧民主主义革命的开始，就得了解它的物质基础，也就是1840年以前封建社会胞胎内部孕育的资本主义萌芽的发生、发展和演进的过程，及其到1840年以前所达到的水平。基于这种认识，尚钺结合他对明清社会的研究成果，写道："不拘从社会经济的发展上，或从上层建筑的意识形态发展线索上，以及从中国社会内部的主要矛盾和主要矛盾方面的继续和发展上，以1840年外国侵入的时间划一个分界线，都是不很妥当的，而且有着斩断历史发展线索的毛病。"正是这句话，成了他否定以鸦片战争作为中国近代史开端的证据。

显然，得出这样的结论，并非毫无根据。既然白纸黑字写在那里，就不能怪他人写文章批评。但是，把上面那段话作为一个重大学术见解的证据，显然不充分。

一般讲，学者提出某个重大学术观点，应该写出专题论文。而人们认定尚钺否定鸦片战争是中国近代史开端的依据，仅仅是上面那段话，而且这段话还有"不很"这样的软性词作修饰。重要的是，理解这段话应该联系上下文。笔者认为，尚钺的意思是说，要阐明鸦片战争作为旧民主主义革命开端的意义，仅仅依据一个"外国侵入"的外部要素是不行的，还得考虑中国自己的内部要素；如果不考虑中国内部的要素，那就会有“斩断历史发展线索的毛病”。在尚钺看来，只有这样去考察鸦片战争，才既符合毛泽东的论断，也符合历史实际，避免用一个外来因素斩断中国自身历史发展的逻辑。

应该说，尚钺的论述确实不够清晰。他自己也说过，在“精练准确的概括”上做得不周延，因而“造成概念上有些模糊的错误”。比如在“社会性质”概念的使用上，就有轻率之嫌。但即便如此，显然也不能轻率地得出结论说尚钺否定鸦片战争是中国近代史的开端。

更重要的是，尚钺本人当年作了澄清，明确表明他本人绝无否定鸦片战争是中国近代史开端的意思，也绝没有认定明代中叶以后中国已经进入资本主义社会的意思。他说，自己确实对以鸦片战争作为中国近代史起点有过“怀疑”，但是关于中国从 1840 年开始走上半殖民地半封建社会的论断，却“从来没有怀疑过”。他说：“我在任何文章中，只要提到这个问题，一直是肯定这一点的。”这里，我们不必追究他到底是否“怀疑”过，因为即使他怀疑过，也毕竟公开声明放弃了，没有必要抓住不放。关键在于，尚钺主编的《中国历史纲要》，恰恰以鸦片战争作为中国近代史的起点。这岂不是最可靠的铁证！

既然如此，后人还有什么理由把这个连尚钺本人都不承认的观点说成是尚钺“阐明”的“主张”呢？

尚钺的许多历史观点是有争议的。比如，他对明清时期资本主义因素的估价是否过高，就很有争议。这些争议是具体观点之争，无伤大雅。但作为一个研究原则，他提出在考察旧民主主义革命开端的时候，要充分考虑此前中国自身的历史逻辑，无疑是正确的。这一基本着眼点，也是中国马克思主义史学家们的共识。比如胡绳在《历史研究》创刊号上最早提出中国近代史的分期问题，在其文章的最后一段，特意强调的就是中国社会内部长期以来发展着的资本主义要素。如果不考虑这一要素，岂不得出鸦片战争给中国送来了资本主义的结论？

为什么是尚钺，而不是其他人遭到了上述指控呢？解开这一谜团并不困难。这是因为，在中国马克思主义史学大家中，唯有尚钺始终偏重对中国历史内部纯粹资本主义萌芽要素的研究、考察与揭示。

美国学者柯文著《在中国发现历史》书影

改革开放后，美国汉学家柯文所著《在中国发现历史——中国中心观在美国的兴起》被译为中文出版，近代史学界一度热烈讨论该书所主张的所谓“中国中心观”或中国主线论。刘大年先生也表达了他的见解，提出：“他们强调中国是具有自身运动能力的实体，中国的近代是中国这个实体的内部结构产生的各种巨大势力不断发生作用，不断为自己选择方向、开辟前进的道路所形成的。也就是说，中国近代历史的演变和方向，最后是由中国内部力量所决定的。无疑地这符合于历史运动的本质。”

从柯文的著作到刘大年先生的评论，恰好映现了当年尚钺先生观点的基本特点与基本取向。从一定意义上说，大年先生的评论用在尚钺身上、作为点明尚钺基本史学观念的断语，也是非常贴切的。

由此，可以得出另一个结论：如果说尚钺先生是在美国兴起的“中国中心观”的先驱，应该不会是牵强附会！

但是，美国的“中国中心观”的主张者们，几乎无一例外地否定鸦片战争是中国近代史的开端；假如说尚钺先生是他们的先驱，岂不坐实了尚钺先生作为鸦片战争开端说否定者的身份了吗？尚钺否定鸦片战争是中国近代史开端，岂不又得到了新的证据？

然而，尚钺并不否定鸦片战争的中国近代史开端意义。这是尚钺作为一位中国马克思主义史学家与柯文等学者的本质区别所在。这个本质区别背后所隐含的，又是方法论上的不同。尚钺所坚持的，是毛泽东所倡导的两点论，也就是中外两大因素结合论。在两大因素结合的前提下，去考察前近代社会的资本主义萌芽问题。而柯文等人所坚持的，则是一点论，也就是排除外来因素（例如鸦片战争）的影响与作用，专注于考察中国内部的历史要素，故称之为“中国中心观”。就尚钺所坚持的两点论中的“中国中心”这一点而言，他确实可以被称为美国“中国中心观”的先驱。就尚钺所坚持的两点论本身而言，他与柯文等学者所主张的“中国中心观”截然不同。

总而言之，在美国兴起的所谓“中国中心观”，其基本史学理念、研究途径，原本已经预先隐含在尚钺那里，这是一个不争的事实。但是，如果说尚钺否定鸦片战争是中国近代史的开端，则属于无端指控。

目前，史学界对所谓“前近代”的“近代因素”研究，已经推出许多成果。这一线路的研究非常时髦。在美国，有柯文；在日本，有沟口雄三。单纯地突出中国内部要素，当然可以突显中国自身的作用与内在规律。对此，尚钺的认识非常自觉。他不遗余力地探寻中国资本主义萌芽问题，正是这一自觉意识的体现。但是，他毕竟是中外要素结合论者，归根到底是历史的普遍论者，不是历史的特殊论者。他偏重对“中国内部力量”的研究，最终是要与五种生产方式理论衔接的。刘大年先生说，当年批尚钺有教条的成分，诚然如此。今天，历史主义地看待当年的事件，当然首先要恢复尚钺先生观点的本来面目，其次，也不妨厘清他与美国的“中国中心观”的逻辑关联与本质区别。

（本文原刊于《中国社会科学报》2015 年 7 月 7 日）

林则徐对中国与世界关系的认知

中国近代史的开端与林则徐的名字紧紧焊接在一起。林则徐是中国近代史上第一位伟大的时代先行者。

林则徐得处这一崇高位置，是时代造成的。当时，英国等国不但已经进入资本主义，且已处于自由竞争的加速发展期，占据着世界历史发展的制高点，有着最系统、最发达的全球知识，而中国整体上还处在个体农业和家庭手工业相结合的自给自足的自然经济状态中。这不是地域与文化的差异，而是中世纪与近代两种社会形态的差异。蒋廷黻说："西方的世界已经具备了所谓近代化，而东方的世界则仍滞留于中古。"这话咱们得认可。

据马克思的研究，从 17 世纪初起，亚洲，特别是中国和印度，对欧洲和美洲的金银市场一直产生着重要影响。亚洲和西方的白银流通，大致可分为三个时期。其中第二个时期是从 1831 年到 1848 年，正是鸦片战争时期。这个时期的最大特点，是亚洲的白银向欧洲回流。"亚洲第一次把它在几乎两个半世纪内吸收去的财宝的一部分源源输还欧洲。"后世史家的研究细化、验证了马克思的结论。《剑桥中国晚清史》写道："在 19 世纪的最初十年，中国的国际收支结算大约盈余二千六百万元。从 1828 年到 1836 年，从中国流出了三千八百万元。使国际收支逆转的正是鸦片烟，结果就资助了英国加速使印度殖民地化的大部分活动。”如此冷性的结论，对应着林则徐给道光皇帝的那份最著名上疏的热词：“……是使数十年后，中原几无可以御敌之兵，且无可以充饷之银，……无如漏向外洋，岂宜藉寇资盗，不亟为计！”

马克思的厉害之处就在于，他与林则徐的看法居然是一致的。他说：“英国的仁慈强迫中国进行正式的鸦片贸易，用大炮轰倒了中国的围墙，以武力打开了天朝帝国同尘世往来的大门，金属货币流通才发生这样一个明显突出的转折。在中国的白银这样流往中印边境的时候，中国的太平洋沿岸地区又为英国和美国的工业品所充斥。于是，在 1842 年，现代贸易史上第一次真的发生了白银大量从亚洲输往欧洲的事情。”也可见，禁烟客观上具有迟滞英国在印度殖民地化的作用。

来新夏编著《林则徐年谱长编》书影，上海交通大学出版社 2011 年出版

列宁说："判断历史的功绩，不是根据历史活动家没有提供现代所要求的东西，而是根据他们比他们的前辈提供了新的东西。"范文澜论定林则徐是"清朝开眼看世界的第一人"。林则徐提供的新东西，蕴蓄着领先时代的内涵。

比如禁烟，就是世界禁毒史上的华章。诚如杨国祯教授所说，林则徐的禁烟言论，是"世界禁毒史证明了的至理名言"；"不仅中国需要林则徐，世界也需要林则徐"。

林则徐组织搜集、翻译外国历史与现实资料的情况，经学者们不断地钩稽、揭示，已经得到很清晰的呈现。笔者对2010至2012三年内的相关论文进行搜索，找到50多篇专业论文，很周详地揭示了林则徐译书活动的史实。林则徐关于"夷情"、外贸、西学乃至国际法方面的思想，总是让历史学家感佩不已！

来新夏先生说："林则徐以尊贵的'钦差大臣'身份组织翻译西方书刊的活动，努力探求新知，甚至亲自接待'夷人'，征询意见，这在自我闭塞的清朝中叶，确实是违反封建体制的勇敢行为。对当时内外形势的认识水平已远远超出了他的同时代的人物。这些不仅对当时制定对外国策略发挥了重要作用，而且对近代思想界有启蒙作用，许多封建知识分子纷纷起来探求新知。"来新夏先生编著的《林则徐年谱长编》不但史料极其丰富，钩稽史实非常细腻周详，而且论断非常精到，与杨国祯先生的《林则徐大传》异曲同工，堪称林氏研究成果中的双子星座。

最令后人扼腕浩叹的是，尽管当时中国在世界上的经济总量非常庞大，但清王朝对外部世界的认知却基本处于懵懂混沌的状态中，更遑论世界发展。这到底是为什么呢？还是马克思一语道破了天机：“与外界完全隔绝曾是保存旧中国的首要条件。”马克思这一断语，没有停留在道德谴责的层次。他显然看得更深。从明朝中叶的资本主义萌芽到清朝康雍乾三朝“落日的辉煌”，从林则徐的作为到普鲁士传教士郭实蜡等人的活动，长期光开花不结果的历史奥秘，都可以从马克思的断语中去破解。

林则徐的可贵之处，在于他具有认知外部世界的强烈自觉。在1838年给道光皇帝的奏折中，他用了“诡谲万端之夷人”的措辞，说明他已认识到“夷人”是高智商，决不可等闲视之。“夷人”的高智商，有“船坚炮利”为证。这就是林则徐已经明确具有而为魏源所概括的“师夷之长技以制夷”思想的来源。

“制夷”的前提是“知夷”。在“沿海文武员弁不谙夷情”的大氛围中，搜集夷人情报是林则徐高度重视的一项大事。他的思想与做法相当开放。他不仅使用懂夷语的人才，还亲自接见外国人，敢从外国人那里买武器，敢用西法练兵，从历史、地理、经贸、制造、鸦片生产情况等全领域，系统性地了解外国的情况，将其汇辑起来，成为近代中国最早的一批外国资料，为魏源编纂《海国图志》打下坚实基础。连今人都不免惊讶的是，他不但在处理鸦片事务上以大清法律为依据，而且留意外国法律，在1839年组织翻译了瑞士法学家滑达尔（Vattel，Emericide）的《各国律例》。

“夷人”的先进，一定给了林则徐相当震撼。从他留下的奏折等资料看，唯我独尊的“天朝大国”之态还非常突出。对英军的战斗力，也曾经严重低估。但是，笔者宁愿相信，林则徐上呈的折片，至少有“故意拿着一股劲”的因素在内。他当然有自身的历史局限，但封闭保守的政治生存之道，不能不是他要考量的现实要素。蒋廷黻说，有两个林则徐，一个是内在而开放的，一个是外在而沉默的。这当然不仅是林则徐的悲哀，更是中国历史的悲哀。这样的悲哀，依然只能到马克思的断语中去寻求答案。我们真诚希望，他不是由于认识到只有与外界完全隔绝才是“保存旧中国的首要条件”，才“外在而沉默”的。

林则徐通过翻译《澳门新闻纸》掌握夷情动态的情况，以陈胜粦教授的揭示最为细腻。他的总观点是，这样的信息、情报翻译，“为林则徐打开一个看世界的窗口，使他了解英国朝野对鸦片贸易的态度、英国政府发动侵华战争的情况及西方几个国家关系的一些情况，学到了一些有关世界地理及各国政治、经济、文化、科技等方面的知识。这对林则徐坚持禁烟抗英斗争，进一步倡导开眼看世界以及迈出开展近代外交与建设近代国防的步伐，起了有力的促进作用”。

杨国桢著《林则徐大传》书影，中国人民大学出版社2010年出版

另据学者萧致治研究，林则徐精心编辑而成的《四洲志》，“基本上包罗了地球上绝大多数国家，它使中国人对世界的认识向前迈进了一大步，使中国人了解了许多闻所未闻的外部世界知识，不失为中国认识世界的一块里程碑”。林则徐不仅学过一些英语，而且对美国等西方国家的政治制度进行了介绍。

林则徐还赞扬过西医，说：“夷人之医术所以胜于内地者，其人病死，则斫其尸而观其脏腑，以察其所以不治之故。”这是对解剖术的肯定，是纯粹医学的立场。

虎门销烟时，林则徐接见美国传教士裨治文，向他表示：“想得到地图、地理书和其他外文书籍，特别是想得到一套马礼逊所编的字典（即英华字典）。”林则徐甚至用英文发布过告示。

林则徐还萌生了一些对外贸易的思想。总体上，他依然认定中国是大国，什么都不缺，万事不用求人，搞贸易就是对外国搞施舍，但是，他显然没有把国门彻底关上的想法，而是主张允许外国人进行正当合法的贸易，允许外国人有丰厚的利润。他留意到了国际间的“商战”，注意到外国商船已经采用商业保险的经营模式。

他产生了建立海军、经略海洋的思想。对此，杨国桢先生作了很好的揭示。至于林则徐的国际法思想，相关研究成果尤多。

1839 年虎门销烟后，林则徐草拟了一份给英国国王的照会。这份照会还具有天国居高临下、训斥番邦的架势，但基本内容都是大实话。比如里面说：“以中国之利利外夷，是夷人所获之厚利，皆从华民分去，岂有反以毒物害华民之理。即夷人未必有心为害，而贪利之极不顾害人，试问天良安在？闻该国禁食鸦片甚严，是固明知鸦片之为害也。既不使为害于该国，则他国尚不可移害，况中国乎！中国所行于外国者，无一非利人之物：利于食，利于用，并利于转卖，皆利也。中国曾有一物为害外国否？”“向闻贵国王存心仁厚，自不肯以己所不欲者施之于人，并闻来粤之船，皆经颁给条约，有不许携带禁物之语，是贵国王之政令本属严明。只因商船众多，前此或未加察。今行文照会，明知天朝禁令之严，定必使之不敢再犯。……贵国王诚能于此等处拔尽根株，尽锄其地，改种五谷。有敢再图种造鸦片者，重治其罪，此真兴利除害之大仁政，天所佑而神所福，延年寿、长子孙必在此举矣！”可谓义正词严！

在研究鸦片贸易时，马克思给予中国人民深刻的思索方向。他说：“一个人口几乎占人类三分之一的大帝国，不顾时势，安于现状，人为地隔绝于世并因此竭力以天朝尽善尽美的幻想自欺。这样一个帝国注定最后要在一场殊死的决斗中被打垮：在这场决斗中，陈腐世界的代表是激于道义，而最现代的社会的代表却是为了获得贱买贵卖的特权——这真是任何诗人想也不敢想的一种奇异的对联式悲歌。”

1868 年，志刚出使英国，参观英国蜡像馆，发现里面竟有一尊林则徐像。林则徐给“陈腐世界”带来一丝曙光与希望，却只能作为蜡像供后人凭吊。这是林则徐的光荣，但也是对陈腐世界的控诉！

严复论中国与世界的关系

学者赵麟斌认为，闽都文化以闽越文化为其源，闽都学术为其根，船政文化为其魂，宗教文化、民俗文化、重商文化乃是流淌于这棵文化大树里的经脉，它们一起构筑了固守传统与开拓进取兼并，坚持特性与包容并蓄俱备的闽都文化精神。

这种观点启发我去思考，感觉闽都文化呈现出鲜明的二元统一特征。敢于犯难冒险、一往无前的开拓精神与心系故里、叶落归根的乡土意识相统一，走向世界、四海为家的开放精神与宁死不渝、建设乡邦的桑梓特质相统一，海纳百川、包容世界的国际视野与文脉传承、坚守传统的文化情怀相统一，代表了闽都文化的精神特质。从实践品格看，传统与当下、乡土与世界、坚守与吸纳、外拓与内敛，在闽都文化中得到最恰当的体现。在我游历广东五邑、浙江义乌等许多地方时，都会想到闽都文化，从而萌生出将那里的文化精神予以理论概括、提升的思想冲动！

中国的乡土文化是一座丰富多彩的宝库！作为从闽都走出来的启蒙大师，严复一生之行事与思想，堪称凝聚了闽都文化的精华。

每一位中国人，实际上都或多或少地享受着严复先生所带来的恩惠。正是严复，让中国人晓得历史是进化的，从而改变了中国历史哲学一向以上古三代为黄金时代的复古史观。严复不仅影响了整整一代中国人，而且促进历史面貌的改变，造福于当代。他勇敢地站在历史前列，代表着历史前进的方向，反映着时代精神，推动着历史进步。严复已经成为一个文化的图腾与符号。站在闽都文化的立场，我们应该张扬严复的历史地位；站在中华民族的立场，同样应该牢记严复的历史贡献。严复的许多论断，并没有过时。当然，严复不是没有值得商榷、见仁见智，甚至可批评的地方。但是，为了可爱的祖国，我们更应该把目光放在严复那些值得感念的方面。这是积极的态度。40年来，严复研究的总趋向，是日益增加“同情的理解”，日益重视严复那些“惟此老成，瞻言百里”的价值。这是令人感到高兴的。

30岁以前，严复已经成为19世纪70年代前后非常通晓世界大势的中国人之一。他不仅在西方老师的教导下接受西方的自然科学知识训练，而且以一名海军后备军官的身份，驰骋于东亚海疆，求学于英伦，经受海天波涛的洗练，习览欧洲文明，养成了一副宏大的时空观。

作为梁启超等人的前辈，通晓英文的青年才俊，见过大世面的后起之秀，善于观察与发现、勤于思考与记录的青年军官与留学生，富有使命感的“气性狂易”的严复，在文武两个方面，均是近代中国不折不扣的启蒙家。严复启蒙思想的特色，以往较集中于分析其“内治”思想，这是完全应该的。因为，在严复看来，中国之所以积弱，其原因大体可以三七开，七分由于内治，三分缘于外患。这一思想，颇有后人所谓“内因决定外因”的方法论特征。不过，严复启蒙思想很明显地表现出一个特质，即无论分析内治，抑或看待外患，均从当时世界战略格局的大势或中外关系出发。他是当时中国极具国际眼光的战略观察家之一，从不单纯立足于中国的内部因素来论中国。因此，集中于甲午到戊戌时期，他分析中国的走向与政治抉择，既基于爱国基本立场，也具有国际主义的维度。他既从中国现实需要出发，又将中国作为国际格局中的重要成员，提出了中国必须对世界负责并本着这种负责任的立场来选择自己发展道路的思想。可以这样说，严复在戊戌前后，已经具有世界格局平衡的思想，并就如何保持平衡、如何发挥中国这一“极”的作用，发表了当时中国最前沿的思想成果。严复思想的伟大与先进，于此可见一斑。

在众所周知的上皇帝书中，严复发问：为什么中国这样一个具有悠久文化传统的大国，在世界进程中落后了呢？他指出，这主要是由于中国自己不争气，重要表现就是对外部世界浑然不知。他说，中国的外患，其实在明末就已经开始显露，但没有人在意，以至于一再取辱。“中国之所以不振者，坐不知外情、不求自奋已耳。”这是严复给国人的一个沉痛教训！

反之，严复敏锐地发现，外国对中国的事情，研究得却很透彻。他说，当时的“各国之势”，即世界格局已经发生根本性改变，“与古之战国异”。“古之战国务并兼”，即推行赤裸裸的“霸权”。“而今之各国谨平权”，亦即文化与意识形态成了国际关系的主导或先导。因此，不分青红皂白的战争逻辑，不再是国家关系的主流。“此所以宋、卫、中山不存于七雄之世，而和兰、丹麦、瑞士尚瓦全于英、法、德、俄之间。”

他说，观察一百年来的西方历史，生产力发生了巨大的进步，“百年以降，船械日新，军兴日费”。这就导致各国间的“量长较短”具有了新的形式和结果。一是各国“讲于攻守之术也亦日精”，二是“两军交绥，虽至强之国，无万全之算也”。也就是说，战争的形态已经改变，生产力的竞争与“攻守之术”的竞争成了新的斗争形式，从而导致小国不一定输，大国不一定赢。

在格局变化的新形势下，如果依然固守过时的战争思维与样态，结果就是各方皆输，没有赢家。“胜负或异，死伤皆多，且难端既构，累世相仇，是以各国重之。”从这样的基本判断来定位中国，则“中国一旦自强，与各国有以比权量力，则彼将阴消其侮夺觊觎之心，而所求于我者，不过通商之利而已，不必利我之土地人民也”。也就是说，中国一旦自强起来，其他国家就不再敢赤裸裸地侵占中国的领土，但会采取商贸的手段来获取利益，而中国恰好可以利用这一点来维护领土安全。

中国不自强，必然无法满足国际社会的通商需要，必然会遭受宰割。“惟中国之终不振而无以自立，则以此五洲上腴之壤，而无论何国得之，皆可以鞭笞天下，而平权相制之局坏矣。虑此之故，其势不能不争，其争不能不力。然则必中国自主之权失，而后全球之杀机动也。虽然，彼各国岂乐于为是哉！争存自保之道，势不得不然也。”所以，中国变法自强不光是为了自己，还是为世界和平作贡献。

这里，严复立足于世界发展的“势”，居然提出了中国如果失去主权，将会启动“全球杀机”的见解。也就是说，如果中国不富强起来，就有可能引发世界大战。因此，中国必须富强，这不仅是中国自身发展的需要，更是对世界的责任。他认为，仅立足于“外患”视角观察中国，未免肤浅，必须立足于全球。他说：“今夫外患之乘中国，古有之矣。然彼皆利中国之弱且乱，而后可以得志。而今之各国，大约而言之，其用心初不若此。是故徒以外患而论，则今之为治，尚易于古叔季之时。夫易为而不能为，则其故由于内治之不修，积重而难返；而外患虽亟，尚非吾国病本之所在也。”

这是非常深刻的论述。严复认识到，中国与世界已经连为一体。从外部条件看，中国既面临深刻挑战，也面临发展机遇。只有实行彻底的内部革新，才能成功应对外部挑战，并将其转化为发展机遇，从而以壮大的自己来为世界作贡献，维护世界格局的平衡与稳定，在“通商之利”中与世界实现共赢，在“攻守之术”的软实力较量之中立于不败。

我们知道，严复一向以宣讲“物竞天择”的进化论思想而著名，而在此时，他却先觉，世界已经不再是弱肉强食时代，今后的“天择”，已经转变为文化、科技、商贸层面的软实力较量。这种较量，是更高级的战争。如果中国不自强，为某一国所得，就会助长这个国家对其他国家的威胁。而中国自强的结果，将终结全世界的零和游戏。这就可见，严复的落脚点与终极目标，是全人类的共生共赢。这是严复思想的深邃之处，说明严复已经具有以民族情怀做世界公民的大思想家风范。这一点，可以看作闽都文化二元统一特征的鲜明反映。

严复讲上述话时，第一次世界大战尚未发生。但是，从今天世界格局的整体形势看，严复的论断显然已经成为不争的事实。

国际的视野、长时段的历史维度、软实力的开掘方向、走向世界的制度设计、自由与富强的未来引领，是严复在甲午至戊戌时期明显的思想特征，也贯穿于其一生。

作为戊戌时期最痛心疾首的中国人，严复无疑具有最深重的民族主义情怀。他对外国侵略者，无疑是痛恨的。但是，他更痛心疾首的是中国人自己的不争气，认为不能把什么罪过都推到外国人身上。推给外国人很方便，但无益，且有害。如果中国人自己不争气，那就神仙也没辙。他说，上下数千年，经历了千万变化，陵谷迁移、黑白颠倒，难于一一细数。可是，一些中国人却总是拿古代的办法来驾驭时局。“以千百年前之章程，范围百世下之世变；以一二人意见，强齐亿兆辈之性情，虽以圣智，不能为谋，虽以下愚，知其不可。……若由今之道，毋变今之俗，再数百年，谓为种灭，虽未必然，而涣散沦胥，殆必不免，与欧人何涉哉！”一味地怪外国人，不自加反省，是不对的。正如不能怪狼吃羊一样，重要的是怎样才能让狼不吃到自己。

严复深刻地看到，“中外之通”已经是神鬼也无可挽回的大势。中国经济已经被纳入世界市场，中外之间的经济战争、金融战争乃是必然。“既通矣，则中外食货，犹水互注，必趋于平。”比如在金融领域，几十年来，欧洲与日本均已废除银本位制，采用金本位制，因此导致银价大跌，中国白银也随之大跌，导致此前以银结算的结果“降至七八折不止”。粮食价格上涨，也与货币战争息息相关。依据近代货币史专家的研究成果，中国近代货币没有严格意义上的货币银行学学理上的本位涵义，其构成实质是一种立体、动态的白银核心型货币体系。因这一体系的核心——白银是外生的，国际白银市场被外国操纵，外商银行控制着中国国内白银以及相应的银两制度，所以晚清以来中国在货币战争中总是处于吃亏的被动角色之中。严复的超拔之处，就在于已经看到这一点。因此，他大声疾呼，必须与外国人打交道，必须摆脱受难者无所作为的怨妇心态，预先拿出因应之道，积极作为。

严复鲜明地坚持了两点论：一、决不可闭关锁国；二、必须对开放的后果有所准备。总之，必须“自立”。只要自立，则凡是外来的东西，都会成为有利于我的东西，“吾何畏哉!”

严复讲了朋友书信中所述的一个故事：有个法国人，娶一广东女子为妻，生下二女一男。德国占据胶州湾、俄国租借旅顺之后，欧洲舆论皆认为中国已经形成被瓜分的局面。听到这一消息，两个女孩日夜流泪，连饭都不吃。每天早起后，她们都向卖报人打听报纸上是否有中国的消息，有则买回阅读，读了便哭。她们对弟弟说：你一定要好好读书，日后回国，为黄种人“出死力”。严复的朋友在书信中说：中国人总是骂西洋人是夷狄，却不晓得这里的人民君民相与之诚、夫妻父子之相爱，朋友之诚信，比中国一般人要强得多。所以，只要能以这两个女孩子的心为心，中国就不会亡。

这真是振聋发聩的议论。我们看到，后来孙中山关于“世界潮流”的思想、鲁迅所谓“拿来主义”的思想，在戊戌时期的严复那里，均有所显露。

对于孔子与“孔教”的评判，在戊戌时期的严复思想中占据重要位置。表面看，他对“孔教”、理学等很是不敬。其实，他是真正的儒士，不反对真“孔教”、真理学（即君子儒），反对的是腐朽的道学先生，即末流与异化的儒学（小人儒）。他认为，中国民智未开，其实与“孔教”并不相合，民间老百姓也没有归乎“孔教”。那些腐朽的道学先生，“以钱财为上帝，以子孙为灵魂，生为能语之马牛，死作后人之僵石”，实属祸国殃民。可叹的是，这些腐臭的僵尸，却主导着中国人的精神生活。他悲愤地感叹，对于割让旅顺、威海、胶州，对于关税、厘金、铁路、矿产等权益的丧失，举国都不当回事，可一听说外敌弄污了孔庙，立即勃然大怒，徒然让外国人耻笑。戊戌前后，严复的悲愤之情达到极点，以至于保守主义者认为他对中国传统文化的讨伐未免过分。其实，他是要救儒学末流之弊，以返璞归真为职志。就其方法特征而言，其学术史的向路乃与康有为之考伪经、夏曾佑等人之排荀子，并无二致。

严复认为，中国悠久的精神教化，已经老朽，必须创新。反映在“守旧党”一类人身上，其实已经无旧可守。他们所守的，不是“旧”，而是“流俗之风气、为己之私心”，是阿谀奉承、一己私利。因此，说他们“驱时”才对。也就是说，腐儒与贱儒、俗儒、陋儒，已经形成利益集团。

基于对儒学末流的批判，严复展开了至今依然不失其震撼性的中西文化对比。严复此时对儒学的思想状态及其后的变化轨迹，与梁启超1902年发表的《保教非所以尊孔论》、刘师培1904年发表的《论孔教与中国政治无涉》、章太炎1906年发表的《诸子学略说》，堪称异曲同工。但是，后三家均较严复晚出。入民国后，严复呼应康有为等人倡导的读经运动，而陈独秀、李大钊乃至胡适等人的反孔言论，却以严复早年的论说为先声。但是，正如许多学人所指出的那样，不能因此而断定严复背叛了其早年乃至中年时期的思想。

严复一生的思想，不同时期偏重不同，但基本特色在于主张守道变法。所谓“道”，乃是人类的大道，“有国有民所莫能外”。“自皇古以至今日，由中国以讫五洲，但使有群，则莫不有其相为生养、相为保持之事。既有其相生养、相保持之事矣。则仁义、忠信、公平、廉耻之实，必行于其间。否则其群立散，种亦寖灭。”可见所谓“道”，就是基于人类共同美德的最大公约数。它虽源自中华，却具有人类普遍性与统一性的价值。以这种普遍性与统一性的思想为前提与基础，严复竭力主张中国走向世界。

他在戊戌时期给统治者开的一个重要药方，就是“联各国之欢”。他分析了英、俄的国情及其与法、德、日的关系，认为他们之间存在错综复杂的矛盾，只有中国能消弭其所带来的祸害。因此，他大胆建言，中国皇帝应该带着“数百亲贤贵近之臣，航海以游西国，历聘诸有约者，与分庭抗礼”。通过国家元首级的积极外交，表明中国维护和平、友好交往的开放性，表明中国对内实行变法、对外依据公法相互通商的政策，并视情况表明与友好国家缔结盟约，维护领土安全，共同抗击侵略。严复认为，如果中国皇帝能够实行积极有为、主动出击的外交政策，则必然“五洲称圣明英武，而东方分争之祸弭矣”；“上之有以永宗庙万世之安而扬其灵，下之有以拯神州亿兆之黎元而作其气，外之有以解东西各国不可已之兵争而弭其祸”。严复说，上述举动，虽然在中国“为旷古而非常”，但在西方却稀松平常。只有“走出去”，才能“有以知中西政俗之异同；知其异同，则有以施吾因应修改之治，其为益甚众”，又何乐而不为呢！

严复的上述设计，会让人觉得浪漫可爱。走向腐朽的清政府已经失去自我更新的功能，皇权专制主义已经牢牢束缚住他们的手脚。但不可否认，严复为后人提供了深刻的教训，即如果不打破思想的桎梏、传统的牢笼、体制的约束，哪怕最简单易行的举措，都不会得到实施；哪怕是最切近的机会，都会丧失。

（本文原刊于《闽江学院学报》2012 年第 3 期）

晚清国粹派史学

邓实与国粹派

晚清时期，有一批知名学者，以“研究国学，保存国粹”为口号，一边进行学术研究，一边从事政治与文化活动，在社会上赢得广泛影响，被称为“国粹派”。

国粹派有自己的专门组织——国学保存会；有专门的学术阵地——《国粹学报》；有固定的活动场所——上海四马路老巡捕房东首惠福里；有比较周密的管理制度，如财务报告制度；有专门的藏书楼——上海四马路老巡捕房东面辰字24号；还曾经组织编写《国学教科书》《各省乡土教科书》，刊刻《国粹丛书》《国粹丛编》《神州国光集》，办国粹学堂、图书馆，等等，可以说有声有色，颇为热闹。它是一个组织管理工作做得比较好的学术流派。

国粹派的行政首脑是邓实，文字主帅是刘师培，精神领袖是章太炎。其他代表性的人物还有黄节、陈去病、马叙伦、陆绍明、柳亚子等，后来王国维也曾经积极为《国粹学报》撰写稿件。

邓实（1877—1948），字秋枚，广东顺德人。近代知名诗人邓方（秋门）的兄长，著名学者黄节的同学。主要著作有《史学通论》《政治通论》《民史总叙》《古学复兴论》《国学讲习记》《国学真论》《国学原论》《国学微论》《国学通论》《国学今论》等。

邓实出生在上海，早年就想着靠学问来报效国家。他想得最多的一个问题，就是如何使学问走出书斋，对国家和社会发挥实际效用。为此，他曾经创办过一个叫作“湖海有用文会”的组织，专门“讲求有用之文”。

要想使学问对国家有用，就必须向西方学习。所以，邓实早年买了很多翻译过来的外国书，在父亲教导下，每日抄写。抄书的过程中，他渐渐懂了一个道理：要想革除中国数千年以来的弊病，就必须“大采西政西艺之良者”，仅仅修修补补，是不行的。但是，他又发现，尽管西方国家目前非常强盛，但也存在许多毛病。所以，在采用西方列国“富强”之术、“与天下人士共奋于新政新艺之理”的时候，也不应该忘记本国传统，并善于把二者结合起来。他说，15 世纪是欧洲古学复兴之世，20 世纪则是亚洲古学复兴之世。西学入华，使很多人感到吃惊，实际上西学与我国先秦诸子的思想大都相符。所以，“中法”和“西法”无所谓中西，无所谓新旧，只有把古今中外的制度学问“会而通之”，才能算得上是“通人”。

为实现沟通新旧中西、对国家有所实际贡献的志愿，邓实主办了两个杂志。1902 年 2 月，在上海创办《政艺通报》。1905 年 2 月，又创办《国粹学报》，是“国学保存会”的机关报。

邓实说，办《政艺通报》的目的是输入欧洲新知识，用来了解当时的外部世界，以博通中外政治、艺学，专门发明东西方政治大家、科学大家最新绝精的学理；办《国粹学报》则是为发挥国学，以便了解中国古代历史。两个刊物加在一起，则是为了包罗古今，造成对国家有用的实际学问，以普及国学，表扬国光，感发人们的爱国心。历史学家顾颉刚 15 岁的时候读到《国粹学报》，被深深吸引，从此思想发生变化，足见国粹派在当时的影响。

邓实在编杂志、写文章的同时，做了许多行政管理和学术组织工作。为开办国学保存会，他带头捐出开办费三百元，还捐出藏书三千册，各种杂志一千册。国学保存会藏书楼开办伊始，就收集了五六万卷藏书，基本上都是邓实、黄节、刘师培三人捐献的。

邓实还筹备了每月的国学讲习会，聘请刘师培等人为讲师，并计划把讲稿编为《国学讲义录》，每月出一册，用三年时间完成。

国学保存会积极做国学普及工作，编写国学教科书，列入计划，予以推行。编写工作由刘师培任总编辑，邓实任总参校。他们认为，编写新式国学教科书是普及国学最重要的工作。因为，废除科举制度后，新式学堂应运而生，需要大量的教科书，而社会上流行的国学教科书，不是译自日本，就是草率陋劣，没有应用价值。国学保存会既然以保存国学为己任，就不能听任“五千余年光明俊伟之学术”如此废弃下去。所以，他们计划按照新式学堂的章程，用两年时间，重新编写五种国学教科书，把我国五千年学术中精要重大的内容，皆融会在教科书之中。少年儿童学习了这些教科书，就能对国学有一个基本了解，然后再去学习西方科学知识，才能成就大事业。教科书出版后，公私学校，无不采用，当作课本，清政府的学部也予以承认，并夸赞教科书宗旨纯正，文理明通。刘师培编写的《中国历史教科书》则被学者赞誉为“中国史书中空前之著述”。

国粹派的基本理念

第一，民族主义。

民族主义是晚清革命派的主导思想，也是晚清时期的主要社会思潮之一。1905 年，孙中山在东京留学生欢迎会上发表演讲，感慨地说：“思想进步，民族主义大有一日千里之势，充布于各种社会中，殆无不认革命为必要者。”在此之前，《浙江潮》杂志上有篇《民族主义论》的文章，说：“今日者，民族主义发达之时代也，而中国当其冲，故今日而再不以民族主义提倡于吾中国，则吾中国乃真亡矣。”民族主义是作为一种救国救亡理论被提出来的。

民族主义的含义之一，是要推翻满洲人的统治。邹容在《革命军》中甚至提出，“满洲人”根本就不属于“中国人种”，而是西伯利亚人种中的蒙古人，要求“驱逐住居中国之满洲人，或杀以报仇”。陈天华在《警世钟》中则大声疾呼：“满人若是帮助洋人杀我们，便先把满人杀尽。”柳亚子也说：“那异族胡儿妄自称尊的，定要把他一举扫荡。”

作为革命领袖，孙中山对民族主义的认识比较清醒。1906 年，他在《民报》周年纪念大会上发表演说，特别强调："民族主义并非是遇着不同族的，便要排斥"，"民族革命，是要尽灭满洲民族，这话大错。"

国粹派的民族主义思想，就是在这种背景下出现的，也是构成这种思潮的主要来源，为民族主义思潮起了推波助澜的作用。

第二，主张民权，反对专制。

反对封建君主专制与民权思想相辅相成。晚清时期，18 世纪法国启蒙思想家卢梭的《民约论》(又译为《社会契约论》) 风靡一时。卢梭这本书以天赋人权、自由平等的中心理念，奠定了西方资本主义的基本价值体系，对国粹派产生很大影响。刘师培在 1903 年夏天，利用闲暇，历时月余，以读书笺记形式撰成《中国民约精义》一书，搜罗"上古"至"近世"的中国旧书，找出里面有关民约的言论，加上按语，与卢梭的著作相印证，表示：卢梭的思想在中国古代圣贤那里也是存在的。

从民权的立场出发，国粹派对封建专制给予激烈抨击。《中国民约精义》就说："文明之国，有君叛民，无民叛君。叛民之罪，是为大逆。""立国之公理，当以少数服从于多数，不可使多数服从于少数。"

第三，历史进化论和社会学。

国粹派人士都广泛阅读过欧美与日本的社会科学书籍译本，尤其以进化论方面的著作为多，所以与同时期许多进步知识分子一样，在著作中处处闪烁着进化论思想。刘师培作过两首诗，就题为《读〈天演论〉》。1906年，章太炎作《俱分进化论》，对达尔文、斯宾塞尔的进化论观点提出修正，认为善进化，恶也进化，双方并进，如影之随形，所以人类社会永远达不到尽善尽美的境地，实际上是进化论思想的深化。章太炎还在1902年翻译了日本学者岸本能武太《社会学》一书，是我国最早翻译的资产阶级社会学成本著作。当时，许多社会学概念和方法大量出现在国粹派的著作中。

第四，古文经学。

国粹派一般都信奉古文经学。刘师培与章太炎相交，有“二叔”之名，文章风格不同，但治经均尊古文学，力排今文学，相对地贬低孔子，认为六经皆史，即把历史看作学术的核心（我称之为史学中心论）。章太炎曾说：“孔教最大的污点，是使人不脱富贵利禄的思想。”

第五，国学与国家命运息息相关。

国粹派的学者们认为，学问与国家密不可分。学问如果“亡”了，国家就会随之灭亡。所以，要想保住国家，就应该保住国家所特有的学问。不爱自己国家的固有学问，就是不爱国。他们提倡国学，实际上就是提倡爱国。章太炎说：“为甚要提倡国粹？不是要人尊信孔教，只是要人爱惜我们汉种的历史。”他还说，要消灭一个国家，就必须先消灭那个国家的史书。有史书在，国家就不会亡。

国粹派的文字主将刘师培

刘师培（1884—1919），字申叔，号左庵，江苏仪征人。

他1902年认识了革命党人林白水，后来又相继认识了章炳麟、蔡元培、陈独秀、章士钊、谢无量等人，立即投身于“攘除清廷、光复汉族”的革命洪流，开始大量撰写文章，口诛笔伐，锐利无前。

1903年8月，署名“无畏”，发表了一篇《黄帝纪年说》，提出废除以帝王纪年的方式，采用以黄帝纪年。

晚清学者共提出过四种历史纪年法：康有为主张孔子纪年法，章太炎主张西周共和纪年法，高梦旦主张世界通用耶稣纪年法，刘师培主张黄帝纪年法。刘师培的主张反映了革命党人的政治见解。

他说，黄帝是中华民族的祖先，是中华文化的缔造者，“吾辈以保种为宗旨，故用黄帝降生为纪年”。用黄帝纪年，可以激发汉族人的生存竞争意识，促进国家复兴。事实上，黄帝纪年并不科学。所以，孙中山就任临时大总统以后，很快改用阳历。但是，刘师培的黄帝纪年说在当时对打破传统的帝王纪年法、冲破专制网罗、向科学纪年法过渡，还是作出了贡献的。

这年，刘师培还撰写了一部很有名的著作《攘书》，署名“光汉子”，借着历史宣传革命，被誉为“空前杰作”。当时有人作诗说：“此书即麟经，读之当奋起。”还有人说，读了这书，再不相信梁启超的改良主张了。

以后，刘师培担任了蔡元培在上海主持的《警钟日报》主笔，与陶成章、高旭、陈去病、陈独秀、邹容等人进行革命活动，出版了《中国民约精义》等著作，被人称为东亚的卢梭。当时他非常激进，自称是“激烈派第一人”。他说

"激烈"有三大好处：一是无所顾忌，二是敢于破坏，三是鼓动人民。著书、出版、演说，宗旨也要激烈。"要著书莫要怕杀头，这种激烈派的人，就都是不怕杀头的人。"

国学保存会成立后，刘师培成为《国粹学报》最重要的撰稿人，发表了大量论著。不论是逃避清廷追捕，还是流亡日本，他都没有忘记给学报写文章。仅在1905年一年，年仅22岁的刘师培就写了《读左札记》《国学发微》《周末学术史序》《两汉学术发微论》《汉宋学术异同论》《南北学派不同论》《中国民族志》《古政原始论》《文说》《理学字义通释》《论文杂记》《小学发微》《读书随笔》《古学起源论》《伦理教科书》《经学教科书》《中国文学教科书》《中国历史教科书》《中国地理教科书》等大量文稿，还有许多诗作、传记、随笔，等等。1937年，著名学者钱玄同整理完成刘师培的著作，题为《刘申书先生遗书》，虽不完备，却已达74册之多。

1907年，刘师培到了日本，任《民报》编辑，并加入同盟会，与张继等人在东京举办"社会主义讲习会"，与妻子何震创办《天义报》和《衡报》，结识了幸德秋水等日本友人，宣传无政府主义。但不久，这位"不怕杀头的人"又带头反对孙中山，背叛革命，投靠了曾经要努力推翻的清政府，成了一个悲剧性人物。

国粹派的精神领袖章太炎

章太炎（1869—1936），名炳麟，字枚叔，浙江余杭人。

他少年时期就泛览典文，左右采获。中年以后，注重超越书本限制，进行深入思考，自称所作《齐物论始》《文始》等著作全都一字千金，价值非凡。他原本喜欢经史著作，不喜欢空头理论和佛典。三十岁时，遇到学者宋恕，才开始攻读佛经。甲午海战，中国失败，他非常悲愤，又读了一些从外国翻译过来的书，思想受到震动，开始产生了驱逐满人、进行革命的念头。当时有人说他是疯子，有人说他是叛逆，但他不为所动，抱定信念，勇往直前，终于成为国学大师和革命家。

章太炎坚决反对康有为、梁启超的改良政治主张，认为改良不行，应该革命，推翻清政府。为此，他在《苏报》发表了一篇震惊全国的著名文章《驳康有为论革命书》，义正词严地批驳康有为的保皇主张，指名道姓地骂光绪皇帝是“小丑”。尔后，又给邹容的《革命军》写了一篇序言，继续宣传革命主张。紧接着，“苏报案”发生，被投入牢狱。1906年出监狱后，他又来到日本，受到以孙中山为代表的革命党人热烈欢迎，立即加入了同盟会，并成为革命派机关报《民报》的主编。

在革命阵营中，章太炎是公认的大学问家，胡适甚至说他是清代学术史的压阵大将。当时，许多人都信服康有为的改良主张，而康有为的主张以深厚的学问做基础，又有大才子梁启超做帮手，所以批驳起来很不容易。有能力打破康有为学问体系的革命家，就是章太炎，他本人也认为只有康有为才是他的对手。在经学上，康有为是今文经学大师，他是古文经学大师。由于学术宗尚不同，他在研究经学的同时，比康有为更重视史学，并且借着清朝初年黄宗羲等人的民族主义史学，对康有为发起进攻，很快就在舆论上夺回了许多被康梁占据的地盘。

历史既是章太炎阐述革命主张的工具，又是他学术研究的重要领域。在日本，他没有忘记研究和讲学，在艰难困苦的环境中开设了国学讲习会，为青年留学生们讲述古文字学和历史，宣传自己的学术见解。先后听讲的中日学生有一百多人，其中就有鲁迅、黄侃、钱玄同、朱希祖、沈兼士、许寿裳等后来著名的人士。他说："若能明了中国的历史文化，我想即使是全无心肝的人，那爱国爱种的心，必定风发泉涌，不可遏抑的。"

章太炎早年也曾经和梁启超一样，批判封建旧史学，但态度始终不像梁启超那样激烈。他曾经试图写一部新型的中国通史，并制订出了条例，以便打破成规，融化"哲理"，阐明"古今进化之规"，克服旧史缺乏理论原理的弊病，把社会文明的各个方面概括出来，通过实践，来实现自己的新史学思想。但由于客观条件的限制，这部中国通史并没有写出来。后来，他对单线绝对的进化论产生许多不满，写了《四惑论》(1908年)等文章，对传统史学的批评也愈来愈缓和，对新史学运动则尽力回避。民国后，反对疑古，大体回归了传统史学。

晚年，章太炎在一次演讲中说，"求是"不见得可以"致用"，"致用"不见得能够"求是"，搞学问则应该把"求是"与"致用"结合起来。要是整天把自己关在屋子里，考辨"古史""古文字学"，却不问时事，那是非常有害的。要"致用"，就必须学习历史。他说：一个国家的历史就像是这个国家的家谱，记载着已往的事实，这事实就是历史。假如国家的历史没有了，就可知道这个民族的爱国心一定衰落了。事实是错综的、繁复的，无一定规律。历史则归纳种种事实，分类记载，使阅读者得知国家强弱的原因，战争胜败的远因近因，民族盛衰的变迁。这都是人类处世所不可须臾离开的。明白了历史的演进，根据它去致用，就会无往而不利。

章太炎强烈呼吁年轻人学习历史，而学习历史，主要应该自学，不能把希望寄托在老师讲授上。他说，社会上流行的那些《史学通论》《史学研究法》之类著作，都没有什么用处。因为，不管你把一部历史书分析得如何好，也不能代替人们去读原著。而且，写“史学通论”的那些人，未必读过多少历史书，又怎么会对读者有帮助呢？所以，历史老师只需讲史学条例和学生读不懂的地方，能读懂的，统统应该让学生自己去自学。

（本文原刊于《文史知识》1999 年第 3 期）

“五四”作为历史的分水岭

2009年是五四运动爆发90周年。“五四运动”这一名称，至今亦已90周年。它被标识为中国青年的节日，则已70周年。90年来，针对“五四”的著述，可谓叠床架屋，数不胜数。中国人之所以如此热衷于对“五四”的探究与纪念，大概就在于认定它是破译现代中国历史奥秘的一把钥匙。诚如著名的五四运动研究专家周策纵先生之所说，“不了解这个运动的源流就不能充分理解现代中国的本质、精神和脾性”[①]。

不过，时至今日，恰值90周年值得隆重纪念的大典之年，却有许多历史学家深感为难，觉得“五四”已经没有什么可说；它的价值、意义和源流已经被前人说尽了。要想讲出点新意，可谓难而又难。

由此，笔者不禁想到沈尹默先生所说“五四”时期是“旧思想与新思想、旧文化与新文化的分水岭”一语。[②]“分水岭”一词，正是各家各派阐释“五四”的最大公约数。无论赞美，

①周策纵著，周子平等译:《五四运动：现代中国的思想革命》，南京：江苏人民出版社，1996年，第16页。

②中国社会科学院近代史研究所编:《五四运动回忆录》(下)，北京：中国社会科学出版社，1979年，第1003页。

抑或咒骂，无不承认“五四”是一道分水岭。也正因为它是一道分水岭，才有赞美与咒骂两大极端。当然，这道分水岭所分的，绝不限于新旧思想、文化两大断面，因为它早已演变成为“全民族的运动”，因而是整个近代中国历史的分水岭。

既然是分水岭，就具有蓄积和宣泄、流动和转向两个方面。我们看到，“五四”之所以由“事件”扩大为“运动”，由“学生运动”扩展为“民族运动”，正是鸦片战争后各种历史因素蓄积的结果。因此，讲五四运动的“来龙”，至少不能脱离辛亥革命和新文化运动，不能脱离对20世纪初国际格局的深刻体认。讲五四运动的“去脉”，则不能脱离对俄国十月革命的深刻认知，以及它对中国乃至整个世界的深刻改变。当“五四”带着历史蓄积的能量蓬勃而来时，它凝聚了历史的合力。而当它向下宣泄时，则产生了分流与分化。究竟哪支流脉代表着历史前进的方向，预示着中国的未来，那是要“出水才见两腿泥”的。

有趣的是，当“五四”一登场便被定性为一场爱国运动时，有人却发现它“一股脑地反对中国旧文化”；当“五四”作为一场反帝运动的特性被强调时，有人又指出它“盲目地崇拜西洋新文化”。“爱国”却“不爱”中国旧文化，“反帝”却“崇拜”帝国主义“文化”，这难道不是一对矛盾吗？对此，杨振声先生道中了其中的奥妙：“外抗强权，而又欲学其致强的原因，故一切吸收；内伤贫弱，而又欲消灭其贫弱的来源，故一切打倒。”[①]这种“矛盾”，毋宁说反映的正

①中国社会科学院近代史研究所编：《五四运动回忆录》（下），北京：中国社会科学出版社，1979年，第990页。

是历史辩证法。所以，机械地、单面向地或者形式化地看“五四”，是看不出所以然的。

是否可以这样说，在“爱国”与不爱传统文化、“反帝”与不反帝国主义文化之间，“五四”第一次比较明确地作了区隔。当然，清晰的界线是很难划分的。中国有所谓“全盘西化”的思潮，从“全盘西化”进而反弹出所谓文化保守主义，都以“五四”作为分水岭。

“五四”打开了自由主义的闸门，还打开了俄式革命的闸门，现代政党政治与争斗的闸门。国民党虽然是个老党，但焕然一新是在“五四”之后。共产党虽是个新兴小党，但其主要创始人，却是五四运动的主帅。所以，说中国的两大政党来自“五四”，似乎也不为过。重要的是，俄式革命与中国的两大政党结合，是在“五四”之后。毛泽东对“五四”有一个重要论断，即五四运动为北伐战争作了准备。他说：“如果没有五四运动，北伐战争是不可想像的。”他进而认为，“没有五四运动，第一次大革命是没有可能的。五四运动的的确确给第一次大革命准备了舆论，准备了人心，准备了思想，准备了干部”①。这是从革命史的角度讲五四运动的“转向”作用。这一转向的价值和意义，重在反封建，亦即其民主革命的层面。

毛泽东所说的舆论、人心、思想与干部的主体，包括国共两党。反帝反封建，是国共两党的共同奋斗目标，前者对

①中共中央文献研究室：《毛泽东文集》第2卷，北京：人民出版社，1993年，第251页。

应民族独立，后者对应人民解放。封建势力的政治代表是军阀。然而，北伐与第一次大革命，不过是“五四”这第一道分水岭之后的第二道分水岭。第二道分水岭之后，国共两党分家，相互打了十年。于是，新民主主义的价值和意义被凸显出来，这就进一步彰显了五四运动作为第一道分水岭的意义。

周策纵先生在著名的《五四运动史》中说过，无论国民党还是共产党，都把五四运动作为一次伟大的思想启蒙。这一看法，实已蕴含在上面所引述的毛泽东的论断当中。作为思想启蒙面向的五四运动，无论是它所标举的“科学”与“民主”大旗，抑或它所倡导的新道德、新文艺或新文化，都超越了党派的意识形态，也蕴含了其后的争竞。从思想流脉看，“五四”最具有冲击力的成果，是走来了另一种新思想与新理论，即马克思主义及社会主义。对这一新思想与新理论的抉择，构成思想启蒙面向的五四运动的第二道分水岭。从此，民主主义者的大联盟（毛泽东称其为工人阶级、学生群众和新兴的民族资产阶级所组成的阵营）开始分化，中国人在反帝反封建的两大历史任务之外，又多了一个如何对付资产阶级的问题。

所以，同样是从“五四”中走来，同样是反帝反封建，中国共产党选择了马克思主义，国民党却固守着三民主义。就形态而言，社会主义标志着三民主义之后的发展阶段，这就天然地在形态上较三民主义具有了先进性。

众所周知，在国民革命运动的早期，主要是在1926年中山舰事件之前，国民党也曾努力将三民主义与社会主义对接，但最终没有成功。1923年10月，由蒋介石带队的国民党代表团在莫斯科向共产国际提交《关于中国革命运动和党内状况》的书面报告，将民生主义直接说成是国家社会主义，将其定位为“通向共产主义的第一步”。[①]11 月 26 日，蒋介石又在莫斯科具体解释民生主义为什么只能是“通向共产主义的第一步”，他说，中国革命应该首先使用“(争取)独立的中国”“人民政府”“民族主义”“民权主义”之类政治口号；第二步，“我们将根据共产主义的原则做一些事情”。所以，在第一阶段，不能进行无产阶级革命并使用共产主义口号。只需三五年，第一阶段革命就能取得成功，然后即可转入“在共产主义口号下开展宣传工作”。第二阶段革命成功后，中国将与俄国结盟，共同“推翻全世界的资本主义制度”。[②]1925 年 11 月，胡汉民又率国民党代表团访问苏联，甚至说：“必须使国民党最终并入中国共产党。也许在目前情况下这是不可能做到的，但这只是时间问题。”他还说：“我们认为自己接近共产国际。”“国民党从自己方面来说应当力求加入共产国际。”[③]转年 2 月 17 日，胡汉民在莫斯科一次会议上致词说：“我们伟大领袖孙中山的学说与马克思列

①中共中央党史研究室第一研究部译：《联共（布）、共产国际与中国国民革命运动（1920—1925）》，北京：北京图书馆出版社，1997 年，第 301 页。

②中共中央党史研究室第一研究部译：《联共（布）、共产国际与中国国民革命运动（1920—1925）》，北京：北京图书馆出版社，1997 年，第 331、333 页。

③中共中央党史研究室第一研究部译：《联共（布）、共产国际与中国国民革命运动（1920—1925）》，北京：北京图书馆出版社，1997 年，第 753、754、755、756、759 页。

宁主义在根本问题上是相一致的。”[①]有一次，俄共（布）中央书记鲁祖塔克对蒋介石说：“国民党按其精神与俄罗斯共产党很接近。”蒋介石回答：“国民党一向认为，苏联共产党是自己的姐妹党。”[②]但是，国民党最终并没有“并入”共产党，它的主义也没有从三民主义进入到社会主义。从共产党一方来说，1923 年 11 月 28 日，共产国际执委会主席团所作《关于中国民族解放运动和国民党问题的决议》，对三民主义逐条进行新的解释，与中共的最低纲领几乎没有区别。正因为如此，决议第七条特别指出，中共“必须全力支持国民党”。[③]但共产国际最终也没有将国民党改造成为共产党。历史不能假设，但历史研究方法可以运用假设。假设国共两党能够在国民革命运动中实现合并，那“五四”的分水岭意义自然会另有不同。

所以，应特别注意“五四”后“分化”所带来的“转变”。从一个出口出来的，后来变成了不同的人和事。政党与政治分化，与思想与主义的分化混杂在一起。不仅政党与政治进行较量，而且思想与主义也在进行较量，而且后者往往成为前者胜算与否的关键。总起来看，纵观“五四”后的

①中国社科院近代史研究所翻译室编译：《共产国际有关中国革命的文献资料》第 1 辑，北京：中国社会科学出版社，1981 年，第 115 页。

②中共中央党史研究室第一研究部译：《联共（布）、共产国际与中国国民革命运动（1920—1925）》，北京：北京图书馆出版社，1997 年，第 283 页。

③中共中央党史研究室第一研究部译：《联共（布）、共产国际与中国国民革命运动（1920—1925）》，第 342—344 页；参看第 280 页。又《共产国际、联共（布）与中国革命文献资料选辑（1917—1925）》，北京：北京图书馆出版社，1997 年，第 547—549，719 页。

历史，国共两党在政治上、军事上互有胜败，但在思想与主义上，国民党从来没有胜过，共产党则从来没有败过。

1939 年 5 月 4 日，毛泽东在延安青年群众举行的五四运动 20 周年纪念会上作了一个讲演，后来以《青年运动的方向》为题被选入《毛泽东选集》。这篇文章最值得关注的论点，就是对“转变”的强调。由“五四”所开启的“转变”，明显地成为毛泽东新民主主义论的历史起点与逻辑起点。

这一历史起点与逻辑起点的价值，毛泽东是将其放置在近代民主革命的全过程中进行论述的。在它之前，有鸦片战争、太平天国战争、甲午中日战争、戊戌维新、义和团运动、辛亥革命；在它之后，则有北伐战争、土地革命战争、抗日战争。通过这样一个环环相扣的序列，中国近代历史形成了逻辑样态，“五四”的分水岭意义也就更加得以彰显，不仅成为历史发展阶段的界标，而且成为历史必然性思想的生动说明。新民主主义理论的严密性，使其成为五四运动后中国最深刻、最系统、最高明的历史理论与政治理论。

与毛泽东的解读不同，自由主义者更乐于将五四运动说成是中国的文艺复兴或启蒙运动，而极端的文化保守主义者则将其说成是一场民族的灾难。近十年来，某些新儒学人士对“五四”的“讨伐”之声大有愈演愈烈之势。其实，这是任何具有分水岭意义的历史运动所引发的必然结果。不过，总体来说，笔者以为在马克思主义的系统之外，自由主义的解说系统更具有合理性，而当代新儒学的极端论述则几乎没有任何合理性可言。

自由主义解说系统的价值在于，它强烈地感受并申述了

"五四"遗产中民主、科学、人权、自由、个性、新文艺等等的面向。问题在于，它无法回答，这些东西为什么最终不能在中国扎根，为什么社会主义思想最终成为"五四"所开启的历史之流的主脉。他们似乎很不情愿从历史的结果上反思历史，而是更乐于从历史的起点上漂流游荡，从而颇给人一种沾沾自喜、一厢情愿的感觉。所以，总起来看，自由主义的解说系统不具备可操作性，只具有思想史的价值；可以供人欣赏，找不到具体操作的出口。而保守主义者在这里又成了极端的反历史主义者。因为，他们从来不顾具体的历史情境与背景，而是将中国文化置于历史的真空之内，绝口不问"可能"与"不可能"，一味地纠缠于"对"或"不对"。而对"对"与"不对"的纠缠，又几乎没有理性可言，从而让自己徒然成为冬烘先生与抱残守缺的可怜虫。

这里牵涉李大钊和胡适的比较与评价问题。就思想潮流而言，众所周知，从"五四"这一分水岭中所分化出来的，大体上是马克思主义者（陈独秀、李大钊）与自由主义者（胡适）两类人。他们脱胎于同一个母亲，却选择了不同的路径。从当时的政治知识结构而言，马克思主义者对西方民主宪政的研究深度，以及对世界整体走势的把握高度，都远远把自由主义者甩在了后面。最鲜明的对比就是李大钊和胡适。从《李大钊全集》可知，李大钊此时对欧美及日本国体、政体的研究已经达到让人惊叹的程度。他之所以倾心俄国革命并转变为社会主义者，不能不说与他对当时帝国主义国家国内政治与国际关系的深刻研究相关。而胡适在当时连一个政治学家都算不上。胡适真正的兴趣与专长是白话文学。在政治上，胡适既不是政治学者，也不是政治家。他的兴趣也不在这上面。他从没有像李大钊那样倾心于研究美国、英国、日本、苏俄的政治结构。他只是作为一个高级知识分子“议论”政治，颇有“想当然”的嫌疑。这就与李大钊已经不在一个档次上。不消说，李大钊还是意志顽强的实践家，胡适不过是一个徒逞口舌之能的鼓吹者。后来，胡适转入整理国故，与新月派的一批同人办杂志，政治学方面的著述还得靠罗隆基一类人物支撑。胡适如此，留美归来的吴宓、学衡们更是如此，承继林琴南衣钵的旧派自然更不在话下。

直接决定历史走向的是政治，不是“文学”。李大钊的影响，主要在政治和意识形态层面，并深入到了社会下层；胡适的影响，主要集中于文学乃至文化层面，主要漂浮在知识界上层，与老百姓是脱节的。从历史发展的结果看，李大钊、陈独秀的影响要远远大于胡适。李大钊一系后来掌握了国家政权。所以，同样是从“五四”走来，但在分化与分流的大形势下，在知识形态以及百姓需求上，较之李大钊、陈独秀，胡适们已然过时了。这就如同辛亥革命后的梁启超、章太炎一样，虽然还活跃在舞台上，却不得不在历史的必然性前让位于胡适一派青年。此时，胡适信仰的民主主义还来不及要弄，就已然过时了，尽管依然不肯撒手。而同样出身于民主主义的李大钊，此时已经脱胎换骨成了更受青年学子追捧的社会主义者。在中国现代政治的舞台上，胡适们毕竟只是配角，是毛泽东所说的“毛”而非“皮”。

这就是与时俱进的要义所在，也是“分水岭”所再次映现出的历史辩证法。一个最明显不过的史实是，在“五四”之后的国民革命运动中，主流的思想不是资产阶级民主宪政，而是社会主义。甚至在1927年夏国共分裂后，马克思主义却表现出向知识分子思想深处扎根的态势。这就是“五四”作为分水岭所演化的最终结果。可见，中国最终步入社会主义，是必然的。就目前的研究成果而言，尚未见哪种成果足以否定这种必然性。

自由主义在中国没有生长的土壤，只能成为高级知识分子的玩物。保守主义虽有土壤却迂远不切于世情，只能成为品赏的古旧展品。学理上的合理与实践上的切实，往往构成历史的二律背反。就此而言，历史确实具有它自身的逻辑，不以人的意志而转移。

认识历史，有时需要史实的归纳，有时则需要逻辑的介入。在观察历史的分水岭时，逻辑的作用甚至大于史实的再建。沿波讨源，自由主义者可以痛心疾首，保守主义者可以跺脚哀号，然而历史就是这样被塑造的。观察五四运动，要看它的“源”，更应该看它的“流”。从“流”上看，五四运动所开启的，恰恰是社会主义的闸门，而非其他。

一部知名的北洋军阀统治时期史话

陶菊隐先生所著《北洋军阀统治时期史话》是一部知名史学读物。海南出版社以五卷本的全新样式重新推出该书（2006 年 5 月），很有策划眼光。

读这样的书，需要有经受精神震撼的思想准备。它给我们的感触实在是太多了。对于喜欢思考的人来说，这本书所提供的，与其说是丰富的“史话”，毋宁说是思索的航标。

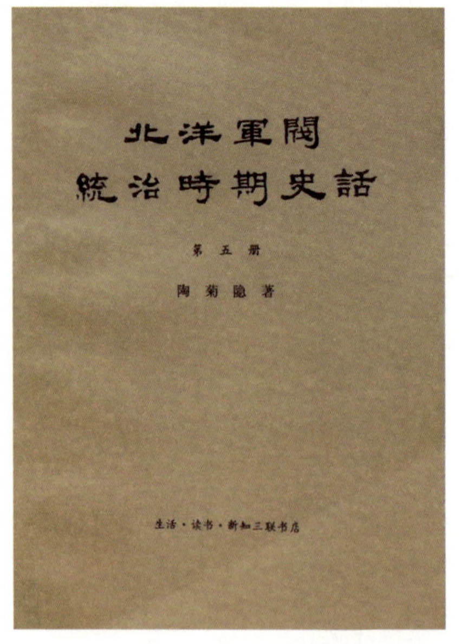

《北洋军阀统治时期史话》早期版本书影

北洋时期产生过一大批悲剧英雄。钱锺书先生曾经说，吴宓“具有亚里士多德所言悲剧主角之资格”。我们不妨借用这个讲法，提示出中国知识分子的一种“文化类型”，亦即“悲壮的文化英雄”。这样的文化英雄，在我国历史上，不是一个两个，而是一批。他们是文化的承载者、创造者和书写者，但是，他们的人格与命运，具有悲壮性。在历史的潮流中，他们往往感受着、遭遇着许多无奈和不幸，总是在“文化”与“命运”之间形成巨大的反差，总是无法在二者间寻得平衡。而且，他们经常不能够受到公正客观的评价。他们的文化贡献是那么巨大，而对他们的评价却那么微小。

举个例吧！像蔡东藩，书店里大量地卖他的书，仅仅为出版商所创造的“效益”，即难穷其数。但是，蔡东藩在中国近现代史学史、出版史上的地位，是处在“灯火阑珊处”的。我们总觉得，他只是个“讲故事的”。当然，真正有眼光的史学家，对他评价很高，如柴德赓先生，即有专文拂拭。然而，厚实的价值壁垒，总是让我们对“讲故事的”闭起眼睛。这不能不说是“文化社会学”上一个耐人寻味的现象。其实，这样的文化英雄，最需要我们出版界、学术界“发潜幽光”。这不是什么雪中送炭，而是欠债还钱。对历史上的文化英雄，我们该做一些发皇耳目的事情了！

每一个人的悲壮原因、悲壮程度、悲壮色彩，是不一样的。像书中提到的严复、刘师培，某种意义上讲，都是具有悲壮色彩的文化英雄。有时，作为“命运”的乘车人，他们的思想，就是他们的局限；他们的“选择”，就是他们的桎梏。反派与正派之间，时常决定于一念之差、倏忽之间。但是，“悲壮”构成了他们的同一性。假如抽离价值基准，我们不禁要问，为什么“文化”与“悲壮”构成了一种挥之不去的历史文化意象？这些古老的历史哲学话题，何以依然那么“常新”，那么折磨我们的灵魂！

当我想到北洋时期那些“悲壮的文化英雄”的时候，我想到的，是生命所不能承受的“轻”。“轻”与“重”，在个体有差别，在整体，大可作“齐物论”。由这个话题，我们的感慨、遐思，是无限的！

这本书写出了中国历史空前的大拐点。晚清以来，中国面临着三千年未有的大变局。但是，这个大变局真正成为大拐点，是在本书所写的1895年到1928年之间完成的。这期间，延续两千多年的封建王朝，一朝而亡。由“家国”转为“民国”，政治生态的大换血，前所未有。由小农经济而直接迎对西方资本主义，经济结构的转化成为不折不扣的“掘祖坟”。政治上，你方唱罢我登场，波诡云谲，从来没有这么热闹过。这个时候，中国知识界最关心的问题，不仅在于“中国到底是个什么国家”，而且还要追问“中国到底是个什么社会”，是个什么“结构”。如此深涉“历史奥秘”的问题，只有这个时候才提得出，才问得紧。所以，这是一段翻天覆地的历史，是一段令人焦灼和紧张的历史。

这本书勾画出了这个大拐点。全书写得清清楚楚、明明白白，不仅给我们提供了异常丰富形象的史实，而且梳理出了清晰的线索。这就使得全书非常丰满，有血有肉。这是一般教科书所绝不具备的。由于作者是这段历史的亲历者，同时又参考了大量的历史文献资料，加之作者具有职业记者的敏感和视角，所以全书既有正规史书的元素，又夹带了许多“内幕新闻”，从而具备了新闻报道和口述回忆的特点，因而特别吸引人。我以为，这是一种具有隐喻性的表现形式，迥别于概念式的“风干”或“风化”。

不消说，“大拐点”之下，包含若干“小拐点”。所谓“大拐点”，乃针对社会形态或经济结构而言。所谓“小拐点”，则针对历史事件或历史时段而发。这部书共分五个时段，每个时段都以一个具有标志性的历史事件为开端，这可以理解为对“小拐点”的结论性认识。无论大拐点，还是小拐点，其意义，都在于引起我们对“当下”的思考。

历史不能假设，这部书却让我们生出许许多多的“假如”，生出许许多多的联想。书中的故事连同全书的写作，让我们感喟，让我们努力去破解历史的“规律”，逼使我们不停地去追问，让我们在大脑中不断地闪烁出“为什么”“为什么”！如果我们在这本书当中不能够提炼出历史的思考，那么，就达不到阅读的目的。“假设”会造成对历史的歪曲，“假如”却加深我们对历史的认知。

书中所描绘的那一段历史，整个国家成了一个大江湖。这一段历史，可以说就是一部“天龙八部”，一部“鹿鼎

《武夫当国：北洋军阀统治时期史话》书影

记”。书里的人，许多“创造”历史的大人物，无不是韦小宝式的人物。他们或者穿着长袍马褂，或者西装革履，或者拖着大辫子，或者梳着中分头，或者固守着皇权的迷梦，或者掘挖着共和的坟墓，却无不在中国这个大江湖上，表演着匆匆过客式的人间闹剧，最后统统归于“俱往矣”的湮灭。

要看清这段历史，需要具备“全球化”的目光。鸦片战争后的中国史，已经不再是单纯的中国史，甚至于不再是拼盘式的世界史，而是隶属于全球史。“世界史”是一块一块拼接的，“全球史”则是互动和连接的有机整体。十月革命以后，整个中国历史，在两股全球化思潮和势力的互动中展开。无论哪个大人物，也无论哪个政治集团，都无不在其背后有一只“世界的手”。孟子说：“虽有智慧，不如乘势。”孙中山说：“世界潮流，浩浩荡荡，顺之则昌，逆之则亡。”相对于“势”，相对于“潮流”，中国近代史只是大海当中的一片树叶，很多大人物不过是叶子上的“噍类”。一个国际共产主义运动的潮流，一个资本主义全球扩张的势力，两股力量较劲，由此而形成恩格斯所说的那种“合力”，决定了历史的脉络和走向。所以，人们依据“假如”去创造历史，历史却未必依照“假如”去创造。这就是“势”。对这个“势”的不同认识，导致不同的行为方式，构成纷繁复杂的历史现象，并形成新的“合力”，也决定了我们对这段历史的言说模式。今天所讲的全球化运动，其实是前面的全球化运动的一个结果，所以也是一个新的起点。所谓“北洋军阀统治时期史”，同样是全球化背景下的历史，得从全球化的视角去审视。

这本书注意到了“全球化”问题，所以书中非常强调国际因素。不过，总的来看，讲北洋史乃至整个中国近代史，讲国际背景，我们的习惯是虚晃一枪，缺乏进一步的分析和追问。例如，奉系是亲日的，但怎么“亲”的？何以亲日？亲日的张作霖何以被日本人炸死了？日本因素在奉系军阀身上到底发生了怎样的作用？我们没有做穷根刨底的追究。有些方面，我们甚至讳言国际因素。我们紧紧盯住棋子，却忘却了棋盘和行棋的规则。这部书的最后一册题为“北伐军来了”，小标题中提示说是“北洋军阀统治的末日”。那么，导致北洋军阀末日的国际背景是什么呢？在这个关键的历史拐点上，起关键作用的，正是国际因素。不仅如此，从全球化的视角切入，是通解整个中国近代史、北洋军阀统治时期历史的一把钥匙。

当然，“史话”不负有深入分析历史的责任。应该说，思考的责任，在我们这些读者身上。

作者是这段历史的亲历者，同时参考了不少历史资料。全书从报刊记者的视角出发，文笔不同于专业史家，夹带了许多“内幕新闻”，新闻报道、报告文学、历史演义、口述回忆录融于一体，因而挺吸引人。或许可以这样说，这类著作属于史学领域的鸳鸯蝴蝶派。

（《武夫当国：北洋军阀统治时期史话》，陶菊隐著，海南出版社，2006年10月出版）

说一说胡秋原先生

2004年5月24日晚8时，胡秋原先生在台北去世，享年95岁。

胡秋原生于1910年，湖北黄陂人。虽然现在许多人已经不知道胡秋原何许人也，但是，对中国现当代历史有所了解的人都清楚，此人是一位重量级人物。而且，他还曾经是一位自由马克思主义者。

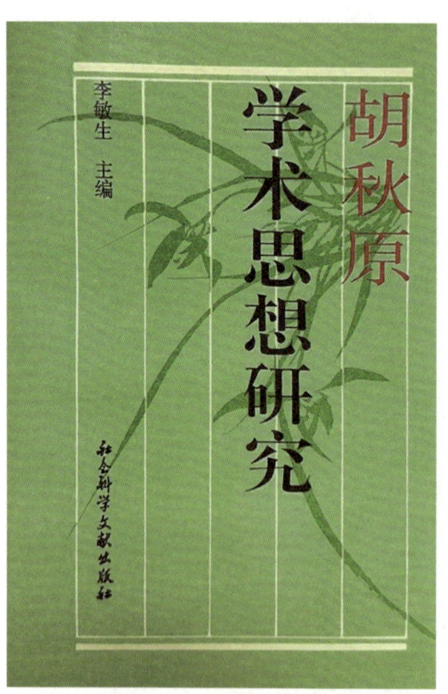

李敏生主编《胡秋原学术思想研究》书影，社会科学文献出版社1996年出版

胡秋原研读马克思主义著作是从1929年赴日本求学开始的。在日本，他除了系统研读马克思、恩格斯的著作外，将主要精力放在对普列汉诺夫著作的研读上。1930年12月初，胡

秋原在日本见到来访的王礼锡，两人商讨了创办《读书杂志》的事情，决定将“研究中国社会性质、寻求中国社会前途”作为杂志的“一个重要目标”。第二年，胡秋原自日本回国，立即成为知识界非常耀眼的一颗明星。

回国后，胡秋原做的一件非常引人注目的事情，是发表文章批评钱杏邨及左翼文学，提倡“自由文学”。文章发表后，“第三种人”苏汶写了《关于〈文新〉与胡秋原的文艺论辩》一文，从而引起鲁迅对“第三种人”的批判（详见陈漱渝主编《一个都不宽恕：鲁迅和他的论敌》，中国文联出版公司，1996年，第291—327页）。

这场不大不小的所谓戳穿“第三种人”的论辩，是鲁迅生平非常著名的一个事件。那时，胡秋原依仗着从普列汉诺夫那里学来的马克思主义文艺理论，“从谁也不敢显一显好身手的人群中跳将出来”（苏汶语），站在“自由人”的立场，批评左翼文学“将艺术堕落到一种政治的留声机”，从而受到左联一些人士的强烈反击（详见李敏生主编《胡秋原学术思想研究》，社会科学文献出版社，1996年，第436—442页）。

关于这场论辩的是是非非，李初黎在1937年讲过一句比较公允的话，即“不耐心地去说服争取那些第三种人或同路人”，是“宗派主义或关门主义”的表现，是一种“严重的缺点”（《十年来新文化运动的检讨》，《解放》第1卷第24期，1937年11月20日）。

平心而论，胡秋原对左翼文学的批评确有偏激甚至错误之处，不过，他的文艺思想，却是从唯物史观出发的。最能代表他这一时期文艺思想的作品，是1931年2月20日完成于日本早稻田的《文艺史之方法论：欧洲文艺思潮史绪论》一文；1932年，又在上海神州国光社出版了《唯物史观艺术论》一书。在这些论著中，他根据普列汉诺夫的论述，专列"唯物史观""社会学底方法论"等章节，明确指出："能探着历史变动之中心动力，对于社会形态及精神文化形态之发生变迁作完全之解释者，只有辩证法唯物论的历史方法：唯物史观或社会学底方法了。至少，在今日，我们没有什么怀疑这科学方法的根据。"

这期间，胡秋原还从唯物史观的立场出发，与王礼锡一起发动了一场讨伐胡适的刀笔大战。在1931年6月1日出版的《读书杂志》第1卷第3期上，胡秋原发表《贫困的哲学》，王礼锡发表《活文学史之死》，对胡适予以严厉抨击。他们在文章中说，胡适不反对帝国主义，根本否认帝国主义是中国发展的障碍，"实在是无出息的资产阶级的代表"。很明显，他们与胡适的分歧，不在于是否尊奉自由主义，而在于是否信仰马克思主义。他们这种既相信自由主义，又宗仰马克思主义的立场，在当时仅此一家，别无分店。

胡秋原在20世纪30年代所做的最大的一件事，是参加社会史大论战。而他参加论战的理论基础，依然是唯物史观——尽管在他放弃马克思主义之后，总是遮掩这一点。当时，胡秋原发表了《略复孙倬章君并略论中国社会之性质》《亚细亚生产方式与专制主义》《亚细亚生产方式论》《中国社会＝文化发展草书》等著名论文，风头甚健，与王礼锡一起，成为所谓《读书杂志》派的最著名的代表，而《读书杂志》，也被他们经营成为社会史大论战当中最重要的学术舞台（顺便说一句，有人把孙倬章写作“孙悼章”，大误）。

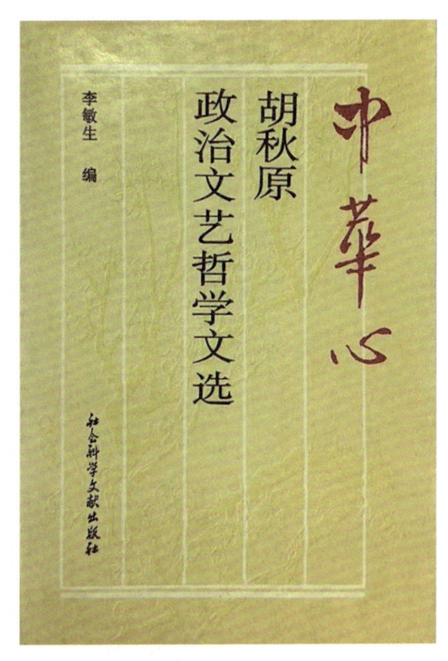

李敏生编《中华心：胡秋原政治·文艺·哲学文选》书影，社会科学文献出版社 1995 年出版

胡秋原对中国历史的整体看法，是认为殷以前是原始社会时代，殷是氏族社会时代，周及春秋战国是封建社会时代，秦至清末是专制主义社会时代，鸦片战争之后则是专制主义半殖民地化时代。很明显，在这个序列中完全没有奴隶制社会的位置。但是，他划分社会形态的依据，毕竟是唯物史观。

胡秋原这种自由马克思主义的特点，苏汶在《关于〈文新〉与胡秋原的文艺论辩》和《“第三种人”的出路》中，做过非常贴切的评价。他说，胡秋原“是一个绝对的非功利论者”，是抱着普列汉诺夫主义“从一而终”的人，“是一个书呆子马克思主义者”“学院式马克思主义者”。这样的马克思主义者，当然不同于“左翼文坛那样的马克思列宁主义者”。胡秋原这种“书呆子马克思主义者”的特点，是“老喜欢从最遥远、最难解决的问题说起”，“分析到终极，是既不懂列宁主义，又不懂得马克思主义”。同时，胡秋原也不是“一个彻底的自由主义者”。苏汶这些话，不仅非常恰当地反映了胡秋原在20世纪30年代的特点，而且，终胡氏一生，其治学特点都可以用这段话来概括。

所以，胡秋原虽然曾经信仰马克思主义，却不是“科学的”马克思主义者。他虽然曾经是共产党的“同路人”，却不是共产党人。他之所以信仰马克思主义，是时代的思潮卷进来的。通俗地讲，就是赶时髦。这种对马克思主义的信仰，既难持久，又怀有强烈的个人爱好色彩。他真正宗仰的马克思主义大师，既不是马恩，也不是列宁，而是“俄国马克思主义之父”普列汉诺夫。1986年，胡秋原曾经这样说：“我的马克思主义是由普列汉诺夫来的，而他是反对他的徒弟列宁的，所以我从未相信‘马列主义’。我主张‘自由主义的马克思主义’。”

由这种立场出发，他对马克思主义的态度，一是主张与自由主义结合，二是反对将马克思主义与党派利益挂钩。这种态度和立场，既不切实际，也不会长久。

1935年，胡秋原作为共产国际中国部的客人，为中国共产党做过一些有益的事情。几个月后，他开始对苏联不满，使得他因此而怀疑社会主义，最终放弃了马克思主义信仰。

1949年，胡秋原去了香港，后转到台湾，任“中央研究院”近代史研究员等职。在台湾，他依然非常活跃。尤其引起关注的，是他与晚辈李敖围绕文化问题的学术大争论、法律大诉讼。其实，在反对“台独”、认同祖国统一上面，他与李敖是一致的，都是令人钦佩的爱国者。1988年9月，胡秋原冲破阻挠，毅然访问北京，受到祖国大陆热烈欢迎，结果，被开除国民党党籍。据悉，胡秋原在史学、哲学、文艺理论等方面著述达两千余万言。现在，这位跨世纪的老人去世了，但他的爱国情怀值得敬仰，他曾经信仰马克思主义的经历，则值得后人思考。

沦陷时期的北京文学

从理论上说，历史学家的研究对象是以往发生的全部历史事实。但实际上，史家的研究范围总是有限的。例如，历史上的文学现象，就多少偏离于当代史家的视野之外。故而，在研究抗日战争的专业史家圈子里，对抗战文学的研究相当贫乏，更甭说对沦陷区文学的专门考察了。当然，文学史研究是文学史家的专业范围，与专业史家的研究对象有差异。这种学术上的分茅设橛是否合理，不去管它。我们再从文学史角度看，无疑，它已发展成为一门相当成熟的学科。但是，也依然有大量处女地有待开垦，沦陷时期文学研究依旧是一个刺眼的例证。这样一来，所谓沦陷时期文学，也就多少成了专业史家和文学史家双双不管的隔离地带。这种情况，当然需要改变。可喜的是，北京市社会科学院张泉先生所著《沦陷时期北京文学八年》（中国和平出版社，1994 年。以下简称《八年》）一书，弥补了这方面研究的空缺。

造成沦陷区文学研究贫乏的原因，这里不去探讨。笔者只想指出，在这种贫乏的研究格局中，对以北京为中心的华北沦陷区文学的研究又可谓乏上加乏。直到 20 世纪 80 年代，现代文学史家的关注焦点，依然集中在所谓“革命文学”“进步文学”以及国统区、解放区文学诸对象上。而沦陷区文学，则被误认为与上述研究对象没有什么关联。海外一些著作虽较早涉及这一领域，但无论从史料挖掘还是从总体评估上看，均不足以揭示华北沦陷区文学的全貌。近年来，大陆学人也有涉及此域者，然其成果十分单薄，亦难厌人望。张泉先生的著作则是全面研究沦陷时期北京文学的第一部专著，具有很高的学术价值。

“沦陷文学”是抗日战争这一特定历史背景下所产生的特定文学现象，研究这一历史现象首先必须坚持正确的历史观，这就要求著者不能对此一特殊文学现象作单纯、孤立的学术考察，而必须把它放在抗战的大背景下作全面的综合考察。著者也正是这样做的。该书上来便以两大章的篇幅探讨了苏联的反法西斯文学以及法国等欧洲国家的沦陷时期文学，从这种多维参照的广阔视角出发，过渡到对日本军国主义在华文化控制的分析，并与德国纳粹的文化统治相对照，再逐一考察日寇的奴化宣传措施以及对文坛的各种控制步骤。这就使读者清楚看到，日军侵华不仅是军事上的占领、经济上的掠夺，而且是文化上的奴化。文化奴化以“软刀子杀人”的“笑脸”出现，直接培育出“汉奸文学”，从而与枪炮杀人一起构成相互依赖的“双簧”。但是，著者认为，日军的文化入侵始终未获成功。沦陷时期的北京既非没有文学，也非只有汉奸文学，而是在总体上延续着五四新文学传统，具有明显的消极反日特征。汉奸文学为数极少，没有对沦陷区北京文学的全局产生实质性影响。该书不仅讲述了历史中的文学，而且描绘了文学赖以产生的历史，使人们既看到日寇铁蹄下文学的扭曲和变异，而且透过文学现象凸现出沦陷区的残酷现实。这种“文学观照下的历史”，无疑具有更加强烈的实感。

这是一部富有个性的地方断代文学史专著。它以丰富的第一手资料，厘清了沦陷区北京文坛的状况，论述了近百位作家（其中大多数名不见经传），考察了文学出版物、文艺社团、文艺口号以及文艺论争等史实，将其纳入现代文学的总体画面之中，第一次完整地展示了那一段鲜为人知的文学历史。著者视野开阔，注重横向与纵向的多方位比较，着重发掘作家的政治思想倾向和作品的象征影射意义，辨析谬误，去伪存真，提出了许多言之有据的独到见解。无论从史料挖掘，还是从观点阐述上看，都具有突破性。

例如，关于沦陷区第一家“纯文艺”杂志《朔风》月刊，流行的看法是，该刊受日本特务机关津贴，完全是日寇侵华的文艺走狗（见《日伪统治下的北平》第189页，北京出版社1987年版）。著者则在客观追踪、分析编者情况和办刊方针的基础上，将其界定为民办刊物：前期具有闲适超脱特点，后期由于日伪介入蜕变为政治说教杂志。这就更能够看出沦陷区文学的复杂性。这种复杂性，是那段历史的组成部分，反映了当时北平社会的一个面向。对于老北平特有的社会现实状况，老舍先生的作品反映得最为真实。作者的考察，可以与老舍先生的作品相互印证。

这是刊物性质判断方面的一个例子，但纵观全书，笔者感觉书中有关“作家作品论”的内容特点更为突出。具体说来，有这样几点。一是从史料学、社会学角度，对作家作品下了一番扎实的梳理阐释功夫。例如作家袁犀，著者通过此人作品署名的变化来探寻其心路历程和创作轨迹：从他有意借鉴鲁迅、巴金、高尔基，显示出中国新文学传统和世界进步文学的影响；从他的多元倾向，发掘出其新感觉主义小说所具有的向“国策文学”挑战的意味。即使对少数已有“定评”的作家作品，该书也不取巧因袭，而是做进一步发掘，每有新的结论。例如闻国新的长篇小说《芙蓉》，有学者认为它“揭示了沦陷区城市文明的堕落和罪恶”(《中国现代小说史》第3卷)。《八年》则通过对小说成书经过、小说原始素材的深入考察，并参照中国近代社会形态向现代演化的发展规律，提出芙蓉的悲剧命运“形象地反映了进入民国以来中国社会急剧发展对农村及农村青年一代思想与生活道路所产生的重大影响”，“具有历史反思意义”。这个评论我以为更符合作品实际。此外，在有关梅娘、马骊、雷妍、黄军、程心粉、张深切、毕基初、张秀亚、吴兴华、林榕、查显琳等人的章节中，均有很细致的分析。

二是对某些作家个别取媚当局的拙劣之作不回避，对某些政治上误入歧途的作家的认真之作不抹杀。前者如闻国新。此人是少数留京资深作家之一，创作了大量小说和散文，其中不乏优秀之作。特别是《芙蓉》，堪称华北沦陷区乡土文学的力作。然而，此人却作有美化日军入城式的短篇《某月记事》，《八年》对此并不回避，给予具体分析，客观地揭示出此人思想和创作上的另一面。后者如通俗小说作家耿小的。沦陷初期，此人为在文坛求得自身发展，曾炮制阿附当局的拙劣口号和短篇。《八年》并未因此而一笔抹杀他的全部作品，而是对其写作情况、创作思想以及作品内容作了缜密考察，揭示出此类文人在现代文化史上的性格特征。

三是对作品与时代背景之间的关系作了细致入微的挖掘。例如，1938年4月17日，伪临时政府决定改北平为“北京”。尔后，许多作品仍频频出现“北平”或“故都”字样。结合作品本文对这种称谓法作分析，可以看出某些作品所具有的无视伪政权的抵制意味。再如，作为“国家”象征的“国旗”，在沦陷时期的华北地区曾经十分混乱，到1943年2月9日，伪政权为僭越正统，调整策略，又变回原来的中华民国青天白日旗，禁止悬用五色旗，并开始纪念“双十”节。伪政权的最终目的，是为反动的“建立东亚共荣圈”服务。但是，某些或明或暗涉及“双十”的作品，如高深的诗《没有灵魂的人们》，却具有强烈的民族意识和爱国之心，反映了作者深重的家国之恨，与伪政权的僭越正统形成强烈对照。

根据研究对象的特点，《八年》也恰当地采用了一些新的批评方法。在高深的中篇小说《兼差》中，有一个描写“日军入城式”的段落。《八年》从小说修辞角度对其作符号学分析，从那貌似轻松的调侃、实则暗藏机锋的话语中，展示出作家高深的勇敢抗争精神，以及对亡国的悲切，对事敌者的鄙视。

颇能反映《八年》著者学风和功力的，还有专论周作人的章节。有关周作人的研究成果非常多，但该书在材料上仍有新发现。在一些问题上，特别是对时下颇为“时髦”的淡化周作人伪政权大官僚身份的倾向，提出了自己的看法。著者用事实说明，担任伪职后不久，周作人不但在言行上，而且在心理上、生活上都彻底官僚化、汉奸化了。那些过分强调周作人沦陷时期所谓“功绩”的说法，不符合历史实际。该书还揭示出周作人更具悲剧意味的方面：他一直被视为汉奸文学的旗帜、沦陷区文坛的盟主，但实际上，他却一直受到从日本文学报国会官员到新进作家的抨击和冷落，基本上没有介入华北沦陷区的文学运动，他所作随笔散文的影响，也没有人们想象的那样大。直到晚年，他仍坚持把沦陷时期谈思想问题的五篇文章当作其“抗日”的证据，但这些文章的真实用意却是更深层次上的媚日，为“苟且偷安”的变节行为张目，向日方奉献治安良策。由此可知，无论是从思想史角度，还是从文化史角度考察中国的现代知识分子，周作人都是教训和蕴涵最为深刻、丰富的一位。

最后值得一提的是书后的人名索引。它把分散在全书的资料统一起来，增强了该书的学术性。其中许多人名在各类工具书上均查不到，足见其价值。国内的学术著作，都应补上这一有益工作。

总之，由于《八年》既注意钩稽发微、抉缺补漏，在史料的发掘与考据上下功夫，又能够广征博引，不落窠臼，在论史方面新见迭出，堪称一部具有开拓性的著作，为进一步研究沦陷区文学奠定了坚实基础。

（本文原刊于《北京社会科学》1995年第3期）

关于溥仪《我的前半生》全本

末代皇帝溥仪所著《我的前半生》是一部名著，先后印行近二百万册。在中国，它曾经引起上至毛泽东、周恩来，下到普通读者的极大兴趣。在外国，它同样拥有众多读者（有十几种文字的译本流传），有些西方人甚至称誉它是20世纪中国最优秀和最有趣的传记文学。可以这样说，让溥仪获得妇孺皆知般的国际知名度的，不是他曾经三度做皇帝的特殊经历和地位，而是这部《我的前半生》。

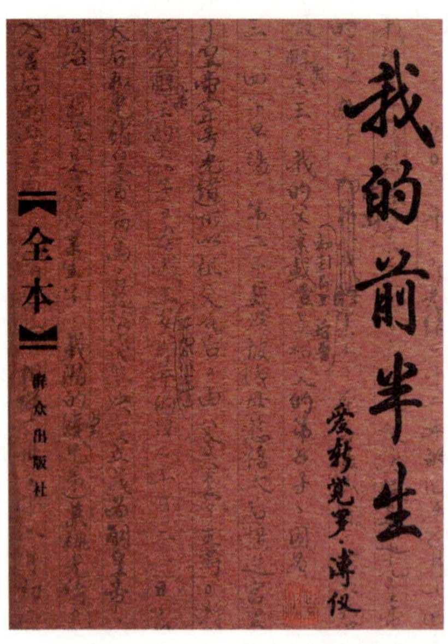

溥仪《我的前半生》[全本]书影

但是，中外读者并不知道，他们所读到的《我的前半生》本子，并非“全本”，而是吸收了各方人士意见的“改定本”，或称“流行本”（初版于1964年3月）。现在，群众出版社出版的“全本”，则是听取各方人士意见之前的“原本”，又称“二稿大字本”。换言之，现在读者所看到“全本”，是该书的原貌。

当然，所谓“原貌”，只是相对而言。因为，在“全本”之前，还有所谓“稿本”“灰皮本”“一稿本”。但无论怎么说，“全本”是作者最初确定的版本。就此而言，说它是“原貌”，并不为过。

那么，“全本”的推出，是否表示原先流行的本子就可以作废了呢？并非如此。因为，流行本不仅包含了各方人士的修改意见，也含有溥仪本人的意愿。而所谓各方人士的意见，完全是从技术层面提出的，并不涉及所谓政治上的“忌讳”。例如老舍，就着重从文字表达的角度对书稿的写法提了若干修改意见。当然，这些人的意见并不完全一致。例如有的史学家从历史学科的实证特点出发，觉得书稿不宜于文学性太强，而既是文学家又是史学家的郭沫若，则肯定了此书的“文采”。其实，这类问题见仁见智，很难取得一致意见。总的来看，流行本与全本的思想感情一致，所叙述的史实和线索也一致，两个本子各有所长，完全可以并行不废。

不过，依笔者的情趣，还是更喜欢“全本”。

所谓“全”，一指内容全，恢复了原来删除的内容，比流行本多出十多万字；二指内容更丰富和丰满，有许多流行本没有的细节。这些细节，除本身吸引人外，在写法上也极富可读性，起到了烘托对象、感染读者的作用，以致笔者在阅读中时常忍不住拍案称奇。

没有读过此书的人，大概想不到作者的文笔居然那么流畅和富于动感。作者非常善于调动形象、运用隐喻，在字里行间播撒出感性的美，给人极大的阅读享受。例如讲到溥仪的乳母，书中说，二两月钱，就“把一个人变成了一头奶牛”。谈到选后妃，说照片上的姑娘，“每位都有个像纸糊的桶子似的身段，脸部很小，实在也分不出丑俊来”。提到北京小朝廷的近臣，则以“那群蝇子”称之。书的后半部分写溥仪等人被押送回国后，为假装进步，便在读报时故意把嗓门放大，“好像一大群蝈蝈似的嚷成一团”。特别是如下一句：“关东军好像一个强力高压电源，我好像一个精确灵敏的电动机，吉冈安直就是传导性能良好的电线。”直脱脱地把溥仪这个傀儡“皇帝”和日本关东军以及关东军安插在他身边的所谓“帝室御用挂”的关系展示了出来。

作者还善于调动张力，采用对比的手法，表现对象假矛盾、真虚伪的特点。如讲到日本大特务头山满，说此人以佛教徒的身份，在玫瑰花香气的氤氲中，捋着银须，面容“慈祥”地冥想出一个又一个的骇人阴谋和惨绝人寰的凶杀。书中多处说到溥仪本人如何吃斋拜佛，如何不杀生，连苍蝇蚊子蚂蚁都不打，却时常打人，因而是“一只带念珠的狼”，等等。这类描写，让人印象非常深刻。

不过，这样的写法，很容易遭受批评，说它有失严谨，不真实，等等。笔者以为，这样的批评值得商榷。所谓真实，应当首先看作者所叙述的内容是否符合事实，其次看作者所表达的思想感情是否发自内心。就事实而言，书中某些具体事件的细节，容或存在讹误。但是，它所涉及的基本事实，却是完全可信的。而具体细节上讹误，一来并非出自作者有意作伪，二来并不伤害基本事实的成立，三来以传记作品而论，此类小毛病本难以避免，故而值得谅解。实则，任何一位通读全书的人都不可否认，这本书的基本内容，完全是真实的。所以，所谓此书错误百出云云，并不符合事实。

以近年来俄罗斯披露的档案文件来印证，就足以看出此书所写溥仪在苏联的经历，是完全真实的。例如1945年溥仪等人被苏军俘获的情形，溥仪在苏期间所受到的相当优越的人道待遇，以及溥仪如何依旧在下属面前做“皇帝”、如何试图留在苏联、如何在“远东军事法庭”上作证，等等，书中所写和档案所录，都是吻合的。甚至溥仪说他在苏联曾经学习《列宁主义问题》和《联共（布）党史》，将此话与他当年写给苏联领导人的信相对照，发现信中提到的正是这两本书。

应该说，此书所运用的形象化的写作手法，不但无损于该书的真实性，而且使其达到了更高层次的真实。这种写法非但不缺乏深刻性，而且能够使人在形象中感受深刻。

溥仪本人说过，对于历代最末一个皇帝的命运，从成汤放夏桀于南巢，商纣自焚于鹿台，戎弑幽王于骊山之下起，一直数到朱由检煤山上吊，他都格外熟悉。而他的命运，应该说只是从真心接受共产党的改造那一天起，才真正得到大解脱，才真正体会到什么叫作幸福。此前，他实际上只是一个封建皇权观念的奴隶而已。经历了大清家国、北洋军国、国民党的党国和民国以及他自己做傀儡皇帝的伪国，几乎人类历史上的所有政权形式，只有到了共产党领导下的中华人民共和国，他才真正认识到，他原先拼命要夺回的那个皇帝宝座，不过是一只垃圾箱。这样一个思想转变的过程，对人们的启示，是相当深刻的。

有时人们可能会问：早知今日，何必当初？应当说，溥仪在新中国成立前的曲折经历，他本人虽然负有不可推卸的责任，但主要还是时代以及他周围的小环境造成的。正如溥仪之所总结，他在刚会跑的时候，就被抱上了君临天下的宝座，浑然无知地度过了三年革命的风暴，然后在封建军阀保护下的皇宫中度过童年。从这时开始，他的命运便被注定了，已经无法自行选择。此后，在民族敌人的豢养下送走青春，接着认贼作父，充当了14年的傀儡元首。如此40年的生活里，他必然地“只有罪恶和羞耻，愚蠢和狡诈，凶暴和怯懦，猜疑和迷信……”在这种情势下，他除了不断沉沦，是不可能跳出苦海的。

也许，溥仪与胡适的相识曾经为他的命运打上一丝转变的微光。但这丝微光，还没有让人瞥见，便倏然消逝了。胡适再差劲，也终比溥仪周遭的那批封建遗老晓得何为历史潮流、何为世界大势。而那批封建遗老，可谓个个都是满腹经纶的学问家。但这些人在思想上，特别是在政治思想上，又可谓个个都是糊涂虫。例如康有为（本书附录中收了一封他写给军阀吴佩孚的信函，堪称现代政治思想史上的重要文献），虽然也能说出一通保皇的“大道理”，但就是看不清封建王朝体制无论在中国，还是在世界，已然明日黄花，大势不再。看不清这一点，任你说得天花乱坠，也只能落个螳臂当车的反派下场而已。还有那位不惜投水自杀的国学大师王国维，溥仪清楚明白地告诉我们，他和他的父亲摄政王载沣早就剪掉了辫子，许多爱新觉罗的子孙也早就穿上了西装，唯独王国维、辜鸿铭这些顶有学问的外姓人，却始终留着那条辫子。这种“皇上不急太监急”的强烈反差，对知识分子来说，是非常值得深思的。

溥仪这本书的一大好处，就是具有“解构”的功效。他解构了封建帝王的穷极无聊，也解构了国学大师的不识时务，使人们看清了他们的真相。解构完成之时，也就是解脱和解放之时。在抚顺监狱，一位伪满洲国原大臣对溥仪说：我原来忠心耿耿地崇拜你，现在才发现，原来你不过是个废物。当“废物”一词从口中冲出时，他所感受到的，不是失望，而是轻松。

由“废物”而成为“公民”，真正从内心得到解脱，获得所谓“人”的自由，这是溥仪历经周折后所收获的荣幸。为此，他真心感谢共产党。从中国共产党对他的改造以及他最后对共产党的态度来看，此书实际上还潜伏着一根贯穿始终的暗线，那就是人道主义和人性复归的线索。这是本书非常深刻的一点暗示。看不到这一点，就无从通过此书照见自我。

（溥仪《我的前半生》[全本]，群众出版社，2007年1月第1版。本文原刊于《中华读书报》2007年1月3日）

德国"鬼子兵"看"二战"

马克思说过一句名言:"人类历史上存在着某种类似报应的东西,按照历史上报应的规律,制造报应的工具的,并不是被压迫者,而是压迫者本身。"《寻访"二战"德国兵》所讲的故事,就是关于"二战"发动者和加害者德国是如何在战争中遭受报应的。

作者朱维毅是留学德国的工学博士。他的德国导师,当年曾经在希特勒军队做过孩子兵,还做过美军战俘(第188页)。令人感佩的是,作者在从事与文学和历史无关的工作之余,竟先后在国内报刊发表过《柏林:走过沧桑》《天涯同乐》《我的德国导师》《德国的老年人》《最后的硝烟》等颇具文学和史学价值的作品;1999年,还在当代出版社出版了记述中国公派留学生生活的纪实作品《留学德意志》。本书的视角,转向健在的德国老兵(包括东德),通过面对面采访,记录下这些老人的战争经历和思想情感,也写下了作者本人的所见、所闻、所思。

笔者曾经在德国访学两年。2001年5月,在海德堡郊外的大山中,召开过一次关于中国史学的国际会议,那是魏格林教授操办的一次重要会议。德国著名历史哲学家吕森

（J.Ruesen）以《历史的悲痛》为题作主题演讲。吕森教授说，德国人的罪恶感必须具备连续性和永续的新鲜感，决不应因先辈的死去而丧失。因为，悲痛不应成为“意义缺失”的理由，而应是“被加工成有历史意义的历史经验”的触媒，成为“历史的链接”，从而形成反思之流。吕森教授讲话非常抽象，哲学味很重，但大家都听懂了他的意思。演讲后，一位犹太老教授发言说：几十年来，我不愿意加入德国国籍，但几年前，我加入了，因为德国真的变了。

即使在德国教授当中，吕森也很受尊敬。这在德国，是很难得的。十年以后的 2011 年 10 月，中国社会科学杂志社组织召开首届中美高层论坛，吕森作为美方的十位代表之一与会，我陪同他们游览了故宫。那时，我知道吕森教授的著作已经有中译本，那篇海德堡的演讲稿经加工赫然在目（吕森：《历史思考的新途径》，上海人民出版社，2005 年）。翻阅之余，耳边不禁响起吕森教授回答提问时一句颇有隐含的话：我无意于影射中国的那位邻居。

本书中一位德国老兵，却明确提到日本：“日本对二战的认识和我们不同，这是大家都知道的。他们对自己的侵略罪行不总结、不正视，甚至不承认，这无论如何不符合基督教的精神。日本人非常需要补课。”（第 109 页）

大概已经没有什么人还怀疑德国人反省侵略战争的真诚性。我们通过本书所听到的，就是昔日侵略者的真诚忏悔。他们说，奥斯威辛集中营的行径当然是“罪行”，对此无动于衷无异于“冷血动物”（第 146 页）；“二战是侵略和反侵略的战争”（第 190 页）；“德国人吃尽了狂热的苦头，我们今天反对一切战争是发自内心的”（第 239 页）。一位德国原党卫军老兵表示：“有一点还是令我宽慰的：德国多数的年轻人厌恶党卫军。”（第 152 页）另一位德国原党卫军老兵则提出：“我坚决主张德国法庭禁止右翼党派的存在。”（第 160 页）还有一位老兵把话题引向现实：“施罗德总理决定德国不卷入伊拉克的任何军事行动，这是非常正确的，是符合民心的。……现在世界上谁想当第二个希特勒，德国不一定能拦住，但德国绝不跟着他干。”（第 355 页）

这些话从昔日的“德国鬼子”口中讲出来，让人不禁油然而生“别有一番滋味在心头”的感觉。本书最后一章（第十章）集中讲述了战后德国政府对战争罪行的忏悔、反思和赔偿情况，介绍了德国普通民众对战争的反省和认识；第八章则讲述了战时德国军界健康力量反对希特勒和纳粹以及遭受纳粹迫害的情形。可以这样说，德国人用他们的真诚努力，赢得了世界的谅解和尊重。

然而，历史总是比人们希望的要复杂。战后，虽然德国政府对战争罪行做了深刻反省，但对参加战争的德国士兵，却并未视为罪犯。他们对这些士兵的要求是，“只要不去触及为纳粹翻案的政治禁区，普通参战士兵如何自我定位完全是个人的事情”。而这些老兵的心态，则一般是“在整体上认账认错，但涉及自己本人的时候就认准了一个‘什么都没看见’，更没有跟着做过什么”。因此，“这种表现被德国战后的一代人讥讽为‘我不知道运动’”（第 343 页）。此外，战后世界被分割为两大阵营，对战争的认识也就有差异。这些差异必然会在老兵的思想上折射出来。只是随着历史演进，老兵们的认识才逐渐清晰和深刻。尽管如此，他们的视角和认识依然不失其独特性。站在 21 世纪，听听这些独特的声音没有什么坏处。至少，它对我们认识历史的复杂性，更深刻地反思历史，是有帮助的。

比如对希特勒，老兵们基本一致的立场，是把希特勒分成前后两个阶段。对战前的希特勒，基本肯定；对发动战争后的希特勒，完全否定。他们认为，战前的希特勒及其纳粹党，把德国从“一战”后贫穷、弱小、受欺压的状态中解救出来，获得了人民支持。假如希特勒不发动侵略战争，肯定会作为德国的一代伟人被载入史册。战前德国人的普遍心态和感受是，“纳粹上台，日子开始好过了”（第 92 页），因此大家自然而然地“把他当英雄看”（第 78 页）。发动战争后，希特勒则完全成了“一个疯子”“战争狂人”“专制者”。

再比如对苏联和斯大林，老兵们都承认，侵略苏联是非正义的，“俄国人保卫自己的国家没有过错”（第 284 页）。一位入侵过苏联的老兵甚至这样说，从列宁格勒旅游回来后，“我病倒了。我是被一种道义感压倒的，一个民族如果在这样沉重的历史面前无动于衷，那它就没有一点希望了”（第 88 页）。但是，他们又认为，斯大林与希特勒一样是独裁者（书中第九章着重介绍斯大林和苏联的所谓“暴行”，如卡廷惨案等）；苏联对波兰、芬兰等国也曾经实施侵略，苏联是“一个极具侵略性并且致力于输出暴力革命的大国”（第 146 页）。有老兵还认为，苏联战前具有侵略德国的企图，德国入侵苏联是先发制人。老兵们说，苏联军队打入德国后，“抢劫和强奸一时泛滥成灾”（第 133、237，240—248 页）。

“曾经蹂躏过苏联的德国，现在开始承受征服者的蹂躏。”书中也讲到苏军曾制止此类行为（第 135—136 页），但强调抢掠和强奸是普遍行为。对德籍“苏联间谍”左尔格，则斥为“卖国贼”（283—284 页）。他们还说，苏联内政部军队穿上德国党卫军的服装在自己的国家“残暴地屠杀、奸淫和抢劫”，目的是“比较容易地组织起抗德游击队”（第 287 页）。又说斯大林专门下过一个《纵火者训令》（第 298—299、303 页），实施对本国居民点的“摧毁并焚烧”，等等。书中记述一位德国老兵的话，颇具有代表性：“德国人在苏联犯下罪行是事实，谁也否认不了，那么苏联对自己人民犯下的罪行有谁知道？知道的人是有的，那就是苏联最高统率部和德国军队，但一个是不愿意说，另一个是说出来没人信，最后的结果就是谁最后打败了仗，这笔账就都算到谁的头上。”（第 297 页）

书中讲到德国士兵遭受的各种苦难，特别是在入侵苏联后所遭受的严寒与伤亡，讲到德国军队管理的严格、纪律的严明、军事上的胜利，甚至讲到德国士兵如何与苏联老百姓和睦相处（第 235 页）、如何受到老百姓欢迎，被视为“解放者”（第 295 页），等等。自然，也写到美、法军队虐待德国俘虏的情况（第 198、210、236 页）。

老兵们这些讲法，别说在“二战”的受害国与战胜国，就算在德国，在老兵的儿孙们之间，也会招致痛责。当然，他们没有为战争翻案的企图，更谈不上为纳粹招魂。他们已经确信，德国军队绝不是“正义之师”（第 296 页）。但是，必须指出，他们的认识确实包含错误乃至荒谬的成分。特别是对青少年读者，如不给予必要的指导和引导，很可能会因这些叙述而改变对历史的正确认知。对经历过“二战”的受害国人民来说，则具有伤害感情的负面效应。当然，我们不能要求这些老兵全都改造成为圣人，应该有雅量听听他们的诉说，注意他们的看法。但是，必须告诉这些老兵，他们所遭受的苦难，正是所谓“历史的报应”。这种报应，无疑也非常残酷，而侵略与加害他人的结果，只能是这种报应。或许，他们确实道出了某些局部的事实，但是，作为加害方，他们其实无权为自己鸣冤叫屈。这就像杀人犯无权抱怨警察给他带上脚镣一样。正义并不等于百分之百的仁慈。这不仅是历史观与历史认识论的问题，也是很现实的正义问题。在正义的旗帜下，老兵们的抱怨与委屈，只会显得荒唐可笑！

20世纪90年代后，由“二战”历史评价问题而引起，历史记忆研究开始成为西方史学领域的一个重要议题。从此开始，“二战”评价问题被上升到了理论研究的高度。吕森教授的相关研究，即隶属于这一学术风气。与之相关，正义问题在政治学领域受到强烈关注。目前，存世的二战老兵越来越少了，但是，对正义问题、历史记忆问题的关注和研究，只能越来越强烈。毋宁说，德国“鬼子兵”的种种谬论，为此类研究提供了活生生的资料。

（《寻访“二战”德国兵》，朱维毅著，同心出版社，2005年出版。本文原刊于《中华读书报》2006年2月8日）

德国随笔

自 2000 年 7 月至 2002 年 8 月，我在德国居住了两年。这期间，有一年半时间是在美茵茨的欧洲历史研究所做访问学者，另有半年时间在海德堡大学汉学系讲授中国近代史学史。此前，我曾于 1995 年访问德国。如果将时间再向前推，则在上大学期间的 1982 至 1983 年，曾经由学校安排与外国留学生住在一起，尤其与四位德国留学生要好，常在一起散步聊天。我总觉得，自己与德国似乎有那么一些缘分。

德国人的民族性

关于德国人的民族性，早已成为一个世界性话题。有人说，德国人永远背着哲学家的包袱，或者用马恩的话说，德国人总有一种笨拙的思辨精神。还有人说，奔驰汽车加啤酒，代表了德国人的民族性格。甚至希特勒也曾经说，德意志民族的性格，就是一只手拿着剑，一只手拿着锄头，不断地开疆拓土。人们反思德国人的民族性，是由于这个民族曾经在科技、艺术、文学、思想等方面为世界作出巨大贡献，同时也两次发动世界大战，给世界带来巨大灾难。德国还是马克思主义的故乡，在国际共产主义运动史上占据举足轻重的地位。

我到德国，目的之一就是想寻求德国民族性的感性答案。为此，我不但跑了许多地方，而且还广泛接触各界人士，上至高级知识分子及政府官员，下至平民百姓，失业农民，甚至到欧洲其他国家考察，试图从中寻找答案。

总的来说，相关经历无疑增加了许多在书本上无从体会得到的真切的感性认识。有了这种认识，回头再去读书，感触就非常不一样。不过，最大的感触却是更增添了对自己国家的热爱。山东大学有一位留学西欧的老前辈，名叫许思园（据说是钱锺书小说《围城》中哲学家褚慎明的原型），他的一段话，完全代表了我的感受。他在英文著作《人性与人之使命》中说："我在西方文化中发现的弥足赞叹之处愈多，我就愈觉得有理由热爱自己祖国的文化，热爱我们古代哲学家的高度智慧。"

借用我国古代哲人的概念，我感觉最能概括德国人民族性的，是一个"朴"字。《庄子》说："既雕既琢，复归于朴。"德国人民具有一种雕琢之后的朴古之风，老百姓非常朴实而憨直。同时，又非常精益求精，一丝不苟。例如奔驰汽车，放射出的是朴拙而精到的风格。在房屋建筑装饰上，我们体会到的同样是朴实厚重却又使人赞叹的格调。甚至他们的哲学、音乐以及戏剧和绘画艺术，也是在浑朴的质地上追求雕琢的华美。一个"朴"字，在歌德那里，意味着花费五十多年时间来完成《浮士德》，马克思用二十年时间写《资本论》，而康德可以一辈子不走出家乡，专心琢磨他

笔者曾经工作过的欧洲历史研究所

的心事。在我走访过的德国农村，几乎所有房屋都是农民自己盖的，而一盖就是二十年、三十年。我到过一个养鸡农民的家。小楼房背山面水，四面通透，堪称美轮美奂。一问，盖了二十年，尚未完工。另有一独身中年妇女，自己动手盖楼，尚不知何日完成。这种朴拙的工作方法，并非完全由于没有钱，而是一种生活方式的选择，一种执着精神的体现。无论在思想等上层建筑领域，还是在形而下的器物制作层面，德国人都不惜用朴拙去换取完美，以执着赢得最好。而且，这种作风一旦成为传统和风气，便在社会上形成氛围和压力。假如有人不这样做，是会让人冷眼相看的。

德国是一个遍地葱绿、几乎看不到黑土的生态化国家。他们信奉劳动最光荣的信条，早已把劳作当成人生的最大享受。每一座城市，都鲜花盛开，绿草如茵。德国人非常讲究条理和计划性。每做一件事情，差不多都提前一年做好计划。当他们将某件事情做完，会说："一切都有序了。"德国人的生活用品，用上十几年还崭新如昔，甚至连包装都完整保存。德国人的家庭，全都一尘不染，异常清洁。雇佣德国人干活，保准你满意。质朴勤劳的德国人，与投机取巧似乎没有缘分。

但是，朴直的另一面是朴野。在中文中，"朴"字本来具有"本性"的涵义。一个人，一个民族，假如完全按照"本性"行事而不加以雕琢，就往往会向"野"的方面转化。用我国古人的话说，就是人虽然不免"发乎情"，但毕竟须"止乎礼"。孔子说："质胜文则野，文胜质则史。文质彬彬，然后君子。"我们看到，当德国人的质朴一旦失去文雅的约束，就会变成野蛮，为害世界。而且，这种“为害”一旦与执着的性格结合起来，那就更加不得了。所以，许多人不能理解，德意志，这个非常热爱小动物、连苍蝇都不愿意伤害的民族，何以会连续发动两次世界大战！他们忘了，德国还是辩证法的国度。按照辩证法的原理，当文、质之间失去平衡的时候，野蛮就会成为脱缰野马。我们得感到庆幸，经过两次世界大战，德国人已经深刻反省了战争罪行。现在，虽然纳粹的阴影并未完全消散，但世界各国均承认，德国已经成为一个文质彬彬的君子国。

德国人的民族性格又是多方面的。按照我国古人“理一分殊”的道理，德国人的性格还颇有对立统一的特点。他们把莱茵河叫作父亲河，把国家也比喻为父亲。而我们是把黄河称作母亲、把祖国比喻为母亲的。他们讲话大都悄悄的，轻声细语，可在狂欢节或露天音乐会上，又大呼大叫，不管不顾。他们对狗格外疼爱，绝对不能容忍吃狗肉，但对自己的孩子，却不大管束。他们喜欢收养外国小孩，自己却又不大愿意生孩子。他们格外守纪律，路人过马路必视交通信号而行，但吸毒、流浪、乞讨者，也不乏其人。他们喜欢在森林中散步，却不喜欢看电视。南部山区的德国人喜欢用世界上最大号的杯子喝啤酒，北部低地地区的德国人却喜欢用很小的杯子喝烧酒。德国有许多单身汉，言谈中对找媳妇非常急切，可又丝毫不采取行动。他们很少抱怨，似乎一切都合乎自然法则。他们喜欢在露天酒吧里饮酒，却不愿意更经济地在家中自饮自酌（同样的饮料，酒吧中要贵三至五倍）。他们全是教徒（新教与旧教大概各占一半），可在日常交往中，又几乎不见宗教的影子。他们非常注重诚信，讲究礼节，“日安”“谢谢”之类客气话终日不离口，助人为乐，屡见不鲜。可是，电视中偶然报道的犯罪事件，听来也蛮吓人的。诸如此类，丰富多彩，构成了一个耐人寻味的德国。

马克思的故乡

德国是马克思和恩格斯的故乡，是国际共产主义运动的摇篮之一。德国共产党（DKP）和社会民主党（SPD）在国际共运史上具有非常重要的地位。不过，这两个党的历史非常复杂，是是非非，分歧颇大。在我们中国人心目中，一提起拉萨尔、伯恩施坦、考茨基，马上就会想到修正主义和机会主义，而一提起李卜克内西（威廉和卡尔父子）、倍倍尔、卢森堡、蔡特金、台尔曼，又会肃然起敬。

有位德国朋友曾经开玩笑地说：我们现在是被马克思主义的修正主义政党统治着。这虽是句玩笑，却包含庄重的内容。我们知道，德国是个多党制国家，但最大的党实际是两个，即 SPD 和 CDU（基督教民主联盟）。现任总理施罗德就是 SPD 的主席，而前任大胖子老科尔则是 CDU 的首领。1998 年，SPD 和绿党结盟，一举把老科尔的党赶下台。当时，许多人觉得缺乏政治经验的施罗德等人坐不长，可是近六年了，尽管跌跌撞撞，施罗德居然还稳坐在台上。在 2001 年的全国议会选举中，SPD 的得票率遥遥领先于 CDU。

许多人并不晓得，SPD 原本是由倍倍尔、威廉·李卜克内西的社会民主工党和拉萨尔的全德工人联合会合并而来。马克思和恩格斯对这个党给予过许多思想理论上的和具体的指导。直到今天，这个党在开会的时候，还高奏《国际歌》，高挂马、恩、李卜克内西、卢森堡等人画像。当然，他们绝不挂列宁像，更不必说斯大林了。

与如日中天的SPD相比，本来应该是它的阶级弟兄的德国共产党，就弱小得可怜了。以党员数量而论，SPD有党员73万，而DKP才6千多人，连SPD的零头都不到。许多德国人根本就不知道德国还有共产党，就更别提该党在国家政治生活中发挥作用了。在美茵茨大学的一个高级研讨班上，大家曾经谈到德共，然而从老师到学员，居然无一人知道它的存在。

造成这种情况的原因，当然是多方面的。譬如第二国际与第三国际的分裂、国际形势的变化、普及化的社会福利与养老金制度、阶级关系的新变化，等等。不过，有一个不容忽视的原因，就是二战后德国处在东西方冷战的最前沿，西德政府（包括SPD政府）曾经对DKP给予各种压制。1956年8月17日，德共甚至被正式禁止。直至1968年，它才得以重新成立。可是，在20世纪70年代，德国政府又作出决议，禁止共产党人做国家公务员，使得许多DKP党员失去工作，更在社会上造成对DKP的疏远和恐慌心理。

许多人可能觉得，西方国家没有思想政治工作，实则大错。两德统一时，老科尔就对东德人演讲说：社会主义，就是有好房子住，有好东西吃，所以西部才是社会主义。两德统一后，波恩政府派大量政工干部到东部，改造东部人的思想。所谓改造，就是去除所谓列宁主义的社会主义理念，接受西方的价值观。应该承认，西方这种思想政治工作做得非常巧妙。他们很善于将思想转化为强大的社会氛围，让人们看不到，摸不着，却又感到它无所不在，无法摆脱。

我在海德堡的学生中有一位 SPD 党员。当时施罗德和保守的巴伐利亚州州长施托伊贝格正在竞选总理，施罗德形势不妙。许多学生骂施罗德，恨他使汽油涨价，恨他不会搞经济，恨他向国外派兵，甚至恨他把西装披在肩膀上，觉得他忘乎所以。唯独这位女学生，表示自己虽也觉得施罗德不好，可没有比他更好的，怎么办呢？还是希望大家投他的票。后来，一位教授告诉我，学校规定，学生在校园里不可以从事政治活动，她有犯规之嫌。

DKP 处在这种氛围中，自然难以有所作为。目前它的理事会在埃森（Essen），人们可以很方便地在互联网上查到它的网站。从其网站内容的贫乏，或许也可以感受到它的弱小。当然，它既存在着，就并非毫无作为。事实上，每当纪念罗莎·卢森堡和卡尔·李卜克内西等人，或者遇到反对伊拉克战争这类重大事件的时候，人们在媒体上都会看到 DKP 的身影。

所以，当人们问起今天德国的共产主义运动，德国人会很茫然。因为，从 SPD 的角度说，他们可能觉得自己的理想差不多已经实现了。而从 DKP 的角度说，一切都无从谈起。不过，在德国，普通民众恐怕绝不会把 SPD 与共产主义联系起来。这种情况，在西欧是普遍的。可喜的是，我们中国人对西方政党政治的这种变化已经有比较深刻的认识，对社会民主党的认识也早已有很大的改变。应该承认西方的社会民主党与马克思主义的血缘关系。

其实，德国许多政治家和大学教授都曾经受到社会主义思想或思潮的影响。譬如外长费舍尔（绿党）20 世纪 60 年代曾经是左翼青年，有德国红卫兵之称。差不多每天都在电视里露面的 CDU 现任女党魁默克尔（Angela Merkel）曾经在东德做团委书记（此人或许还会成为德国未来的女总理）。不过，时迁势异，他们的信仰早就改变了，有些人还成了反共急先锋。

与 DKP 的弱小相适应，普通德国人对马克思、恩格斯大都显得无所谓。如果向一个德国人问起马恩，对方很可能耸耸肩，来一句“egal”(无所谓)。许多德国概况书籍都不提或非常简要地提一下马克思，恩格斯的名字更少见。德国出产世界性名人，而最让他们感到自豪的，我感到当以歌德为第一。

特里尔的马克思故居，是一座三层的巴洛克式小楼，始建于 1727 年。马克思虽然出生于此，却是在另一处房子里长大的。所以直到 1904 年，这里（布吕昼街 10 号）才被确定为马克思的出生地。故居能有今天，得归功于社会民主党。据介绍，早在 1928 年，SPD 便买下了房子的产权，一直想开辟为马克思纪念馆，却因种种原因未能实现。希特勒上台后，房子不但被没收，而且还被当作了纳粹特里尔地方组织的党部。二战结束后，SPD 重新收回房子，并于 1947 年 5 月 5 日马克思 129 周年诞辰的时候，将其正式开放为纪念馆。当时，SPD 举行了盛大的庆祝活动。尔后，在艾伯特基

德国美因茨市街道一角

金会领导下，对房子进行了整修，于 1983 年 3 月 14 日马克思逝世 100 周年时，以崭新的面貌对社会开放。许多人来此参观，在故居中转一圈便走了。其实，距故居不远，还有一个马克思研究中心，里面有图书馆、资料库和会议室等，也很值得一探究竟。

我曾多次来此拜谒，而每次来都有一个遗憾，即里面看不到马恩使用过的实物。现在故居中的家具，都是从其他市民家里买来的。展品的主体，是图片和各种版本的马恩著作，其中包括一些中文译本，让人看后倍感亲切。此外，有一个华国锋同志访德时赠送的马克思精美造像瓷盘，非常显眼。一楼有个小放映厅，放映故居导游片，使用了德、英、法三种语言。

来此参观的观众，大概以中国人为最多。一楼接待室除出售各种纪念品与画册外，还有一个厚厚的留言簿。我每次翻阅留言簿，见上面几乎每页都是中文，都是向马克思表达敬仰之忱的。看了这些留言，真让人感动。不过，由此也可看出，中国以外的游客来此参观者大概不多。特里尔是德国有名的旅游城市。可是，它最著名的旅游景点，第一是罗马古城墙，第二第三都是教堂，尔后则是一些博物馆，马克思故居的排位要在七八位之后。这种情况，是否也反映了马克思主义在今日德国人心目中的位置呢？

德国人看外国人

有一本叫作《德国佬》的书（湖南人民出版社，2000年），作者是德国人，对普通德国人的生活习性、思想感情作了非常贴切的概括。作为一位外国人，我对普通德国人的感受，当然免不掉以中国文化为本位。

对外国人，德国人的心态大概颇为复杂和微妙。一般说，东部地区排外比较严重，富裕的南部巴伐利亚地区则比较保守，虽不排外，却对外国人抱冷漠态度。西部地区和人口密度较低的北部地区，则对外国人持开放和欢迎态度。不论怎么说，德国早已高度国际化，差不多每九个人中，就有一位外国人，所以排外势力已不可能掀起大风浪。特别是施罗德总理所在的社会民主党执政后，对外国人持开明开放政策，对德国保守势力冲击极大。有一个最突出的事例，即当施罗德和施托伊贝格竞选总理的时候，所有外来移民都支持施罗德。甚至有人这样说，外来移民的支持是施罗德压垮对手的最后一根稻草。说句良心话，作为德国政府，对外来者，可谓做到了仁至义尽。作为德国民众，对外国人的态度，开明者包容欢迎，保守者冷漠轻视，混沌者无所谓。而外来者，对德国发展确实作出了实实在在的贡献。可是，大家也不得不承认，巴伐州虽然保守，经济却搞得最好，而社会民主党最不擅长的就是搞经济。倘若长此下去，社会民主党的前途还是很危险的。

在德国期间，许多同胞劝我不要到东部去，特别是不要到偏僻的小地方，说是搞不好会遭受莫名其妙的毒打。但我忍不住，还是到东部走了一圈。虽然没有遭遇意外，但在柏林的某次经历却感受颇深。那是在一家中餐馆就餐，我将手包随意放在身边。餐馆老板见到，立即要我把包置于怀中。接着，便滔滔不绝地讲起他所“经眼”的抢劫事件，说得我毛骨悚然。同时，东部人的脸色与西部人明显不同，让人总是与贫穷联系起来。而西部，情况就大不一样。假如你在某个小火车站查看列车时刻表，旁边的德国人会主动凑上来，然后亲切地询问：“您需要帮忙吗？”如果你向一个德国人问路，他会不厌其烦地告诉你。但是，随着两德统一后形势的变化，对外国人的抱怨和歧视在西部地区也出现了。他们说外国人不讲卫生，把德国搞脏了；外国人不守法律，有犯罪倾向，等等。有一次，我自波恩郊外的中国研究所回美茵茨，买火车票时，售票的老太婆居然冷漠地要我出示护照。我没有多想，便拿出护照给她看。但见她吃惊地大叫一声“Aufenthaltserlaubnis”（第二类的居留许可。德国的居留许可共有四类，留学生一般拿第三类），立刻满脸堆笑，灿烂一片。上车后，我略加回味，深感不快。本来，自波恩到美茵茨，乃德国的风光最胜处。火车沿莱茵河蜿蜒穿行，十分赏心悦目。但经此小故，兴趣全无。

可以这样说，对外国人，德国人是“客客气气地不客气”。所谓客客气气，乃是一种绅士风度，而非天生的本性。骨子里，对外国人是疏远的。不必说对东方人，就是在欧洲已经高度一体化的今天，即使在法德边境上，还能感受到两个民族的明显差异。比如说在法德两国的大交通枢纽斯特拉斯堡，我们去饭馆吃饭，讲起德语，法国女服务员摆手示意听不懂。我的一位德国同事讲起法语，她才破颜一笑。吃饭时，那位德国同事偷偷告诉我："她完全会讲德语，只是不说。"类似的情况，我在法德边境上的小城考尔玛（Colmar）也遇到过一次。在海德堡，德国学生的两句话让我至今不忘。一句是："斯特拉斯堡其实是我们国家的。"另一句是："您看我们海德堡的宫殿了吗？就是法国人烧掉的。"一位德国女教授则对我淡淡地说过这样一句话："我丈夫的家乡现在已经属于波兰了。"听到这些话，我总感觉他们带了几分胆怯和不安，虽然表面上没有任何价值判断，意味却深长。而法国人，却可以理直气壮、毫无遮拦地批评德国。对此，德国人只是摊开手，耸耸肩，不置可否。可是，那不置可否的无奈动作，虽然是基于大度，却总让人感到深含着某种"不客气"。

对美国人，德国人大概是又恨又怕。他们嫌弃美国人肤浅，恨美国人霸道。可是，他们又是在"美元"的浇灌下成长起来的，说话当然不能硬气。美丽的大学城海德堡有成片的美国大兵营，高悬铁丝网，美国大兵荷枪持弹。城市轻轨小火车自美国大兵营前驶过，车上人的表情没有丝毫变化。我在海德堡教书期间，恰好布什总统访问柏林，电视中播放着大规模抗议活动。班上的学生提起此事，居然也群情激昂，对布什大肆口诛。恰好，我认识一位美国留学生。聊起天来，这位二十出头的美国小伙子讲了许多美国给予德国的好处，最后却叹了一口气说："可是，可是他们现在恨我们！"

恨之外呢？美国人在德国照样牛气十足。有这样一件事，乃得之传闻。某美国人与某中国人步行在慕尼黑大街上，遇到一警察要他们出示护照。美国人答："我是美国人。"立即通过。中国人亦亮明身份，警察却依然要验明正身。于是，此中国人大恚，本欲留在德国，后却毅然回国，表示绝不再受此辱。据说，德国政府对美国的信条是："懂得如何服从，你就同样可以成为主人。"

我在德国没有遇到或听说过有美、英、法、加拿大的打工者，但是，意大利、希腊的餐馆却到处是，西班牙的打工者也不鲜见。这一点，注定了这些国家在德国人心目中的位置。但是，德国最大的外国人族群，却是土耳其人。而且，我感觉土耳其人是在德国生活得最硬气、最扬眉吐气的族群。足球世界杯决赛期间，许多德国人担心德国和土耳其相遇，因为不论谁输谁赢，都可能出乱子。结果，上帝作美，两队居然没有遇到，天下太平。而土耳其球队战胜他国的一瞬间，海德堡沸腾了。土耳其人开着汽车，张着旗帜，扬着衣服，鸣着喇叭，呼着口号，沿街庆祝。我也有非常要好的土耳其朋友，率真地夸奖着自己国家的队伍。土耳其人在德国人心目中的位置，或许一位德国教授的话全概括了。他说："李先生，从我这里毕业的中国学生已经两百多了，而土耳其学生却只有一个。"

在德国，还有一批来自外国的德国人。他们祖祖辈辈都是德国人，具有完全的德国血统，却一句德语都不会讲。战争，使他们的父辈流落到异国他乡，他们在那里出生，讲那里的语言。20 世纪 80 年代后，他们陆续回归祖国，却需要在语言补习班与外国人一起学习德语。谈起自己的身份，他们会对同学说："我可是地道的德国人。"而外国同学则回敬他："你虽然是德国人，可你的德语发音还不如我准！"透过这种对话，也可以感受到德国人对外国人的态度。他虽然不会讲德语，但他是德国人，他可以享受德国人的所有社会福利待遇，可以优先找到工作，而一个外国人，任凭你德语讲得多么好，也只能靠边站。每每见到这些可怜巴巴的人和事，我就想，必须抓紧回北京。

德国人看中国人

一般说，德国人对中国人的观感普遍比较好。他们觉得中国人老实本分，勤于学习，吃苦耐劳，不招惹是非。不过，总的来说，中国在他们看来多少还是一个神秘的国度。改革开放以来，随着我国经济实力的增长，中德之间的人员往来大幅度增加，在德国的中国人数也直线上升。据说，在任何一个两万人的城市里，均可以找到中国饭馆。德国人普遍感到，中国人正在飞快地富起来。

中国在德国人心目中地位的不断上升，人们在旅游点可以明显地感受到。十年前，人们还无法想象在旅游景点能够看到中文标志或说明书。那时，在德国最常见到的亚洲文字，只能是日文。可这些年，中文的标志和说明书越来越常见。特别让德国人感到惊讶的，大概是某些中国游客的出手大方和某些留学生的优越生活。当中国游客购买某种大额物品的时候，有些售货员免不了好奇发问："您是日本人吗？"

当他们听到“中国人”的回答，多少会有些惊讶。而某些青年留学生对电脑网络的熟悉、玩弄数码技术的精到、穿着打扮的西化、吃喝玩乐的在行，不免让他们怀疑这些孩子来自另一个比他们更发达的国家。而在许多中国孩子眼里，德国人使用的电脑呀数码相机之类，简直就是老土。

留学生无疑是在德华人的大宗。他们自十几岁到五十几岁不等，而以二十几岁者居多。由于德国大学不收学费，有一张学生证就可以有限度地享受乘车免费之类优惠，还可以每年打工三个月，所以，赴德留学的中国学生为数甚多。留学生大都学习刻苦，生活清贫，与国内相比，不如远甚。但

2001年笔者在美因茨欧洲历史研究所与外国同事交流

是，能完全掌握德语者，据我所知只占少数。许多留学生不喜欢与德国人同住，因为受不了他们的过于干净。

中餐馆是华人的工作首选，除此之外，从事旅游、开小商店、搞贸易、做法律咨询者，亦为数不少，多是家庭作坊式。其他行业，比如中国人擅长的美容理发业，根本挤不进去，更甭说修路、清洁工、铁路、航空之类。

中餐馆的众多并不表明德国人真的喜欢中餐。德国人确实时常光顾中餐馆，但那里的中餐，其实是半西洋化的。所以，几乎所有中餐馆的菜谱都一模一样。据说，那菜谱是经过几代中国人的摸索、瞅准了西洋人的口味，千锤百炼，才最后定型的。而在中国人吃来，就要大打折扣。倘若给德国人做几道地道的中餐，他们照例也会叫好，但如果让他们天天吃，就不干了。慢慢地，我发现他们其实对中餐有很大的成见。

一是说中餐做起来太费时。他们会说，你们用那么长时间做饭，难道吃饭那么重要吗？人生短暂，将时间花费在更有意义的事情上不更好吗？诚然，在德文里，“晚餐”的一种讲法就叫“摆桌子”。摆桌子表示放上大大小小的碟子，一个个的刀叉，至于实质性的内容，可能仅仅是几片面包，几片香肠。这样，当他们看到满盆满碗的红烧鱼、芙蓉鸡，就觉得辜负人生了。

二是说中餐缺乏营养。在他们的潜意识中，吃饭应该如同吃饲料，营养是第一位的。所以，牛奶制品、肉制品、果汁啤酒、各式面包，才配做他们的馒头、米饭、包子、稀饭。中国人在“吃”上的乐趣，他们不能理解。而他们在

“吃”上的乐趣，比如说郊外烤肉、大块肉排、葡萄佳酿，中国人统统兼收并蓄，大快朵颐。

大概德国人对中国人端着碗吃饭也多少有些看不惯。他们吃饭时，盘子是绝对不离桌的。他们最受不了的，是下意识地抽搐鼻子。同桌同学一旦吸溜鼻子，同座者会立即更换座位。而在中国人看来，德国人吃饭时嘬手指头倒也罢了，可不分任何场合地擤鼻涕，实在让人受不了。特别是对中国人来说，要将悄悄地吸溜鼻子改为公然地大擤鼻涕，不但一时难以适应，而且还往往缺乏大庭广众之下扭动鼻子的勇气。我琢磨了此事，结论是，既然德国人不允许抽搐鼻子，那所付出的代价，只能是随时随地、地动山摇地大擤鼻涕。积时既久，形成传统，也就视彼为丑，不以此为丑了。中西文化上的许多差异，许多价值上的高低比较，盖无不可如是观。

而且，德国人之间还流传着关于中餐的一些神话故事。比如说，中餐馆大都置备鱼缸，内养金鱼若干，既为装饰，又供观赏。于是，有德国人便说了：那鱼缸是给华人黑社会预备的，黑社会要来收保护费，便根据金鱼尾巴的数量计算，所以你看那些金鱼，有一个尾巴的，有的却有两只尾巴！听了这类故事，真觉得德国人原来生活在人类学著作当中。

假如某教授在某中餐馆吃倒了胃口，他绝不会公然发怒，而是照旧会把那些饭一口一口吃下去，并且会不失礼貌地给服务员小费。但是，你从此别再指望他第二次踏进此门。

像我这样吃喝无愁的访问学者，在德国更像是一位观察者和倾听者。我观察德国人对中国人的态度，倾听同胞们对德国人的看法，在各种矛盾的对立的信息中寻找真实。我发现，德国广播中几乎没有中国音乐，电视里极少有中国消息。只有成龙和李连杰的电影，电视里常见。有一次，电视里居然放了一段京剧《牡丹亭》，是台湾演员演的，下面打着德文字幕，白开水一般失去了中文的所有韵味。我既开心，又遗憾。不过，我猜想没有几个德国人会把频道停留在这里。在德国社会，对我们的隔膜，对我们的无所谓，还远远大于了解。一个真实、全面、鲜活的中国，还有待于向他们展示。

德国的教授

德国的教授们是“您”字不离口的。有人曾经这样形容德语：即使他用肘部把你撞到一边，重重踩上一脚，瞪眼盯着你，甚至把你称作比一条死去的斯巴达猎犬还笨的白痴，德语中还是用“您”来称呼，换别的称呼都罪不容赦。其实，这段话用在德国教授们身上才严丝合缝，分毫不差。

讲礼貌是德国教授们最显著的身份标识。对男学生，他们会称之为先生；对女生，则称之为夫人（小姐一词差不多在德国社会已经被废弃了，中学以下的女生，称中性的小姑娘或小女孩）。你想象不出教授会疾言厉色，会出言不逊。纯而又纯的教授，甚至一年四季都会西装革履，领带扎得一丝不苟。但是，讲礼貌不等于不讲原则，不等于对人客气。

他的微笑纯粹是职业性的，是“礼”的规范动作。当他的头还没有完全扭过去的时候，你会发现他的微笑早已被冷峻所代替。

德国的教授们非常自尊。因为具有博士文凭的人才有资格获取教授职称，所以，“博士”“教授”与教授的姓不可以分开使用。假如一个教授获得过两个博士文凭，那么，在正式场合，你必须把“博士”一词重复两遍。我有三位最亲近的德国教授朋友，用正式的称呼，该叫他们为：博士博士哈特曼教授，博士神父戴槁教授，博士魏格林教授。

他们既非常自尊，对自己的工作更看得格外神圣。对工作，他们具有工作狂一般的勤奋。对所从事的写作，抱着纯粹完美主义的信仰。你无法在他们身上发现缺点，因为他只把“教授”的一面面对你。至于他的私生活，你无权得知，也无从得晓。他们不仅代表着知识，而且拥有实际的权力。假如教授给你开具一封介绍信、一封邀请函，那么移民局或大使馆多半会为你将手续办妥。他们在德国是最受尊重的阶层，在讲究等级的德国社会处在耀眼的位置。他们的收入大都比较高，但这不是最重要的。重要的，是他拥有教授的身份。

据说，比起 20 世纪 70 年代前，教授们的尊严已大不如昔。但是，由我所经历的一件小事，还是可以反映出教授的分量。在我居住在美茵茨的时候，美茵茨大学的历史系主任哈特曼教授曾经请我吃过几次饭。老实说，我很怵头与教授一起进餐，因为我觉得局促。但是，盛情难却，也就恭敬不如从命了。后来，我便听到了“没有想到”“真有面子”之类羡慕的声音，而我自己先前却浑然未觉。再往后，我便恭敬而不从命了。

在古代中国，“礼”是一种尊卑等级秩序，它比“法”更严格地规范着人们的行为。德国是一个非常讲究“礼”的国家，由此而造成的社会习惯，大概可用“刑不上大夫，礼不下庶人”来形容。所以，普通德国人极端崇拜权威，而“高尚的阶层”却不会与群众打成一片。我适应了好长一段时间，才习惯于插手站在旁边，看着一位德国老太太呼哧呼哧地每星期来为我打扫一次房间。这样一种“冷漠”，绝不是冷酷，而是“礼”对分工的绝对规范，也是一种教授的派头。

不过，我所钦佩于这些教授的，绝不是他们的派头，而是他们的正直、廉洁和对工作一丝不苟的严谨精神。戴犒教授掌握着很大一笔经费，但顺理成章的是，他只会公事公办，绝不会徇私枉法。他曾经开着汽车，带我到波恩去查找资料。回来后，我随意写了一个简单的小东西，并未特别在意地交给他。后来，他把那个小东西又交给我。我才发现，他做了非常认真的修改。其仔细的程度，让我十分敬佩。回国后，我每年都收到研究所的年鉴。

一般说，德国人很少对人品头论足。他们只说某某人如何好，绝不会议论某某人如何坏。对人，他们很少做价值判断。假如说他对某人有了负面看法，他可能只会说此人如何与众不同，却不会直言其奸。德国人的这种特点反映在教授们身上，常常需要你去听话听声、锣鼓听音儿，仔细体会。德国的教授们无疑也分帮分派，但是，假如你不是一个仔细的人，很难分辨出亲疏远近。

只有在学术讨论会上，教授们会激昂地当仁不让，如同议会争辩。有一次，我看到哈特曼教授与另一位教授在会上你来我往地激烈对阵，让我感觉那完全不是平时的哈教授。而他几位学问甚好的博士生，都态度坚决地站在老师一边。

（本文部分内容原刊于《北京党史》2004年第4期）

感受Dom

窗外就是著名的美茵茨大教堂（Dom St.Martin），人们叫它 Dom。Dom 的规模仅次于排名世界第三的科隆大教堂，在德国排名第二。1995 年，我曾参观过 Dom，想不到几年后竟与它日夜相伴达一年多，每日聆听从教堂塔楼传来的声调不同、含义有别的钟声，每夜都在撞击中入睡。

美茵茨是一个天主教城市，也是历史悠久的罗马古城。如今人们还津津乐道的，是德国历史上只有七个选地侯，七个选地侯中，又以美茵茨、科隆以及马克思家乡特里尔的选地侯地位最高，因而在这三个城市，都有骄人的 Dom。Dom 不仅代表着宗教，而且代表着政治权势，是城市往日辉煌历史的见证，是城市的标志性建筑，如今更吸引着世界各地的旅游者。

其实，美茵茨差不多有三十座教堂，无不值得探访。不过，相对于 Dom，因为它们规模小，又遍布在城区各处，便被匆匆而过的游客忽略了。这就像是人们游览科隆，下火车便见到大教堂，却忘记了大教堂的各位小兄弟。唯一的例外，或许是距离 Dom 并不太远，建于 14 世纪的“史代繁”（St.Stephan）教堂。第二次世界大战中，美茵茨差不多给炸烂了，“史代繁”被毁非常严重。如今，人们来参观这个教堂，不是为凭吊战争遗存，而是为看它的彩色玻璃。玻璃上的彩画是一位叫马克·夏噶尔（Marc Chagall）的人绘制的，故称为“夏噶尔窗户”。这个人非常著名，绘制的玻璃据说是他最后的作品。有人告诉我，他是个犹太人，恨德国法西斯之发动战争，屠杀同胞，故拒绝教堂的聘请。后来为教堂的诚意感动，才以生命绘制了这最后的艺术。那彩画的基调是蓝色的，带有某种神秘感。据懂艺术的人说，坐在教堂里，对着玻璃凝视上一天，会把心肝洗干净，让自己成为一个抛弃了污浊的人。我承认，自己从不曾生出这种感觉。

而美茵茨 Dom 的历史，可以追溯到一千年前。据说，它的最初建造，乃始于公元 975 年，也就是大主教“魏儿寄死”（Erzbischof Willigis）当家的时候。到 1236 年，基本完工。其后，又不断扩建，直到 18 世纪，才成为我们今天所看到的样子。用几百年时间建成一座教堂，在欧洲稀松平常，毫不新鲜。

目前保留下来的那灰白色的角落，就是 Dom 最早的样式。如今，这座罗马式的庞然大物，与施排亚（Speyer）、沃尔姆斯（Worms）两座城市的教堂一起，被誉为父亲河“莱茵”岸边的明星，罗马建筑的瑰宝。施排亚大教堂是著名的皇帝大教堂，以埋葬许多德国历史上的皇帝而著名，石头建筑，通体乳白色；红色的沃尔姆斯大教堂以藏有 13 世纪德国史诗《尼伯龙根之歌》的古老石刻而享誉全德。而美茵茨 Dom 四周的墙体也都是红色，只是比沃尔姆斯教堂的颜色要淡得多。塔顶则为黑色瓦片粘贴而成，顶部的十字架以黄金铸就。有两个钟楼，一个圆的，一个八脚的，全都挺胸昂头，以最尖端的顶部指向蓝天，仿佛在询问宇宙真谛，又仿佛代表人类向大自然诉说着什么，让人想到著名的西西佛神话。

当然，我们只能看一些表面的东西。建筑呀，壁画呀，

德国美因茨市

雕刻呀，等等，都非常精美。德国人把这些叫作“装饰”。没有装饰的教堂，就仿佛没有衣服穿的穷光蛋。而装饰，是由历史凝结成的。美茵茨 Dom 的装饰，反映了 13 至 18 世纪的艺术风格，也附载着历届主教们的历史，是宗教艺术的珍品。而我们看不到的，是教堂中收藏的大量历史文献。其中，就有来华传教士寄回的信件。

Dom 的装饰，让我想到中国的庙观。庙观里怪力乱神杂陈，而教堂虽然也画着许多血淋淋的宗教故事，但主角无不是人的形象。北京的东岳庙，属于道教，供奉的大都不是人，而是怪物。承德避暑山庄外八庙供奉的，也多是牛鬼蛇神。北京和西藏、青海的喇嘛寺，这种图腾化特征就更明显了。而教堂里的宗教故事，无论多么神化，却不脱人的样子，就像希腊罗马神话之所表现，神也照样是人性化的，有人的喜怒哀乐，七情六欲。这就使人想到一个差别，即宗教不同于迷信。

宗教与迷信的关系，是一个艰深的理论问题。我们在欧美游览，最常去的地方便是教堂。但是，我们最不了解的，也是教堂。我们只看到一些外表的“装饰”，感受到教堂的阔大，对其内涵实际并不了了。但是，真正要走进欧美文化的深处，不了解教堂的深刻隐含是不行的。

迷信重在对信仰者进行恐吓，如来世变牛变马；宗教则重在对人进行抚慰，如祈祷、忏悔。出发点本自不同，其他当然也就相异。就像钟声，我们是由外向里撞，他们是由里向外荡。撞出来的声音雄浑厚重而不免笨拙，荡出来的声音清脆响亮而略显单薄。“姑苏城外寒山寺”，与巴黎圣母院的敲钟人，那是两种风格，很难把它们捆绑到一处。如今，钟是不必敲了，代之而起的是精确的电子定时。每隔 15 分钟，Dom 的大钟必叮当两下，正点时分便先小声叮当数下，然后一下下把时间传到人的耳鼓。到星期天，所谓安息日，德国的城市全部成了死城，连个人气儿都难嗅到，Dom 的钟声却最繁忙，发出仿佛风琴一样的声音，高低起伏，抑扬顿挫，让人想到中国琵琶奏出的“十面埋伏”，在繁乱中带着急迫和焦虑，而又有几分从容和果断，在悠扬中夹带着紧张，在变化中呈现着定数，而最终慢慢地沉寂，就像是人死前倒气似的归入虚无；接着，时间指向定点，它便干脆利落、节奏分明地叮、叮、叮、叮……

美茵茨人离不开 Dom。这个奇特的建筑物早已超越它的宗教性，成为德国文化和社会生活的浓缩。Dom 的南面，是所谓“老城”，步行街，遍布咖啡馆。北面，是 Dom 广场。东面，是市政厅、大赌场、莱茵河。东北角，是世界规模最大的古腾堡印刷博物馆（Gutenberg-Museum），收藏有世界上版本最老的《圣经》，时间是 1452 到 1455 年，价值连城。西面，是州音乐厅和席勒广场，地中间是一条北纬 50 度穿越城市的标志线。东西南北四周，还有许多商店、饭店，包括中餐馆。再向四周扩展，就是四季常绿的城市花园了。整座城市，被花园包裹着。

平时，Dom 广场是美茵茨人最集中的活动场所。这里有星期市场，也就是中国人所谓“早市”，始于 16 世纪中期。人们可以在这里买到新鲜蔬菜、水果以及蜂蜜、面包等，大概还带有某种延续历史的味道。市场的蔬菜一般比正规市场要贵一些，但品种多，品质新鲜。有时，还能买到中国人喜欢吃的韭菜。广场中间有个泉水铁柱，1526年建造的，据说是德国最著名最古老的泉水柱子。

这里又是各类文艺演出和世界各地的卖艺人撂交挣小钱的地方，像是老北京的天桥。几乎每个星期，广场上都有露天文艺演出，有些演出还是某些国家的文艺团体带来的，水平很高。至于三三两两的自唱自吟，更是难于缕述。坐在房间里，听广场上传来音乐和歌声，不免总要下楼瞧瞧。每当这个时候，广场四周便搭建起密密的商亭。要一杯啤酒，看着文艺演出，开始还觉得新奇，久了也就感觉那么回事。而平日里死气沉沉不出声儿的德国人，这时却特别能折腾，往往毫不吝惜地发出震耳的轰鸣。这种轰鸣，以冬日里的狂欢节最为野性，最为持久——要知道，美茵茨的狂欢节，其规模和持久仅次于科隆。音乐声夹杂着 Dom 的钟声，还有各色人种的嬉笑声，拍手声，舞蹈声，歌声，加上五彩的服装，游行的长队，走不完的彩车，抛洒在空中的糖果，混成一片。给我印象最深的，是一对德国老人，穿着类似美国西部牛仔式样的衣服，从汽车上搬下全套电子音乐设备，在路边摆两个红色塑料警示标牌，不间断地唱了一个上午乡间歌曲。还有四个大学生模样的青年，穿着正儿八经的黑色燕子尾巴演出服，一首首地演奏我们熟悉的世界名曲。又有四个印第安人，一边放录音，一边吹奏排箫，悠扬，长久，神情木然，满脸褶皱，叫人心酸。四周聚散无常的人流，或正儿八经地鼓掌，或一眼不瞧地走过去。这时，你会感到德国人那种强烈的民族自豪感和不管不顾唯我独尊的自我意识，他们自己会说，你看，我们是很随便的，而其实，他们的“随便”是受了某个单一文化或精神的支配，借哲学术语说，此乃“一”下之“多”、“理”下之“分”。

然而这是人的世界，不管有多少不同，人的世界，其本性，永远是相同的。

（本文原刊于大连《海燕：都市美文》2005 年第 4 期）

20世纪70年代后的西方史学理论

邓京力教授等学者撰写的《近二十年西方史学理论与历史书写》(中国社会科学出版社，2018年)，对人们了解当代西方史学理论的最新情况提供了便利。我们知道，类似书籍已经出版多种，既有翻译作品，也有原创作品，但邓京力教授的著作依然有其鲜明特色。对西方史学理论的最新成果，作者的态度既不是不加分析地照单全收，也不是不讲道理地一概排斥，而是采取了细读、分析、比较、对照、批判的科学态度和方法。

邓京力等著《近二十年西方史学理论与历史书写》书影

本书有好几处地方都提示了“20世纪六七十年代”的界标性。书名所谓“近二十年”，其最直接的时间比照节点，就是这个“20世纪六七十年代”。更贴近地说，亦即20世纪70年代。对于当代西方思想与学术思潮而言，这或许是最重要的一个时间界标。这个时间界标到底重要到怎样的程度？书中也在若干地方作了提示，不过最具有形象感因而也最亲切的一个提示，出现在对吕森的访谈中。吕森表示，在向传统挑战和断裂的号称“创立新世界”的那个70年代，德国历史研究陷入危机，而史学理论研究迎来了“全面辉煌的时期”；吕森这一代学者，恰好在那个时期成长起来，成为教授，“并且力图开创一个史学研究的新时代”（第287页）。

吕森的回答，当然只是一个小小切片，却是一个真实映照。如果更宽泛地浏览一下20世纪70年代前后的西方，会罗列出许多具有标识性的文化事件，其中既有重大史学事件，也有与史学发生了重要互动关系的人文事件。例如，沃勒斯坦的世界体系分析学说就出现于70年代，[①]年鉴学派则在70年代发生了从地窖（经济、人口）到顶楼（上层建筑）的更迭，[②]语义学在70年代重新获得活力，[③]海登·怀特的《元史学》与克利福德·吉尔茨的《文化的解释》均出版于1973年（第29页），等等。最终，这些文化事件汇集成为巨大合力，也就是凝聚成为一个共同分母，让我们看到，到90

①沃勒斯坦著，刘琦岩、叶萌芽译：《否思社会科学：19世纪范式的局限》，北京：生活·读书·新知三联书店，2008年，第309页。

②彼得·伯克著，刘永华译：《法国史学革命：年鉴学派，1929—2014》，北京大学出版社，2016年，第108页。

③约翰·V.康菲尔德主编，江怡等译：《劳特利奇哲学史》第十卷《20世纪意义、知识和价值哲学》，北京：中国人民大学出版社，2016年，第13页。

年代，西方的人文学界，似乎在整体上都诗学化了。借用罗蒂的概括说，就是一切珍贵的标准的老“哲学问题”，都被显示为我们心爱的诗歌和小说中的隐蔽程序了。[①]落实到历史学上，则如本书之所概括：“解构主义特别突显了历史学的诗性特征，包括揭示历史叙事的修辞性、历史话语的流动性与历史知识的美学特质。”（第 60 页）

由此可知，我们要研究 21 世纪的西方文化、学术或思潮变迁，包括研究近 20 年西方史学理论与历史书写在内，至少要从 20 世纪的 70 年代开始着眼。本书正是这样做的。依照霍布斯鲍姆的解释，70 年代首先意味着 20 世纪这个极端年代的第二个时期的结束，也就是二战结束后 25 年至 30 年所谓黄金时期的结束。霍布斯鲍姆认为，二战后的短短数十年光明“对人类社会造成的改变，恐怕远胜任何长度的历史时期”。此后，便进入了“动荡不安”的 70 年代以及“伤痕累累”的 80 年代。他说：“1973 年后 20 年间的历史，是一页世界危机重重、失去支点大举滑入不安定的历史。”[②]

霍布斯鲍姆的概括，是针对 20 世纪的整体特点而发出的，却让我们感到更像是点出了后现代主义的“扼要”。他还说：“过去的一切，或者说那个将一个人的当代经验与前代人经验承传相连的社会机制，如今已经完全毁灭不存。这种与过去割裂断绝的现象，可说是 20 世纪末期最大也最怪

①理查·罗蒂著，李幼蒸译：《解构和回避——论德里达》，见《哲学和自然之镜》，北京：生活·读书·新知三联书店，1987 年，第 400 页。

②霍布斯鲍姆著，郑明萱译：《极端的年代：1914—1991》，北京：中信出版社，2017 年，第 7、494 页。

异的特色之一。”[①]我们也可以说，后现代主义是20世纪后半期西方文化与文明中极大也极怪异的特色之一。用伊格尔顿的话说，后现代主义涵盖了从某些建筑风格到某些哲学观点的一切事物。[②]它带来了思想震撼，也带来了新的犬儒主义。

总之，我们今天所看到的西方文化领域的所有场景，都直接与20世纪70年代所开启的新变化具有逻辑上和事实上的连贯关系。就历史学来说，诚如本书之所揭示，70年代之后，“西方历史哲学和史学理论的发展经历了重要的转变，其核心内容表现为后现代主义对现代史学的理论基础与原则提出了全面的质疑和挑战。20世纪90年代以后，后现代主义的影响从哲学、理论的层面日益渗透进历史研究的实践领域”（第83页）。与之相伴，微观史学由产生而达于鼎盛期（第205页）。要对当今的西方文化现象辨章学术、考镜源流，就需要将70年代以来的一脉相承性梳理清楚。

我们在这里强调70年代的重要性，还有一个重要考量，即中国的改革开放，是从70年代后期开始的，总体上也可以划入70年代的范围。尽管有一定时间差，但大体上依然可以说，西方70年代后的新转型，总体上与中国改革开放的时间同步。这样，经过40年的发展和沉积，会发现，包

①霍布斯鲍姆著，郑明萱译：《极端的年代：1914—1991》，北京：中信出版社，2017年，第3页。参看本书第87页的概括：后现代主义“强调过去与历史之间绝对的断裂”。

②特里·伊格尔顿著，华明译：《致中国读者》，见《后现代主义的幻象》，上海：商务印书馆，2016年。

括史学理论在内，西方新转型所带来的许多理念、思想乃至视角、方法，已经深深地介入当代中国的文化中来。这种介入的基本韵律，基本上说是越来越浓重。那么，它的具体情形如何呢？我们欣喜地看到，邓京力教授在这本著作中，试图通过对几部汉学著作的分析，具体而微地揭示“后现代方法在中国史领域的适用性”（第 187 页），指出 90 年代后，在美国史学界“出现了一些明显具有后现代倾向的中国史研究”（第 188 页）。其所带来的后果，便是所谓线性进步史观、民族国家观念、科学理性观念等被打破，代之而来的是“以全球史为背景的多元现代性的中国史”（第 201 页）。书中提出：“也许后现代主义对于中国史研究的最大意义在于，它正在考验我们对自身已有的知识理论的批判反思能力，考验我们是否极其自觉地意识到我们身处的局限；同时，它也考验我们在摆脱中心主义、普遍主义的全球化的现实面前，进行多元文化的建设能力与创造力。”（第 203 页）作者所给出的正面意见是：“当代中国史学应当可以摒弃各种偏见，将后现代的挑战视为一种自我反省和提高的机遇，既坚持自己的理论立场并发挥传统优势，又继续保持一种开放和大度的理论视野，力求在更高层次上整合多种思想资源，走出一条深具底蕴而又带有自身风格的新的史学发展道路。”（第 204 页）

始于 70 年代的西方文化，经过二三十年演变，到 90 年代和世纪之交，又有新变化。这些最新变化，较之 70 年代的状况，更加值得关注。这不仅因为它距离我们最近，而且由于中国改革开放的不断扩大，其中许多文化事件，已经直接与我们相关。邓京力教授这部著作，就集中对近 20 年来西方史学理论所发生的“整体性变化”、提出的新问题，作了比较全面的揭示。其中涉及的一些国际大牌学者，不仅到访过中国，而且与一些中国学者开展共同研究。

在书中，邓京力重点围绕后现代主义的基本命题及其所衍生的相关问题，从理论趋向、史学理论家、历史书写三个层面，作了多方向合围性的介绍和评析。它虽然以史学史的梳理与分析为基础，本质上却属于史学理论研究。因为，书中所关涉的内容，核心在于历史学的理论基础，亦即历史学的性质。正如书中所说，“西方史学界比以往任何时候都更加关注历史学自身的理论及其对历史书写的影响，更加积极地对历史研究的性质、原则和方法做出反思”（第 31 页）。因此，它所涉及的不是枝节末叶的技术问题，而是足以颠覆人们以往所认为天然合理的历史学的学理基础，“直接触及了现代西方史学长期建立起来的核心观念和主流范式，影响到历史研究中那些既有的史学规范和传统”。“让史学家隐约听到了自己学科的丧钟。”（第 31 页）因此，带有釜底抽薪的属性。关注、研究与回应他们，是因为“其中孕育着 21 世纪新的史学理论体系的构建”。中国的史学理论研究者，如果不关注这些问题，就必然处于盲人骑瞎马的状态。

关于后现代主义挑战的后果，作者认为总体的趋向是，一方面，它的积极方面被强烈地得到吸收，另一方面，其局限性被克服，由此出发，西方史学在“探寻可能容纳多种视角与方式的、更具综合性”的发展道路，“融合现代主义与后现代主义的历史视角，即运用后现代主义的理论锋芒消解现代史学的顽疾或弊端，同时又试图以现代史学的成熟体系规训后现代思想的割裂、叛逆、非理性等极端特征”（第 46 页）。就书中所介绍的立场和观点而言，我觉得，伊格尔斯和吕森的中间立场和见解，应该更能够得到中国学者的认同。书中关于后现代主义并没有过时，也没有被超越，而是在很大程度上被内化了的观点，我认为都是很切实的结论。

总之，我对这本书持积极肯定态度。如果提一些建议，我认为，考察当代西方史学理论的发展，必须与当代西方哲学、诗学等领域的考察紧密结合起来。可以这样说，当前西方的重大学术思潮，都没有明晰的学科边界，而是充满了相互渗透和撩拨。史学理论既受制于这一整体状态，也是这一整体状态的共谋者。比如关于微观史学，或如其批评者所称的那样，碎片化的史学，其理论基础，显然来自海德格尔的此在哲学。再如，关于思想史研究中作者意图、生平与其文本的关系问题（第 73—74 页），即与巴特等人所极力主张的“作者之死”“意图迷误”等主张不可分割。关于文本与社会的相关性、对于史学文本的修辞学分析，则与文艺理论领域的形式主义、文本中心论等相关。至于历史阐释与阐释学的关系，就更加不在话下了。所以，相关的论题还可以再拓宽、更深化。

关于《管锥编》的书名

“聪明人答不尽傻子的疑问”(A fool can ask more questions than a Wise man can answer)。这是钱锺书写在白纸上的一段黑字。

1999年1月20日,《北京晚报》刊发一封读者来信,写道:“数年前”,他“有幸见到钱锺书先生,曾谈起《管锥编》的书名问题。钱先生说:‘书名就是书名,姓名就是姓名,没有那么多意思。’”

“没有那么多意思”不等于“没有意思”。至于说有多少意思才叫“多”,依照钱锺书一向推尊的文艺理论观点,当然不妨“作者未必然,读者何必不然”。换言之,仁智异见,保持开放性。

不过,傻子总是把“没有那么多意思”理解为“没有意思”。倘若书名、人名没有任何意思,试问,你信吗?然而,当有人追问“管锥编”三字是什么意思的时候,傻子却跳出来,对解答者“广阔的联想和深入的索隐能力”“惊讶不已”,嘲笑解答者“布八阵图”、做“暗扣儿”,用“种种无稽之谈,或把读者引向索隐的歧途,或使读者更将《管锥编》视为畏途”,是属于“‘凿空索隐’的臆测”云云。

钱锺书著《管锥编》书影

傻子的疑问，确实比智者能够回答的多得多。

“书”如同“孩子”，起名字是一件很重要的事情。“阿猫”“阿狗”“铁蛋”“石头”，都是有寓意的。这是常识，还需要论证吗？

那钱锺书为什么回答“没有那么多意思”？我们只能说，面对傻子的提问，智者才懒得搭理。

《管锥编》是钱锺书的学术代表作，1979 年 8 月由北京中华书局出版。当时共出版四册，后来又加上一册订补，共五册，大约有一百万字。按我的肤浅理解，书名“管锥编”应该有三层意思。

第一，暗藏着“钱锺书”的名字，是“钱锺书集”的意思。

钱锺书的笔名叫“中书君”，而“中书君”是“笔”的意思。中华书局版《谈艺录》补订本第566页说，韩愈曾经以“中书君”代指“笔”。“管锥编”的“管锥”二字，也是“笔”的意思。韩愈《毛颖传》、欧阳修《新五代史·史弘肇传》表明，“笔”还有两个名称：“管城子”“毛锥子”，简称作“管”“锥”。这样一换算：“管锥”就是“笔”；“笔”就是“中书君”；“中书君”是钱锺书的笔名；因此“管锥编”便具有了“钱锺书集”的意思。

钱锺书以笔的名字作笔名，又以自己的笔名换算作书名。这就是里面的暗扣。“笔”的特点是“锺书”，“锺书”又与“中书”同音。汉代学者刘向校雠中秘藏书，有所谓“中书”“外书”的区别。所以，“管锥编”三字，让人“联想”到读尽天下秘籍、考镜学术源流的方面。

第二，“以管窥天，以锥指地”，既表示自谦，也表示自负。

按《庄子·秋水》，魏公子魏牟教训公孙龙：“子乃规规然而求之以察，索之以辩，是直用管窥天，用锥指地也，不亦小乎！”意思是说，你琐琐碎碎地去辩论，真好比是用竹管去看天，用锥子去量地，不是太渺小了吗？《说苑·辨物》《史记·扁鹊传》《韩诗外传》等都使用了这个比喻。“管锥编”也不过是以管窥天、以锥指地。基于这个认识，钱锺书曾表示，《管锥编》的英文译名可以叫作“有限的观察”，再加个副标题——“关于观念与文学的札记”。

不过，这里又含自成一家、独得其乐的意思。《庄子·秋水》说，井底之蛙不知道井外的世界之大，却独占一坑水，独据一口井，自得其乐。钱反用该典，在自谦中含有自负。钱的号是“槐聚”，出自元好问两句诗：“枯槐聚蚁无多地，秋水鸣蛙自一天。”也正是“管锥”二字的意思。

第三，以具体显现共相，表示一种方法论。

“管”“锥”是具体，“天”“地”是共相。“以管窥天，以锥指地”，就是通过对具体微观问题的阐释，揭示宏观性论题。换言之，就是从眼角眉梢看情感、从麦浪麦梢察风向、透过沙粒听海浪。常听人说“全息理论”，从手指头查看心脏病，大概就是这个意思。“草色遥看近却无”，是体系化方法，看出了春天；“红杏枝头春意闹”，是具体显现共相的方法，同样看出春天。但是，后者有了形象，有了具体的事物，比前者多出了具象。《管锥编》是后一种形式。它不是没有体系，而是一种蕴涵在具体中的体系。假如“体系”垮掉，形象、具体的事物、材料等等还在，不至于像黑格尔体系那样“死狗般地”被抛弃。老黑的体系垮了，剩下的也还是些具体的东西。所以，钱先生说，他采用的是现象学方法。什么是现象学的方法？就是走向事情本身，在意向性指引下，以具体显现共相。有学者论述钱先生的“单位观念史学”方法，有学者说钱的方法是“以实涵虚”。我想，“管锥编”的书名对此均有所暗示。

《管锥编》这部书，仿佛诸葛亮布八阵图，暗扣儿甚多。它不是“没有那么多意思”，而是有许多意思。读者稍不留心，便陷入文字的迷误之源。钱锺书喜欢搞这一套。搞不懂这一点，觉得钱锺书本人既说“没有那么多意思”，当然就等于“没有那么多意思”；诚可谓死句参禅、死在句下，正为尔曹设。

需要讲明白，对“管锥编”三字做解释的学者，至少有夏志清、柳存仁、高阳、陆文虎。我这里参考了他们的文章。他们绝不是做什么“无稽之谈”！作无稽之谈的，乃是尔曹。

钱锺书与法国

钱锺书去世后，法国总统希拉克特意发来唁函，对钱先生的过世深表哀悼，并说："在钱锺书先生的身上体现了中华民族最美好的品质：聪明、善良、开放和谦虚。法国深知这位20世纪的文豪对法国所作的贡献。""自30年代钱锺书先生就读于巴黎大学时，他就一直为法国文化带来荣誉并让读者分享他对于法国作家和哲学家的热爱。他极大的才情吸引了他的全部读者。""其作品的法文译本，无论是短篇小说，长篇巨著《围城》，还是评论研究都被我国广大的读者视为名著，受到他们的欢迎。""我向这位伟人鞠躬致意，他将以他的自由创作，审慎思想和全球意识铭记在文化历史中并成为对未来世代的灵感源泉。"

从1937年秋至1938年夏，钱锺书在法国巴黎大学注册学习与研究一年。与他留学的牛津大学相比，巴黎大学的学风比较宽松自由。钱锺书原想读学位，后又打消了念头。尽管他有条件在法国延长一年，但那样很可能碰上战争。一旦打仗，恐怕就很难回国了。所以，他在法国只小住了一年。那时，在法国的中国人很多，有勤工俭学的，有留学生，还有来访问的，其中与钱锺书有过交往的主要有向达、王辛笛、徐訏、盛澄华、罗大冈等人。据杨绛回忆，小说《围城》中的人物褚慎明即取材于这一时期在法国的相识。

钱锺书在法国的留学经历，使得法国人对钱锺书有一种特殊感情。不过，法国学者最钦佩钱锺书的，还是他对法国文化的深入理解和渊博学识。小说《围城》的书名，就脱胎自法语“被围困的城堡”(fortresse assiegee)，意思是说“城外的人想冲进去，城里的人想逃出来”，反映了人性的盲目与混乱。钱先生另一部未完成的长篇小说《百合心》的书名，也脱胎于法文成语(Le coeur d'artichaut)，意思是说人心就像一只百合，总是层层剥落，最后成为虚无。钱先生在《谈艺录》的补订本里曾经引用过法国当代文论家罗兰·巴特(R.Barthes)《风格及其影像》中的一个论断，说诵诗读书都不应局限于文字表面，即死在句下，而应超越文字表面，去领会文字背后的精神蕴含，但是由文字组合而成的“本文”有一个特点，就是其结构“犹玉葱层层剥揭，内蕴核心，了不可觅”。这样一个思想，法国哲学家德里达(J.Derride)在《写作与差异》中也有过类似的表达。前几年颇引起我国读书界关注的英国小说《小世界》，以脱衣舞作比喻，也说读书就像是看脱衣舞，就在于看对方如何脱，而不在于看其脱下，因为对方一旦脱下，也就没有什么意思了。

钱先生非常看重这些当代西方思想家的著作。尽管他并不赞同这些思想家的思想体系，却非常重视他们的某些具体论断。“百合心”这个书名，就颇有后结构主义的味道，也就是更强调过程和结构，而不是强调实质与结果，因为结果与实质总是随着结构的剥落过程消失掉。换言之，根本就没有什么结果，结果就在结构当中。而且，结果的找到，意味着认识的终结；认识终结了，还有什么意思呢？所以，钱先生在小说《围城》里稍稍讽刺了一下顾颉刚先生的“古史辨”研究，因为“古史辨”的目的就是要找出中国古史层叠累积的最终结果，找出其原因和真相，胡适称之为“剥笋”式研究。这种研究方法，从认识论角度看，与“百合心”所透露出来的思想是矛盾的。

钱先生的法文造诣非常高。他常常通过对一些法文字词和成语的辨析、运用，提示出其中的思想意义，造成一种奇异的修辞效果。“围城”和“百合心”的运用，就属于这种情况。再比如，形容一个人过分地弯腰鞠躬，他就说那得用法国俗语所谓肛开臀裂（saluer Cul ouvert）。为了说明好事多磨只是个把钟头的玩意儿，他便说，在旧书铺里买回来维尼的《诗人日记》，看到其中一条有趣记载：在法语里，喜乐（bonheur）这个名词是“好”和“钟点”两字拼成的。形容某个女人身体消瘦，他引用法国戏剧家贝恩哈特（Sarah Barnhardt）的话，说“腰身纤细得一粒奎宁丸吞到肚子里就像怀孕”。形容饿肚子，他说：法国人所谓“长得像没有面包吃的日子”还不够亲切；长得像没有面包吃的日子，长得像失眠的夜，都比不上因没有面包吃而失眠的夜那样漫漫难度。

看得出，法语文化确实是钱锺书文学创作的重要灵感源泉，也是他知识系统中的重要组成部分。他将许多法语文化运用到中文写作中，可以说是达到了真正的“化”境。在

《围城》里，钱先生让苏文纨这位法国里昂大学的女博士用法语来同意中人方鸿渐谈情说爱，因为靠着外国文来表达爱，正像政治犯躲在外国租界里活动，既安全又可靠。可是方鸿渐并不爱这位虽研究法国文学却作了一篇《中国十八家白话诗人》论文的高贵女博士，有一次竟然急得讲起抽去了脊骨的法文："苏小姐，咱们讲法文。我——我爱一个人，——爱一个女人另外，懂？原谅，我求你一千个原谅。"为表达放浪女人鲍小姐的南洋口音吐字不清，他写道："东坡"两个字给鲍小姐南洋口音念得好像法国话里的"坟墓"（tombeau）。在这样的描写中，法语成了制造情节冲突、营造修辞效果的极佳工具。

《围城》开篇的那条白拉日隆子爵号（Vicomte de brageloone）轮船，就是一条法国邮船。而 1938 年钱先生回国时乘坐的阿多士Ⅱ（Athos Ⅱ）号，也是一条法国邮船。在小说里，钱锺书特意描写了船上的法国人，说有几个新派到安南或中国租界当警察的法国人，正围着一位年轻善撒娇的犹太女人调情。这时，钱锺书便在小说中抒发议论，写道："俾斯麦曾说过，法国公使大使的特点，就是一句外国话不会讲；这几个警察并不懂德文，居然传情达意，引得犹太女人格格地笑，比他们的外交官强多了。"

正如西拉克总统的唁函所说，钱锺书确实对许多法国作家和哲学家非常热爱。他对法国文化的掌握了解，达到了令人非常吃惊的程度。中国社科院外文所的法国文学专家罗新璋研究员曾经对笔者说，钱先生著作中提到的许多法国文学作品，他这位法文专家有许多都没有读过，甚至有些都没有听说过。罗先生说，《中国文学》杂志法文版创刊时，涉及中国古典文学的翻译，全都请钱先生审核。有一次，法文专家巴农改了一处柳宗元散文的钱先生译文，钱先生说，他改错了，这是“oxymoron”（矛盾修辞法），不宜粗线条处理。第二天巴农查了字典后承认，过去自己并不知道这个修辞术语。又据社科院的赵一凡博士讲，钱先生对法国伏尔泰等的哲理小说就具有浓厚兴趣；要了解钱先生的哲学观和人生立场，伏尔泰的《老实人》不可不读。

据笔者对钱先生各种论著的阅读，知道罗、赵两位先生对钱先生的论述确实不虚。例如，1947 年钱先生在储安平主编的《观察》杂志上发表过一篇评论，其中辨析了英文的“存在主义”一词，说他自己有一部雅斯贝尔斯 1938 年出版的《生存哲学》，比萨特的《存在与虚无》、卡缪的《希齐夫对话》要早四五年，“近来克尔凯郭尔、海德格尔的著作有了英译本，这派哲学在英美似乎也开始流行”。这段话虽不是专讲法国，却也说明了他当时对法国存在主义哲学的了解程度。在比较法德两国的文化观念时，他说：“在法国文评家眼里，德国文学作品都是浪漫主义的，它的古典主义也是浪漫的、非古典的；而在德国文评家眼里，法国的文学作品都只能算古典主义的，它的浪漫主义至多是打了对折的浪漫。德、法比邻，又同属于西欧文化大家庭，尚且如此，中国和西洋更不用说了。”他又说，法国大革命时，党人都赶着仆人叫“用人兄弟”，而读了法国七星派诗人的十四行诗，就应知道使他们颠倒的都是些黑美人。

甚至连法国漫画，他都予以关注。在一篇文章里，他曾说，19 世纪法国有四幅有名的漫画，其中第一幅是国王路易·菲立蒲的肖像，在第二、三幅里他的面貌循序渐进地接近梨子的形状，结果成为第四幅里一颗带叶的梨子。这种漫画化的手法，钱锺书在小说中经常运用。例如在小说《猫》里，他借某角色的话来描绘主人公李建侯的身材，说他假如生在 16 世纪的法国，其身段的曲线美就会使许多女人倾倒爱慕，不拿薪水也愿意当他的女秘书。因为那时候的漂亮男女，都得把肚子凸出，法国话好像叫 Panserons，鼓得愈高愈好，跟现代女人的束紧前面腹部而耸起后面臀部，刚好相反。李建侯算得上是法国古代的美少年。

尽管钱锺书非常热爱法兰西文化，但对法国人的某些品行却很不以为然。《围城》里有句名言："法国人的思想是有名的清楚，他们的文章也明白干净，但是他们的做事，无不混乱、肮脏、喧哗。"又说法国人在国际上的绰号是"虾蟆"；法国人有一种迷信：太太不忠实，偷人，丈夫做了乌龟，买彩票准中头奖，赌钱准赢。

钱锺书对法国人的调侃当然是出于开玩笑，读者应有一些幽默感，别当真。法国人对钱先生的这些幽默调侃就颇为豁达，而他们对钱先生的著作，却是非常重视的。1983 年，法国学者皮埃尔·里克曼斯率先用法语介绍了钱锺书关于诗与画关系的著名文章。三年后，法国人出版了《诗学五论》，收钱锺书《中国诗与中国画》《通感》《诗可以怨》《宋诗选注序》与《谈艺录》开篇的《诗分唐宋》。这册书笔者在德国的书店里曾经见过。书的前言说："如果没有钱锺书，没有他在北京清华大学与社会科学院文学所多于四分之一世纪的工作，中国文学的未开化状态恐怕会持续好多年。”又说钱锺书的著作能够“引导我们进入诗人的心灵和诗的王国，从而使我们叹为观止”。

《围城》的法文译者是塞尔望-许来伯女士（Sylvie Servan-Schreiber）。法国学者对这部小说给予很高评价。阿兰·帕诺伯的文章说，钱锺书的名字在西方足以与鲁迅、茅盾、老舍、巴金相提并论。法国汉学界早已熟知钱锺书。西蒙·莱斯断言，钱锺书无可辩驳地是中国文坛最引人注目的、最出色的人物之一。其他中国小说所缺，却为《围城》所有：它形式完整，严谨的结构使各章混成一体；它气势雄浑，凝重集中，从日常琐事中提炼出了宏伟的画面，铺排成连绵的故事。钱锺书以其渊博的学识，凭借其贯通中西学典籍的功力，大胆而出色地向读者对照比较。故若不借助于这位专家中的骄子的启蒙去涉猎中国文学批评，实乃一大憾事。有的法国学者甚至呼吁：应该授予钱锺书诺贝尔文学奖。

（本文原刊于《齐鲁晚报》1999年1月13日）

“围城”与“百合心”

钱锺书常常通过对中外语言字词和成语的辨析、运用，揭示其中的修辞机理、思想意义，造成一种奇异的认知效果。长篇小说《围城》与《百合心》的书名，就验证了这一点。

按照小说的提示，“围城”一词脱胎自法语“被围困的城堡”(fortresse assiegee)，意思是说“城外的人想冲进去，城里的人想逃出来”。这个解释出自留法女博士苏小姐之口，想来不会错。小说中的哲学家褚慎明则讲英国哲学家罗素也对他谈过这个意思，不过用的比喻是鸟笼。罗素引用一句英国古话，说：“结婚仿佛金漆的鸟笼，笼子外面的鸟想住进去，笼内的鸟想飞出来；所以结而离，离而结，没有了局。”

钱锺书著《围城》书影

罗素是否对他讲过这个话，不好妄测，不过，据知名学者赵瑞蕻教授说，在钱先生非常喜欢的法国文艺复兴时期思想家蒙田的《随笔》第三卷第五章里，确实说过这样的话：“婚姻好比鸟笼：人们看见外边的鸟拼命要进去，而里面的鸟拼命地想出来。”

“围城”也好，“鸟笼”也罢，由于小说情节主要是围绕着主人公的婚姻与职业而展开，所以，一般人觉得钱先生采用这样一个比喻性书名，是想说明人类婚姻与职业的盲目性。其实，钱先生所要揭示的，当然不限于婚姻和职业，而是揭示人的生存状态，揭示人性的盲目与混乱。人在这样一种进进出出的生存状态中，失去目的性，无论主观意愿如何，客观上只像是无头苍蝇，最终在忙忙叨叨、糊里糊涂中结束了生命。显然，它带有生存论哲学的味道。其实，马克思、恩格斯都表示过，无论怎样说，人类历史终归都如同自然史一样。马恩的意思，是说人类社会具有规律性，这层意思落实到任何一个人身上，都不过是草木一秋。

既然意思一致，为什么小说取名“围城”而不叫“鸟笼”呢？这要联系小说的写作背景来看。小说的背景，就是抗日战争。那时的中国，恰好就是一座围城。据日本学者中岛长文讲，1979 年初他到钱先生家里曾经问起过“围城”这个词的来历。钱先生从书橱里取出一册《史记会注考证》，翻开里面的《鲁仲连传》，然后让他看下面一段话：“吾视居此围城之中者，皆有求于平原君者也。今吾视先生之玉貌，非有求于平原君者，曷为久居若围城之中而不去也?”这段话本来出自《战国策》中的一个著名故事，即《鲁仲连义不帝秦》。故事中说，战国后期，秦国包围了赵国的首都邯郸，有人劝赵国屈服，尊秦为帝；这时有个叫鲁仲连的人站出来，严厉批驳了各种投降论调，坚决主张抵抗，最后终于在外援的帮助下解了“围城”之困。这样看来，“围城”的“当下意义”，也就不言自明。正因如此，日本人对“围城”这个书名非常敏感，竟然在日译本里给小说起了个不伦不类的书名《结婚狂诗曲》。

《围城》是一部优秀作品，但钱先生对它并不很满意。于是，在《谈艺录》出版后，抽空又写长篇小说，取名为《百合心》，中心人物是一个女角。大约已写成两万字。1949年夏天，钱先生全家从上海迁居北京，手忙脚乱中，他把一叠看来像乱纸的草稿扔到不知哪里去了。从此兴致大扫，一直没有再鼓起来。他说：“假如《百合心》写得成，它会比《围城》好一点。”“如果稿子没有丢，心里痒得很，解放后肯定还会继续写。如果那几年给查到，肯定会遭殃！”《百合心》的夭折，当然是一件遗憾的事。

“百合心”的书名，也脱胎于法文成语（le coeur d' artichaut），意思是说人心就像一只百合，总是层层剥落，最后成为虚无。显然，它的寓意很深。

“作者之死”的代表人物罗兰·巴特（R.Barthes）曾提出，诵诗读书不应局限于文字表面，而应去领会文字背后的精神蕴含，但是由文字组合而成的“本文”有一个特点，就是其结构“犹玉葱层层剥揭，内蕴核心，了不可觅”。这是一种解构主义或后结构主义思想，也就是反对本质主义、反对客观主义、反对逻各斯中心主义的主张，突显的是文本中心论，抵抗的是历史背景出发论与作者意图决定论。

“百合心”这个书名，就颇有后结构主义或解构主义味道，钱先生称其为拆散结构主义。显然，它的寓意不限于读书诵诗（即文本解读），而是指向生存论哲学，带有强烈的悲观主义色彩。我们也可以说，整个人生，就是一本书（文本）。那么，这是怎样的一本书呢？钱先生说：“人既然活着，就本能地要活得更好，更有意义。从这点说，悲观也不完全可取。但是，懂得悲观的人，至少可以说他是对生活有感受，发生疑问的人。有人混混沌沌，嘻嘻哈哈，也许还不意识到人生有可悲的方面呢。”看来，人生这本书里写着许多可悲的故事。这些可悲故事的主题之一，就是“百合心”。

百合心，就是没有终极意义，只是过程和层次；如果说有终极意义，也在层次的剥落过程中消失得一无所有。即便你看到了实质和结果，也只意味着认识的终结；终结了，还是一无所有。我发现，钱先生作品的结尾，几乎全都归结为一无所有，即虚无。例如《围城》的结尾是老钟打鸣，“无意中包涵对人生的讽刺和感伤，深于一切语言、一切啼笑”。《上帝的梦》则是上帝伸着懒腰，对着死气沉沉的落日、生意已尽的世界，长长地打着厌倦的呵欠，张大了嘴，好像要一口吞却那无穷无尽，难消遣的光阴。《猫》的结尾是无限地向自己展开的永远走不完（即无结果）的人生路途。《灵感》的结尾是“猜不出”。《纪念》的结尾是偷情与无知。等等。总之，无一不是“百合心”。人忙碌一生，追求这，追求那，最后不过是可悲的一场空而已。我想，百合心的寓意就在这里，也就是《红楼梦》中“好了歌”之所唱。

将这样的人生观运用到认识上，就形成所谓消解的认识论。消解的认识论又可以用来看人生的方方面面。例如，用它来看学术研究，钱先生在小说《围城》里就稍稍驳议了一下顾颉刚先生的“古史辨”，因为“古史辨”的目的就是要找出中国古史层叠累积的最终结果，找出其原因和真相，胡适称之为“剥笋”式的研究。这种研究方法，从认识论的角度看，与“百合心”所透露出来的思想是矛盾的。是不是这样呢？当然也不是再无话可说。

（本文原刊于《新闻出版报》1999 年 3 月 19 日）

钱锺书的生活世界与精神世界

从20世纪30年代开始，钱锺书即已为若干著名知识人士所关注，盛誉有加。20世纪80年代后，随着钱氏《管锥编》《围城》等著作出版，在海内外掀起过一股“钱锺书热”。在众多仰慕、研读钱锺书的学者当中，汪荣祖先生以执着、精进而沉稳的状态，不仅与钱家保持着来往，而且撰写了诸多学术文本。近日，中华书局推出了汪先生《槐聚心史——钱锺书的自我及其微世界》一书的简体字版，应当可视为他40年来研读钱锺书先生的扛鼎之作。

汪荣祖著《槐聚心史——钱锺书的自我及其微世界》书影（中华书局版）

关于钱锺书的话题，自来分为两类。一类谈其为人，一类谈其学问。汪先生的书也分为两部分，内篇谈钱氏其人，谓之“自我”；外篇谈钱之学问，谓之“微世界”。谈钱氏其人，大体以时间为序，依照传记的体例，写出钱的家庭身世、性格特点、生活经历、价值取向种种。当然，其中不免谈及学问，但那已经落入第二义了。谈钱氏其学，则以学科为界，依照主题的特性，写出钱的哲学、文学、诗学、史学。当然，其中同样不免涉及传记，但那已经不是写作的主题了。二者合观，可知汪先生走的还是古人“知人论世”的学术路子。孟子说：“诵其诗、读其书，不知其人，可乎？”这应该就是汪先生的方法论。

关于钱锺书的传记，已经出版许多种，汪先生还有什么新鲜的干货吗？有的。令人印象最深的，是引用了不少钱氏夫妇致汪先生夫妇的信函。这当然是第一手资料。此外，围绕钱氏生平的若干情节，针对学界的相关解读，汪先生有批评、有澄清、有补充、有辩难、有分析，如此等等，都算得值得注意的“干货”。通过这些“干货”，我们不仅能够感受到钱锺书的锋芒，而且能够感受到汪先生的锐利。汪先生的锐利，是他学术活力充沛、学术热情喷射的表现，令我非常向往和钦佩。不过，向往和钦佩之余，我也注意汪先生判断是非对错的标准。对此，我并没有什么结论，只是回想起经典作家关于评价历史人物的基本原则，那就是说，我们在评价一个人的时候，应当把这个人对他自己的想法和品评同他的实际人品和实际行为区别开来，应当把言辞和幻想同他的本来面目和实际利益区别开来，把他对自己的看法同他的真实本质区别开来。恰好，钱先生也表达过同样的意思。他时常引用“心画心声”那首诗，说是要注意“借立言为立德，托垂诫以垂名”的人和事。“脱曰‘文可觇人’，亦须于言外行间遇之矣。”

当然，一切事情都有它个别的情况。钱锺书是否属于“个别的情况”，道理上自然并不排除。不过，一般来讲，假如形式（例如语言的空花幻影）与内容（实际状况）能够完全合一，那学问也就没有存在的必要了。

讲到钱锺书的传记资料，真令人感慨。至少在2000年之前，一些学者致力于发掘这些资料，可谓吃尽苦头。但是今天，当初那些如饥似渴找寻不到的资料却公开摆在了书店，甚至挂到了网上。正如经典作家所说：“从前没有看到的东西现在到处都露出自己的痕迹。”学术就是这样进步着，前人的劳作就是这样被无情地淘汰着。据我所知，目前有几位学者全力搜讨钱氏资料，已经极为丰富和周密，为20年前学界所不敢妄想。这些资料的最大功用，就在于可以与口述资料相互印证。对此，是应该小心注意的。

不过，我们关注钱锺书，毕竟还是因为他的学问。时至今日，进入21世纪已经20年，我们应当把关注点集中到钱锺书的学问上来，看看他的学问样态究竟是什么属性，究竟对于今天的我们具有怎样的启发与借鉴作用。因此，我认为汪先生这部书的价值，主要在外篇。在这里，汪先生以深细的功力，为读者提供了许多精美的内容。例如品评槐聚本人的情诗与情诗论、品评章太炎、论定章学诚，以及诸多具体的论断等，都让我深感精美。不消说，钱先生学问博大精深，汪先生予以评骘，古今东西，关涉极广。一一追讨，势所不能。这里，我只想谈一个根本性的问题，即究竟应当怎样看钱锺书所建构的知识形态。

在书中，汪先生用一定篇幅，讨论了与阐释学相关的问题。关于Hermeneutik这个词，目前有若干种中文译法：解释学、诠释学、释义学、解经学，等等。钱锺书是译为“阐释学”的。汪先生赞同钱先生的译法，认为这一译法“胜于常译之‘诠释’”。这样，钱先生与汪先生也就代表了一派的意见。“阐释”与“诠释”不同。阐者，开也；诠者，具也。前者所重在开放性、多样性，后者所重在固定性、确切性。所以，研究一个人的生平事迹，是“诠”，而研究一个人的学术思想，则是“阐”。由此出发，可以说汪先生这部书的内篇是在诠释钱锺书，外篇则是在阐释钱锺书。由于诠释重在确切性，所以各种争执不断，乃至相互伤害。由于阐释重在多样性，所以不妨各说各的，以至百花齐放。在伽达默尔看来，阐释学虽然发生甚早，但只是从浪漫主义阐释学开始，这一概念才开始具有“理解是此在本身的存在方式”的意义，从而突破了“理解是主体的行为方式”的传统意义。汪先生书中谈海德格尔、现象学，拈出钱氏自谓在国内最早论及狄尔泰等等，均须在上述背景下去理解。

因此，所谓钱锺书的微世界，即为钱氏的精神世界（这正是心史一词的确切意思）。钱氏精神活动之产品，即为其所建构之知识形态。这一知识形态，具有鲜明的精神学科特征。从属性上讲，它是一个阐释的世界。

在任何阐释世界，文本都是阐释者面对的第一对象。对此，汪先生透过钱锺书的阐释活动，为读者提供了一个典范性的案例。结果发现，正如同阐释学所期待和要求的那样，钱锺书总是“在最旧的东西中惊奇地发现了最新的东西”。这些最新的东西既然是“发现”的，那就不是单纯的创造，而是视域融合（钱锺书谓之打通、联系）的结果，是具有主体间性的东西。这些东西，就是既具有相对独立性又具有内在统一性的人类观念。从其独立性而言，它是有“单位”的；就其统一性而说，它是“攸同”未裂的（汪先生强烈反对洛夫乔伊的“单位观念”说，这里无法讨论了）。我认为，钱锺书是一位观念阐释学家，《管锥编》是一部观念阐释学著作。钱锺书一辈子做了什么事？答曰：阐释观念呢！

正如古文经学的知识形态以史学为核心、今文经学的知识形态以义理为核心，钱锺书通过阐释活动所建构的知识形态与精神世界，也有一个核心，那就是诗学。其他种种，均在诗学的普照之下。这就是钱锺书知识论的结构。从结构或层次的意义上讲，所谓槐聚欲以“诗的本体观去打倒史的本体观”，自然是不错的。所谓本体观，即以谁为本、为核心，座次怎样排，不是讲诗与史的界限，当然更不是打倒史。

钱锺书说过，把“诗”认为文学创作精华的同义词，是西方文艺理论常识输入以后的事。理论意义上“诗学”一词，只能如此使用。罗蒂说，20 世纪 70 年代以后，过去那些备受珍视的标准的“哲学问题”，全都被转换为“诗歌和小说中的隐蔽程序”了。这就是所谓“诗学化”。钱锺书最感兴趣的，不就是这些“隐蔽程序”吗？所谓“谈艺录”是也。对此，汪先生同样是有充分揭示的。所以，如果说钱锺书是一位思想家，那只能是罗蒂所谓的教化（edification）思想家，而不是科学的系统的思想家。

钱锺书的微世界，无论在突出历史学的诗性特征方面，还是在突出艺术的独立性方面，以及其他种种方面，都具有哲学阐释学乃至后现代主义的特征。比如汪先生谈到钱氏选诗不取“押韵的文件”，那无非是诗学本体观的体现，而这与伽达默尔的观点是完全一致的，因为后者明确说过，一个“忠实于历史”的再现并不是真正的艺术再创造，只能是一种传授性的产品或单纯的历史研究资料。在文本与时代背景断裂（文本中心论）、作品与作者意图断裂（作者之死、意图迷误）等命题上，钱锺书以诗学为核心的观念阐释学的特点都是明显的。当然，我不认为钱锺书是一位后现代主义者，因为照霍布斯鲍姆的看法，后现代主义与历史形成绝对的断裂，而钱锺书，大家都知道的，他是在现代与历史之间进行衔接。

总之，汪先生的书内容过于丰富，无法一一进行点评。我只希望，读者能够通过汪先生的著作去阅读钱锺书，从而为建构当代中国富于“融通”性的阐释学提供启示。

（本文原刊于《光明日报》2020 年 6 月 8 日）

阐释学是研究思想形式的学问

在阐释学讨论过程中，应该始终明确阐释学的属性，即阐释学是一种思想形式研究，不是思想内容研究。

一般说来，思想或思想史研究主要有两个面向：一是研究思想内容，二是研究思想形式。黑格尔说："哲学所研究的是形式，是内容发挥成为思想的形式。只有思想才是理念的绝对形式。"[①]无论从我国的学术传统看，还是从现实中的相关研究状况看，我们所缺乏的，都主要是思想形式方面的研究，不是思想内容（即义理）方面的研究。

在我国丰富的思想史遗产当中，古代阐释学以经学为主干与主脉，艺术阐释、历史阐释均"宗经"，相关的义理内容极其丰富，但有关阐释形式方面的遗产，相对比较缺乏。当下的中国哲学史或思想史研究，情况也大体如此，亦即偏重义理阐释，较少讨论形式问题。最集中的体现，就是逻辑与逻辑史研究不发达，甚至有些萎缩。从马克思主义经典作家的理论遗产来看，很明显，马克思在创立唯物史观过程

①黑格尔著，贺麟、王太庆译：《哲学史讲演录》，北京：商务印书馆，1959年，第1卷，第82页。

中，不仅高度重视思想内容建设，而且高度重视思想形式研究。《资本论》第四卷就是计划专门做思想史梳理的，想必其中必有丰富的思想形式研究内容，可惜马克思并未能实现这一愿望。由于马恩一直忙于理论内容建设，因而生前没有来得及对思想形式做专门系统的研究和阐述。对此，恩格斯做过很明确的说明。所以，马克思主义经典作家关于思想形式方面的论述，全都散见于他们的其他论述当中，需要我们去归纳、整理，加以系统化。

这样说来，阐释学研究在当代话语体系建设方面的重要性就突显出来了。很明显，它具有弥补思想形式研究缺乏的功能。不消说，所谓思想形式建设，需要在辩证唯物主义和历史唯物主义的范畴内来展开。它是从属于内容的研究，但具有相对的独立性。从相对独立性角度看，阐释学又具有元学科的属性。这是多学科学者都关注阐释学、参与相关讨论并将之应用于本科领域的基础所在。因此，建构当代中国阐释学，应坚持形式化研究的路径。只有形式化的建构路径，才既符合阐释学的基本属性，也符合我们的现实需要。正如傅永军教授所说，建构当代中国阐释学，亦即建构当代中国的理解科学。所谓理解科学，无非就是关于理解的形式的专门学问。我这里所说的思想形式，与所谓观念形式、理论形式是具有可公度性的，基本意思是一致的。

因此，如果我们在思想形式研究原本就缺乏的情形下贸然把阐释学建构引向内容方面，特别是引向“形而下”的应用性建构，引向实学与实际应用的层面，恐怕就会既违反阐释学的属性，也不符合阐释学建构的现实需要，很可能会把阐释学研究引向弱化理论思维、减损思想含量而最终却不了了之的尴尬境地。在建构当代中国阐释学的过程中，我们切不可犯方向性的错误。

我认为，张江教授近些年所从事的阐释学研究与建构，始终坚持的就是思想形式研究的方向与路径，也就是在揭示思维规律的基础上，试图确立当代中国阐释学的形式规则。

张江的“强制阐释论”，从“破”的角度切入，揭示当代西方以文艺阐释为代表的阐释行为当中的强制性特征。这些特征，具有形式上的一般性与普遍性。“公共阐释论”则从“立”的视角切入，在破除强制阐释之后，试图建立以“公共阐释”为核心概念的阐释行为规则。“阐诠辨”又从“辨”的视角切入，在语义学的意义上揭示阐释行为的两条形式路线与二元叠加结构。“阐释逻辑论”继续从“挖”的视角切入，力图揭示阐释行为的逻辑机制与结构。“阐释心理学”又从“揭”的视角切入，揭开阐释行为的心理活动盖子，洞穿阐释行为的心性活动机制。“正态分布论”运用大数概率理论，试图建立阐释行为的效果理论模型。以上种种，团词提挈，无不属于思想形式建构。这样的研究面向，无所谓属于本体论抑或方法论的阐释学，总之是属于思想形式研究。

讲到历史阐释学，我认为其核心是客观性问题。或者说，客观性问题是历史阐释学的核心问题。过去，在直接反映论影响下，我们对于历史认识过程中主体的作用关注不够，对历史客观性问题的复杂性认识不足，因而对于主客之间的关系、主体间性的意蕴、主体内部的种种关系，都带有机械唯物主义的特征，从而导致历史认识论方面的简单化倾向。

但是，反映论本身并没有错，坚持历史的客观性、历史认识的确定性同样没有错。反映论与客观性概念并没有被颠覆。

历史客观性反映在历史书写规则上，其最本质的特征，就是中国古人所说的“直书其事”。这应该是中外古典历史学家共同遵守的历史书写规则，也是他们从事历史研究的动力和始点。但是，这个规则确实没有被放在认识论的天平上认真检视过。因此，它成了一个无须检视、天然成立的先验法则。但是，恰恰在这个核心规则上，后现代主义者发起了攻击，试图颠覆它。应该承认，后现代主义者提出的许多讲法都是具有启发性的，甚至是成立的。我们不能忽视后现代主义里面那些合理的、有助于我们深化认识的因素。但是，从根本上说，后现代主义并没有颠覆历史的客观性，也没有颠覆掉历史书写的客观性原则。我们不能以一种倾向来掩盖或强行改变另一种倾向。我们的目的是构建具有中国特点，既吸收中国古代优秀的阐释学资源，又吸收外来优秀的阐释学资源，但以我们自己为主体的当代中国阐释学。

由于历史本身一去不复返因而无法直接予以认识的特点，历史本身的客观性总是在历史认识领域呈现出来的。然而，历史本身既是人类主体活动的结果，历史认识更是多重主体认识叠加乃至冲突的综合结果。所以，历史认识所指向的客观性，既是历史本身自生自足的客观性，又是以公共性和共同性认识的形式表现出来。对历史认识的检验，不同于其他方面检验。对历史认识的真理性或真实性的检验，总是以理论探讨的形式展示出来。这就构成了所谓历史认识的谜中之谜。

对于这个谜中之谜，要给予学理性的深刻应答。经典作家说过，尽管历史是人的主观意识活动的结果，但在总体上，却可以看作是一个自然的行程。马克思说："我的观点是把经济的社会形态的发展理解为一种自然史的过程。不管个人在主观上怎样超脱各种关系，他在社会意义上总是这些关系的产物。"[①]恩格斯说："无数的单个愿望和单个行动的冲突，在历史领域内造成了一种同没有意识的自然界中占统治地位的状况完全相似的状况。"[②]历史如此，对历史的认识同样如此。所以，尽管历史当中包含着无数人的主观意识，每个主观意识都力求自我确证，但无数"平行四边形"所形成的"合力"，却依然是一个自然状态，在历史阐释上，也就表现为数学上所谓正态分布状态。历史认识的客观性，就蕴含在这种以正态分布为特征的公共状态之中；它既是自然本真的客观性，也是以公共性和共同性认识形式体现出来的客观性，具有认识论范畴的属性。

人类的创造同样是历史的客观性内容。马克思和恩格斯在区分自然史和人类史的同时，特别强调二者的相互联系和彼此制约，指出"这两方面是不可分割的；只要有人存在，自然史和人类史就彼此相互制约"[③]。所谓"只要有人

①中共中央马克思恩格斯列宁斯大林编：《马克思恩格斯选集》第二卷，北京：人民出版社，2012年，第84页。

②中共中央马克思恩格斯列宁斯大林编：《马克思恩格斯选集》第四卷，北京：人民出版社，2012年，第254页。

③中共中央马克思恩格斯列宁斯大林编：《马克思恩格斯选集》第一卷，北京：人民出版社，2012年，第146页。

存在”，是说即使单纯就自然史而言，它也终归离不开人类所发明的自然科学对自然的认识与把握。自然科学是人的意识把握统一的客观物质世界的主要手段。因此，自然史总是透过人类认识自然的历史表现出来，表现为自然科学发展进步的历史。同时，人和人的意识无非是自然界发展出来的产物，而自然界的奥秘却需要这种产物去诉说。所以，马克思说：“在人类历史中即在人类社会的形成过程中生成的自然界，是人的现实的自然界。”[①]由此出发，人与自然的关系也就成为人类需要面对的第一关系，全部哲学的最高问题也就成了“思维对存在、精神对自然界的关系问题”。我们从事历史阐释研究，离不开上述大框架；只有从上述大框架出发，才能达到真实而又辩证的认识。

（2020 年 11 月 22 日，《探索与争鸣》杂志社在上海举办“当代中国阐释学论坛”，这是笔者在论坛上的发言）

①中共中央马克思恩格斯列宁斯大林编：《马克思恩格斯文集》第一卷，北京：人民出版社，2012 年，第 193 页。

中国文论的阐释走向

“新时代中国文论的阐释走向”涉及的议题相当广泛。比如“阐释”的译名问题、中西文明的比较问题、文学主体性的定位问题、阐释的基本类型与模式问题，乃至西方马克思主义的相关问题，等等。如此广泛的议题，如果进行一一梳理、叙述，显然没有必要。因此，还是集中到主题上来。

本次会议的总主题叫作“当代中国文论：反思与重建”。围绕这个总主题，经过细化和扩展，可以形成一个体系化的议题组合。既然是“反思与重建”，那么，必然要进一步追问：反思什么？反思谁？反思的对象是什么？这是必然要问的问题。

我觉得，既反思我们自己，也反思西方，但更重要的，是反思改革开放40年来我们与西方的互动关系。通过这种反思，重建当代中国也就是新时代的“中国文论”。换言之，这个“重建”过程，代表着、蕴含着高度的理性自觉。正是这种高度理性自觉，指导着我们将会议主题持续讨论到了第六届。

到第六届，话题聚焦到“新时代中国文论的阐释走向”。为什么聚焦到这个地方？要把来龙去脉说清楚，需要借助一个线索，那就是张江教授在文论与阐释学结合上提出的一系列构想。这些构想和观点在最近五六年当中引起了哲学界、史学界、文论界以及相关人文社科领域学者们的重视，引起一些讨论。

这些讨论是在不同学科领域进行的。应打破学科界限，进行跨学科对话。讲到“阐释”，那就表示至少在会议主办方看来，Hermeneutik、Hermeneutics 这个洋词应该翻译成阐释学，而不是翻译成诠释学、解释学、释义学或者解经学，等等。就此问题，张隆溪教授今天做了非常好的阐释，我完全同意。现在，围绕这个洋词，还有几种不同译法。有先生译为诠释学。作为一门学问的名字，我觉得如果叫诠释学，就更多地带有了语文学的特点和特征，是一种语文学取向。阐释学发展到当代，已经发展到哲学阐释学的形态。如果还叫诠释学，似乎就固化在了原来的形态上，不足以反映当代哲学阐释学属性，缺乏哲学内涵。所以，我感觉还是用阐释学比较适当。当然，语文学并没有消失。关于西方古典学与语文学的话题，另当别论。总之，我不认为哲学阐释学排斥掉了古老的语文学。

在研究过程中，许多先生追踪揭示了 Hermeneutics 的词源、涵义的演变过程等，特别是考察了施莱尔马赫、狄尔泰到伽达默尔这几个最重要节点。同时，也从语源学角度出发，力求从汉语中找出最适当的字词来作对应。张隆溪先生专门提到严复。严复当年译书时，基本没有受日本影响。严复说自己“一名之立，旬月踟蹰”。“踟蹰”什么呢？就是要在中国字中找一个他认为最确切的词，来对应西方的某个词、某个概念。严复这种努力，具有很重要的语义学价值和意义，并非局限在翻译实践的范围内。后来，随着双音字词大量运用于书面语言，严复这种翻译取向就不适应白话文兴起的大背景了。当然，白话文在元朝时就已经非常发达。元朝的许多理学书籍，是用白话文书写的，与今天的北京人讲话几乎没有什么差别。所以，不能说白话文是新文化运动兴起以后才有的。但是，在整个文本领域，白话文著述毕竟不是主流。严复之后，汉语翻译实践的大潮是受日本影响。日本人采用两个组合汉字来翻译西方概念，适应了时代话语表达方式改变的需要。但是，这种新式的两个汉字组合的构词法，也造成另一种偏向，就是对汉字本源意义的遮蔽。比如严复笔下的“群学”变成了“社会学”。对这样的演变过程，要辩证地看，全面地看。

现在，张江教授要去掉“遮蔽”。作为方法——仅仅作为让概念澄明化的方法，他实际上是回到严复的传统上来，结合西方阐释学最新发展状况，对汉字中的“阐”“诠”“解”“释”等“文”“字”做训诂学、语义学和语源学分析。他提出，应该用“阐释学”来对应西文的 Hermeneutik、Hermeneutics，应该用“阐释”来对应德文的 Auslegung，而不是诠释学、诠释。他认为，“阐释学”的译法更能在中文中反映 hermeneutics 这门学问的内在属性、内在意蕴、内在规定性、内在指向性。当然，是不是由此就可以废掉“诠释”的译法呢？当然不是，而应该把它放到适当的语义层面上。比如 Interpretation 这个词，到底应该怎么翻译？是翻译成阐释，还是诠释，还是解释、说明？需要再讨论。一般说，不同的乐队演奏贝多芬作品，就是对贝多芬作不同的 Interpretation。许多话剧团都表演老舍的《茶馆》，但众所公认，北京人艺表演得最好，水平最高。那就是说，北京人艺的艺术家们 Interpretation 得最好，水平最高。你可以说是诠释得好，也可以说演绎得好，还可以说阐释得好。伽达默尔说过，Interpretation 这个词总是与戏剧、表演等艺术形式联系在一起。至于说 Auslegung 这个词，我们刚刚在三亚学院开会的时候，有海德格尔与伽达默尔的著名翻译家、哲学家参与了讨论。我认为，这个合成词前面的“Aus”是“出来”的意思，而“Legung”是躺着、横着。躺着、横着出来，而不是竖着、立着出来。躺着、横着出来，表明稳定性强，确定性指向明确。而“诠”字的基本指向是确定性、稳定性。如果是竖着、立着出来，就容易摔倒。另外，躺着、横着出来，还具有公共性、共识性的意涵。所以，这个词更多地用在法律术语上，因为法律必须是公共性最强的。但是，无论如何，它终归 aus，终归是“出来”，也就是指向开放性。换言之，“阐”中有“诠”，Auslegung 中包含确定性、包含着“诠”，但开放性是它的最终指向，就像《周易》在“既济”之后是“未济”一样。张江教授认为，“阐”中有“诠”，“诠”中有“阐”，但最终以开放性的“阐”引导认识发展（过去我们常说螺旋式上升），我觉得就是这个意思。

张江教授引用《说文》指出，“阐”者，“开”也。由此出发，系统地阐明了“阐”与“诠”的关系。aus 是出来，恰好对应中文的“开”字。对于阐释学的这些基本概念、基本理论，应先有一个基本共识。如果达不成共识，就保持开放性，允许学者们自行选择采用“诠释”还是“阐释”。其实，张江先生在《“阐”“诠”辨》的末尾，提出了“阐诠学”的概念。我更倾向于采用这个概念，因为它既表明开放性，也表明确定性，两者都兼顾到了；又有语文性又有哲学性。这个基本概念，符合阐释学已经走过的学术历程，也符合阐释学发展方向。

关于当前阐释学的研究状态，五六年来，在张江先生带动下，比较“火”。当然，所谓“火”，是相对的。那么，张江先生提出了一些什么主张呢？对此，高楠先生已经作了很周密的介绍。我的理解与高先生基本一致。我觉得，五年来，张江教授提出了四个具有重要意义的观点或见解。这四方面见解在时间上相互衔接，构成四个阶段，支撑起张江本人的理论架构，即阐释学的理论架构。

第一个是强制阐释论，第二个是公共阐释论，第三个是阐释逻辑论，第四个是阐释的正态分布说。据悉，他还会构建自己的阐释心理学主张。五方面观点全部形成后，就构成一个比较系统化的阐释学理论建构。需要强调的是，这五大面向是从审视西方文艺理论开始的。所以，“强制阐释论”是第一步。第一步的主题，是揭示、拆解当代西方文艺理论领域的强制阐释行为。所谓强制阐释，核心是主观性的毫无规则的随意强加或附加。用我们比较习惯的话讲，就是主观唯心主义大泛滥。一般来讲，中国学者不大谈主观唯心主义，宁愿谈客观唯心主义，有意无意地避开谈论主观、主体这个极复杂的话题。但是，当代西方文论各种问题的总根源，就在主观唯心主义这个大概括之下。对此，许多学者也有意避开进行分析批评，似乎一分析批评这个东西，就是为本质主义做辩护，就是退回到所谓逻各斯中心主义、基础主义、传统的认识论上面去，等等。而这些东西，又好像不言自明地已经被打倒了。段吉方教授讲得好，审视西方文论，不等于把它的好东西给打掉。相反，反对主观唯心主义大泛滥，恰恰要把其中那些合理的东西、正确的东西挑拣出来，一个一个地讲到位。要把主观唯心主义大泛滥的原因找出来，把来龙去脉梳理清楚。

这样，就不能不讲到当代西方文化思潮、哲学思潮、学术思潮的转向。过去，有人将20世纪叫作分析的时代。其实，用“分析的时代”来概括20世纪70年代前还可以，概括20世纪70年代后就不合适了。美国人怀特写的那本“分析的时代”，出版得比较早，主要是讲20世纪前半期的罗素、维也纳学派、分析哲学这类东西。但70年代后，西方学术又有新变化，造成了新转向，那就是诗学的转向。在这种转向作用下，一切都诗学化了——有意思的是，我们中国学者似乎都用“文论”这个概念，不大采用“诗学”概念。所谓一切都诗学化，也就是无论看什么，都采用诗学的概念、理论、框架和视角。看待一切精神现象，看待一切学术领域，都是转化为一种诗学的研究样态。这样一来，也就不再是用哲学去指导文论研究，而是用文论研究来改造哲学研究、使得哲学研究文论化了。伽达默尔的书，一上来也是讲艺术。总之，诗学——或者说文论——成为、占据了整个20世纪西方思想乃至文化领域的核心、中心，成了中心点。

张江的“强制阐释论”，恰恰是从破这个中心点开始。

这是他的当代中国阐释学构建之所以从审视西方文艺理论开始的认识论根源、学术史依据。

所谓诗学成了整个西方文化的中心，占据了核心位置，这个概括是罗蒂给出的。张江入手的第一步，就是抓住“诗学”这个“王”，其他种种均顺此而下。晓得了这个关节，再看其他种种，也就通畅了。比如史学领域的后现代主义，无非也是用诗学来重新建构历史学的知识论。强制阐释论从诗学入手进行拆解，就在于破主观唯心主义的极端化，最终指向，还是在哲学上。

把诗学化拆解之后，正当的阐释学应该是什么样的呢？这样，问题就由“拆解”转换到了“建设”上来。对此，张江提出了“公共阐释论”，也是他阐释学工作的第二步。“公共阐释论”给阐释行为标立了六个公共性标准和规则。这六个标准与规则是否成立，可以讨论。不过，在张江看来，正当的、理性的阐释应该照着这六条去阐释。

“六条”提出之后，紧跟着的问题便是，阐释行为有没有统一的逻辑基础？“六条”是否遵循了这样的逻辑基础？为什么在阐释活动中，总是仁者见仁、智者见智，是不是大家没有遵循统一的逻辑规则？如果遵循了统一的逻辑规则，那么仁者见仁、智者见智的现象又会呈现怎样的整体状态？为此，张江转向现代逻辑学，吸收了模态逻辑、偏好逻辑等成果，试图给阐释行为写出一个最终可用数学语言表达的逻辑规则。这就是他提出阐释逻辑论的思想动机。

在提出阐释逻辑论的过程中，张江顺便提出，应加强逻辑学建设。他深感学术界讨论问题，太不重视逻辑，张嘴就来。阐释逻辑论要把阐释行为放到逻辑规则当中去。

关于阐释行为的规则，或许其中最大的问题，就是阐释边界问题。阐释有边界，还是没边界？阐释的无限性，显然是在有限性当中展开的无限性。这就如同弈棋、作诗、唱戏，必然是在棋盘、韵脚、韵律中进行一样。这种有限当中的无限，如果做一个整体性概括，应怎样描述呢？张江借助于数学，提出了阐释 π 和阐释的正态分布主张。他认为，这个问题是前面三个见解的深化与具体化。但是，鉴于这个问题的重要性，有必要将其单独提出来，与前面的三方面主张并列起来予以讨论。我认为，阐释 π 与正态分布主张，尤其适用于分析历史阐释活动。在历史阐释中，一方面，受史料束缚，使阐释活动必然是有限的；另一方面，史料又是阐释行为得以进行的媒介与桥梁，让史家在历史阐释中展开解读与想象的翅膀。所以，它是在有限中最大限度地向无限扩展，正如同 π 。

阐释逻辑论建立后，张江的阐释建构已经很完整。下一步，他会揭示阐释行为中的心理作用问题。那样一来，就更完整了。不过，一讲到“系统”，许多人就会害怕——那不是又回到黑格尔那一套体系化的东西上去了吗？现在可是拆散的结构主义时代呀！是碎片化、零碎化的时代呀！殊不知，要建构中国人自己的阐释学，既不会回到黑格尔，更要超越碎片化。

因此，文艺理论界、哲学界、史学界应联合起来，进行跨学科合作。从历史阐释学来说，有限与无限的辩证关系体现得非常鲜明。然而在文学创作中，这个问题的本质是不变的。文学创作受历史时代与现实生活限制。文学创作发挥创造性的想象，历史研究发挥制作性的想象，但就想象本性说，它们一致。目前，哲学界讨论阐释学问题比较积极。真正要把中国当代阐释学建构起来，必须采用哲学家的话语。要真正把当代中国阐释学建构起来，必须回到“反思”上来，必须处理好四个字的关系，即古今东西——东与西、古与今。要回到中国古代的经学阐释学，看看今文经学和古文经学的阐释规则到底怎么样；要审视西方当代的哲学阐释学。对古今中西，要融会贯通。要恰当处理好多重关系，其中根本性的一对关系，就是人类文明发展的统一性和特殊性。这是个老问题。钱锺书讲“东海西海，心理攸同，南学北学，道术未裂”。郭沫若讲“只要是一个人体，无论是红黄黑白，他的发展大抵相同”。从本质上看，无论什么人，都一样，没有差别。但立足于差异性，一棵树上的两片树叶都不一样，所以东方永远是东方，西方永远是西方，永远交叉不到一处。这就是统一性和普遍性的关系。处理好古今中西关系，才能把当代中国阐释学建设得不同于旧时代。

（本文是 2019 年 12 月 4 日在“新时代中国文论的阐释走向：第六届‘当代中国文论：反思与重建’高端学术论坛”［深圳大学］上的总结发言）

中国史学四十年：样态、潜流、走向

历史内容空前丰富的40年

学术发展与社会发展一样，具有明显的时代性、阶段性，呈现出形态化、样态化的特点。

马克思、恩格斯多次说，随着每一次社会制度的巨大历史变动，人们的观点和观念也会发生变革。也就是说，人们的观念、观点和概念，一句话，人们的意识，随着人们的生活条件、人们的社会关系、人们的社会存在的改变而改变。

人们的意识如此，知识形态与意识形态也是如此。所以，恩格斯又明确说："每一个时代的理论思维，包括我们这个时代的理论思维，都是一种历史的产物，它在不同的时代具有完全不同的形式，同时具有完全不同的内容。因此，关于思维的科学，也和其他各门科学一样，是一种历史的科学，是关于人的思维的历史发展的科学。"[①]

①恩格斯：《自然辩证法》，《马克思恩格斯文集》第9卷，北京：人民出版社，2009年，第436页。

史家陈寅恪说，一时代之学术，必有其新材料与新问题。治学之士，得预此潮流者，谓之预流；其未得预者，谓之不入流。[①]

如果雅思贝尔斯所谓“轴心时代”可以视为始点，[②]那么，西方学术已然经历信仰的时代、冒险的时代、理性的时代、启蒙的时代、思想体系的时代、分析的时代，[③]而源远流长的中华学术，在荀子之后，则经历了经学时代、玄学时代、三教时代、理学时代、汉学时代、西学时代、马列时代。[④]这些时代表明，学术进程在历史长河中不仅表现为加速度发展的状态，而且不断地从相对独立发展走向全球融通，加速度的融通。

到20世纪，学术的加速度融通，发展到人类历史的极峰。

40年来的中国学术、中国史学，负载着人类与中华文明的深厚积淀。但是，它直接从20世纪走来，以20世纪的世界大势、中国历史为背景。同时，40年来中国史学的发展，它的基本走向与整体样貌，映现着、代表着整个当代中国学术的状态。

这种状态，需要在与改革开放前30年的比较中得到清

---

①陈寅恪:《陈垣〈敦煌劫余录〉序》,《陈寅恪集·金明馆丛稿二编》，北京：三联书店，2009年，第266页。

②卡尔·雅思贝尔斯著，魏楚雄、俞新天译:《历史的起源与目标》，北京：华夏出版社，1989年，第7—29页。

③这是美国“新美世界文库”出版社出版的《导师哲学家丛刊》中各本书的书名，其中M.怀特所著《分析的时代》,（北京）商务印书馆于1981年出版了杜任之主译的中文本。

④这是笔者的划分，未必有当，权且如此。

晰展示。通过比较，可以看出，我国史学研究的根本形态没有改变，但是，历史学的基本样态却发生了重大变化。

谈到历史与历史学，史学家们经常使用三个比喻：河流、人体、树木。以“河”为喻，孔子叹“逝者如斯”。以“人”为喻，章学诚指“事者其骨，文者其肤，义者其精神”。以“树”为喻，安克施密特指出，如果说后现代主义的历史观还残留一丝本质主义，那么，本质不在树枝上，更不在树干上，只是在树叶上。[①]这三个比喻，可以很直观地帮助人们理解40年来中国史学的基本样态。

既然是河，则必然有主流，有支流；既然是人，则必然有骨骼，有血肉；既然是树，则必然有主干，有枝叶。所谓主流、骨骼、主干，就是历史的主脉与大势、本质与结构、规律与动力。所谓支流、血肉、枝叶，就是历史的要素与内容、形式与表现、机制与功能。不同历史时期，历史学家对历史对象的择取，侧重点是不同的。

改革开放前，中国史家的侧重点，是历史的主流、骨骼、主干。改革开放后，中国史家的侧重点，则转移到了支流、血肉、枝叶上面。当然，偏重不等于偏废，但大体之分，消息走漏，还是显而易见的。

---

①钱基博也曾说：“设以人体为喻，事譬则史之躯壳耳，必敷之以文而后史有神彩焉，树之以义而后史有灵魂焉。”见所著《现代中国文学史》，上海：上海古籍出版社，2011年，第6页。《论语·子罕》：“子在川上曰：逝者如斯夫，不舍昼夜。”F.R.安克施密特以树木比喻史学，见所著《历史与转义：隐喻的兴衰》，北京：文津出版社，2006年，第222页。章学诚：《文史通义·方志立三书议》。

因为侧重于关注历史的主流、骨骼、主干，所以中国史家从社会发展史的宏大视角，对中国历史发展道路作了空前完整、系统、深刻的主导性揭示。所谓社会发展史，不是社会生活史，更不是社会文化史，而是社会形态与社会结构史，也就是生产方式的历史，政治史、文化史等等均附着于其上。为突出主题主线，前30年的中国学者着重于对历史规律、历史阶段与历史理论的开掘，尽量清晰地提炼出中国历史的逻辑秩序，将理论的一般秩序与中国历史的特殊秩序相结合，将中国历史的秩序纳入理论的秩序中去，以此说明人类历史发展的统一性、普遍性与规律性。改革开放前，中国学者对中国古代史分期、土地所有制实现形式、农民战争、资本主义萌芽、汉民族形成、历史发展动力、中国近代史主题主线等问题的热烈研讨，其出发点与落脚点，即在于鲜明地揭示中国历史发展的特殊规律与人类历史发展普遍规律之间的关系，从而清晰地呈现出中国历史的主流、骨骼、主干。

这样的研究路径与学术取向，从20世纪初梁启超提出“史界革命”便开始了。其后，以郭沫若、范文澜、吕振羽、翦伯赞、侯外庐为代表的史家，由于掌握了唯物史观，很快超越梁启超、王国维等人建构的“新史学”体系，让中国史学具有了理论形态。这一形态的史学研究，从李大钊延续至今，一以贯之，是中国史学的主流。它最核心的特点，是以社会性质为话语之源。[①]从20世纪20年代至70年代，诚可

①参看拙文《中国马克思主义史学思想概说》，《史学理论研究》2016年第1期。

谓“得预此潮流者，谓之预流；其未得预者，谓之不入流”。改革开放后，它发生了变化。

主流史家认为，史学研究不仅要凸显历史的主流，还应该展示大河的支系；不仅要“骨感”，还应该丰满；不仅应该主干强壮，还应该枝繁叶茂。以这样的思想为驱动力，他们喊出了“把历史的内容还给历史”的口号。

这是最能反映20世纪70年代后史学整体样貌的一个口号。40年来中国史学的整体样貌，此口号足以一言蔽之。它原是经典作家的原话，用作了《历史研究》1987年第1期评论员文章的标题。提出这一口号的直接原因，是由于前30年在侧重关注主流、骨骼、主干的过程中，出现了“内容狭窄、风格单调的状况”。[①]因此，提出“把历史的内容还给历史”，就是在新的历史条件下丰富、发展、完善原有的史学。至于通过怎样的途径来把历史的内容还给历史，他们提出，“复兴和加强社会生活史的研究，应是一条切实可行的重要途径”。文章说，这样做可以复原历史的本来面貌，使之血肉丰满，容光焕发。以该期《历史研究》为标志，“社会史”成为新时期发展最快、最引人注目的史学分支。

“把历史的内容还给历史”是一个完全正确的口号，适应了史学发展更新的需要。此前着重于揭示历史的主流、骨骼、主干，现在则要添加支系、血肉、枝叶。正是在这样的

①《历史研究》1987年第1期发表评论员文章《把历史的内容还给历史》，该期同时刊登一组社会史文章，以之为标志，“社会史”成为新时期发展最快、最引人注目的史学分支。

思想引领下，40 年来，中国史学的血肉空前丰满、支系空前发达、枝叶空前茂盛。这是史学全面繁荣发展的 40 年，是繁花似锦的 40 年。

它意味着，史家笔下的内容，从来没有像今天这样丰富；史家队伍的数量，从来没有像今天这样众多。史学柜子里面所装的东西越来越多，史学分支越来越杂、越细。大量风格多样的通史、断代史、专门史以及大型史料集成、丛书被出版。一批精通外语的世界史专家，与国际同行进行着同步性研究，诸多著作已经不逊色于国外的同类作品。考古发掘走出专业圈子，成为全社会关注的对象。研究领域日益拓展，手段日益先进，科研经费日益充盈。研究方法、研究样态、研究视角与理念、论文题材与触角日趋多样，与海外同人的交流空前频繁，田野考察蔚然成风。40 年来的中国史学，呈现出从未有过的五花八门、无所不有的状况。它非常驳杂，甚至混乱，但绝不贫乏；它有可能已经产能过剩，但绝非产能不足；而且，它还在进一步扩展进步之中。

凡此种种，均可分类地说，逐个地和分别地加以考察。以社会史为例，不仅中国古代社会史得到细腻描绘，而且近代、当代的社会史，同样受到空前重视。社会史的理论方法、学科定位、内部再分支等，无不得到深入研讨。提到当今中国史学，许多人最容易脱口而出的，就是社会史。伴随社会史研究的勃兴，环境史、灾荒史、城市史，以及文化史、观念史、概念史、医学史，与区域史、风俗史等等相互交叉，蔚为重镇，成为历史学发展新的学术增长点。可以这样说，凡人类以往的形迹，几乎全被纳入了中国史家的视野，出版了专著。史学分支与学科的缤纷出现，带来的是历史内容在文本领域的不断被添加、是学术理念的不断从中心转向边缘、研究对象的不断从整体转向区域、理论兴趣的不断从历史理论转向史学理论。

碎片化及其潜流背景

健康、繁荣是40年中国史学的基调和主流。但是，在内容空前丰富的情况下，历史的骨骼、主流、主干是否受到了遮蔽？换言之，丰满的血肉是否拖累了骨骼？丰茂的枝叶是否掩盖了主干？细密的支流是否漫溢了主流？史学队伍是否具有分化的倾向？这样的追问，时常会浮现出来。

发展带来变化、产生分化、生发新的问题，这在人类历史上不是新鲜事。正如美好生活导致胖人越来越多，史学界普遍感到，干瘦、骨感固然不妥，臃肿、肥胖同样是问题。

多年来，许多专业学者追问：在历史区域研究中怎样关照全体？在历史描述中怎样不忘本质？在微观考据中怎样不止于碎片？在史料梳理中怎样不忘思想？总之，具体研究怎样关照宏大叙事？这样的追问，在学术意义上关注的是历史学真善美的全体大用，在社会学意义上体现的是历史学家的一些新不安。

确实，伴随着繁荣发展，生发了一些令人担忧的新现象。突出表现是：研究内容碎片化、研究主题形式化、成果表述玄学化。“三化”的核心，是理论思维弱化。有识之士普遍认为，历史研究很大程度上失去了思想性。

何以会出现这种现象呢？它是繁荣必须付出的代价吗？有学者认为，这是过去僵化研究模式所必然造成的“报应”。笔者不赞同这种说法。因为，“报应”只能表明动力原因，无法说明转型机制的运作过程。还有学者提出，既然倡导把历史的内容还给历史，那就必然会造成树叶遮蔽树干。笔者同样不同意这种说法。因为，所谓把历史的内容还给历史，是指把原本不该缺少的东西还回去，不是把原本不缺少或原本不该有的东西硬加上去。这是“还”字透漏出的应有之意。显然，造成碎片化等等的原因，要另外去寻。

我以为，造成碎片化等等的原因，是由于在40年中国史学的进程中，始终伴随着一股潜流。这股潜流虽然不是主流，却潜移默化地介入、影响了40年来的中国学术。这股潜流的基本特征，就是碎片化。它来自20世纪70年代开始的西方学术转向，恰好与中国改革开放的时段大体相符。

所谓碎片化，其最外在的表现，是选题狭小，例如“杨贵妃入宫时是否处女”“济慈喝什么稀饭”“普希金抽不抽烟”“洪秀全是否留胡须”之类。但是，再狭小的选题，也属于历史的要素与内容，可视为微观研究，未必属于碎片化。构成碎片化需有两个要件，一是选题缺乏与历史研究相匹配的意义，二是将对小题目的考据视为研究的全部和最终目的。碎片化的实质，就在于将缺乏重大意义的历史偶然性看作具有重要意义的历史要素，并把对这种要素的研究当作历史研究的真正内容。换言之，借用安克施密特的说法，认为历史的本质在树叶上，不在树干上。

这样的价值取向与研究状态，最直观的表现是“以要素代替全体”。它不是力求使本不该缺位的历史内容在场，而是将研究的筛孔做小，去除大的，留下细的。当要素被夸大为某种特殊东西，即如同安克施密特所描述的那样，会引起人们领悟过去的尘埃化。在中国，这种研究取向可追溯至乾嘉考据学。但是，民国以后，从欧美进口的实证主义又固化和强化了这一传统。由此，以偏概全地将考据看作从事历史研究的终身事业，成为学术风尚。相应地，如钱锺书所说，普遍地轻视或瞧不起理论。[①]众所周知，这种研究取向曾遭受严肃批判，有所弱化。但 20 世纪 70 年代后，西方学术风尚再一次转向碎片化，并逐渐传入中国。这一次传入的碎片化风气，虽然在许多方面与旧形态的碎片化保持着一致，本质上却以对某种理论的“重视”而非“轻视”为出发点。换言之，它也有理论背景，但不是实证主义的背景，而是反实证主义的现象学与后现代主义的理论背景。

让我们从波普尔对碎片化的倡导开始讨论。波普尔是直接论述到碎片化问题的思想家。他提出，根本不存在什么“总体论意义上的”或“关于社会状态的”历史学；所存在的，只是所谓“零碎技术学”“零碎修补学”“零敲碎打的工艺学”“零碎的试验”，等等。他表示，“不相信有可能对零碎方法提供任何一种相应的批判”[②]。这种主张，与现象学及后现代主义的学术取向完全一致。他对“历史决定论”的否

①参看《钱锺书研究》第 2 辑钱锺书文，北京：文化艺术出版社，1990 年。

②卡·波普尔著，何林、赵平译：《历史主义的贫困》，北京：社会科学文献出版社，1987 年，第 96—99 页。

定立场与批判逻辑，完全符合20世纪70年代后西方学术转向的理论预设及基本进路。

这种理论预设及基本进路，就是拒斥所谓系统的哲学，亦即拒斥所谓以认识论为中心，追求客观性与合理性，被罗蒂等人指称为基础主义认识论、逻各斯中心主义、实证主义、经验主义的那些同质类的思想理论。这种思潮覆盖了20世纪70年代后的西方学术界，为学术碎片化提供了理论支撑。

比如在文艺理论领域，形式主义文论大泛滥，驱离社会历史背景，宣称“作者之死”，成为风尚和潮流。接下来，便是对作品所谓内部要素（如隐喻、意象、象征）的强调与解析，再进而向文学消费与接受效果的维度发展。这种抽离社会历史背景、抽离作者意图乃至驱离作者的文学研究，被中国学者张江称为“强制阐释”[①]。“强制”的另外一层意思，在于强制作品仅仅以要素组合、工艺碎片组装的形式在场。这种样式的研究，对中国“知人论世”（孟子）的学术传统显然是一种颠覆。[②]

文艺理论领域的这种变化，与其他人文领域的变化是同步对应的、一致的。比如福柯，就“排除了对起源、原因、

---

①张江：《强制阐释论》，《文学评论》2014年第6期；《“意图”在不在场》，《社会科学战线》2016年第9期；《理论中心论——从没有文学的“文学理论”说起》，《文学评论》2016年第5期。在中国，钱锺书发表于1933年10月的《中国文学小史序论》，大概是最早阐述文本中心论的论文。《谈艺录》开篇的《诗分唐宋》是这一立场和观点的系统阐述，也是全书的总纲。

②钱锺书说，假如你吃了个鸡蛋觉得不错，何必认识那下蛋的母鸡呢？据说这是钱锺书在电话里对一位求见者说的话。杨绛：《将饮茶》，北京：三联书店，1987年，第102页。

出处、影响与目的等问题的关注”，“对历史过程的任何目的论或因果关系的观点持激烈的敌视态度”[①]，这与后现代主义文艺理论家的主张，没有区别。[②]排除起源、原因的探讨以及因果关系，排除所谓逻各斯中心主义，驱离所谓的历史决定论，只能造成历史研究的碎片化。

应该指出，碎片并非一无是处。豕苓桔梗、木屑竹头，亦可资用也。否定碎片化，不等于否定其中的合理因素，更不等于否定具体的微观研究。正如钱锺书所说，反对实证主义并非否定事实和证据，反对“考据癖”并非否定考据。但是，碎片化不应成为历史研究的主流，更不能成为主流价值。

不过，这样的立场和论述，在坚守碎片化立场的学者看来，没有意义。抛弃历史整体观念、集中放大历史构成要素，已然在相当范围内成为倾向。在这种倾向中，历史学既展现出内容的空前庞杂，又展现出空前的碎片化。碎片化锁定历史内容的某个或若干个要素，对其内部更加细化的要素进行愈加细化的逼视，不断地向具体情境靠近，进而用要素替换掉整体性的历史。“要素化”与“具体化”成为20世纪后全球史学的普遍特征。所谓“新清史”，所谓“中国中心观”，就是这种风尚的产物。

试以思想史为例。据某位西方专业学者总结，也是从20世纪70年代开始，西方的思想史研究开始“经历一次意义

①马丁·杰伊著，王加丰等译：《思想史应该接受语言学转向吗？》，载［美］拉卡普拉、卡普兰主编：《现代欧洲思想史——新评价和新视角》，北京：人民出版社，2014年，第71页。

②参看张江《作者能不能死》，《哲学研究》2016年第5期。

深远的变化”。具体说，思想史家开始面对“一个独特的问题”，即应该在什么程度上“接受当地人的风俗习惯”。[①]所谓“当地人”的“当地”，就是“具体化”，一是指与全体相对应的区域，二是指区域内的要素。当“当地”这样具体的因而必然特殊的要素占据本体或核心位置时，自然而然，那种整体性全局性的“假定或暗示”，也就“具有虚假的或令人反感的性质”了。所以，所谓思想史研究所面临的“意义深远的变化”，其实质无非与福柯的实践、波普尔的主张一样，在于抛弃历史整体论与历史决定论，走向历史要素论。以“要素分析”代替“整体分析”，其极致化的表现，即是碎片化，或曰零碎工程学。将碎片当作历史整体，以碎片解释历史整体，属于史学领域的强制阐释。当然，我们不是说“当地”一类对象没有价值，但“当地”毕竟总是整体中的“当地”。不应当以“当地”去消解整体。脱离了整体的“当地”，即使地域再广、范围再大，也只能是孤岛，因而在观念本质上属于碎片。

碎片化、具体化、要素化的哲学老巢，是由现象学发展而来的海德格尔所谓“此在”(Dasein)理论。20世纪70年代后西方学术的主趋势，团词提挈，就是以“此在”代替“共在”(Mitsein)。这一主趋势不管冠以什么名称，不管变换什么花样，不论表现在哪个领域，本质都一样。因此，“此在”能够像七十二变的孙悟空，在思想史家那里，变成“当

---

①多米尼克·拉卡普拉主编，王加丰等译：《现代欧洲思想史——新评价和新视角》(前言)，北京：人民出版社，2014年。

地人的风俗习惯”；在勒华拉杜里笔下，变成“朗格多克”或“蒙塔尤”——所谓“微观历史学”的早期典范；[①]在“新清史”那里，变成“满洲”；在所谓“中国中心观”那里，变成丝毫不受外来元素影响的纯中国元素。如此等等，理一分殊。安克施密特道出了天机：“在后现代主义的历史观范围内，目标不再是整合、综合性和总体性，而是那些历史片段成为注意的中心。”[②]

许多西方学者都将法国年鉴学派的史家勒华拉杜里归于后现代主义，而年鉴学派对40年来的中国史学界发生了直接影响。在20世纪，第一代年鉴学派立场的基本特点，就是使“每个个人都必须回归他的时代”。注意，是回归“他的”“当地”的“时代”，亦即“此在”，即具体现场与要素，亦即所谓生态-人口学模式，由地质、气候、瘟疫、细菌之类要素构成。历史研究就是分析这些要素，如同强制阐释者分析作品内部的修辞、隐喻、肌理、意向、句式、语汇等等一样。至于说从这些分析中提炼出一个定义，提炼出社会转化的过程，费弗尔认为，那要么是先验的，要么是不可能的。[③]

年鉴派在1968年前后进入第三阶段。它最大的特征，就是碎片化，而福柯是年鉴派第三代的同路人。福柯所谓

---

①《朗格多克的农民》(The Peasants of Languedoc)是勒华拉杜里的博士论文，《蒙塔尤》(Montaillou)是他最著名的著作。

②[荷兰]F.R.安克施密特：《历史与转义：隐喻的兴衰》，北京：文津出版社，2006年，第222页。

③多米尼克·拉卡普拉主编，王加丰等译：《现代欧洲思想史——新评价和新视角》(前言)，北京：人民出版社，2014年，第4、9页。

考古学或系谱学，与年鉴派所谓心态史“至少在亲缘上具有类同性”[①]。当第三代年鉴派史家崛起的时候，美国的海登·怀特于1973年出版了所谓后现代史学的代表作《元史学》，罗蒂则在1979年出版了《哲学和自然之镜》。1978年，有中国学者开始组织翻译意大利人梅洛蒂的《马克思与第三世界》。这些同时发生于20世纪70年代的事件，可以列出许多，但只指出一点便够了，即它们以同样的性质从一开始便介入了40年来的中国史学，分化并占据了很大一部分思想学术领地。特别是年鉴派第三代，几乎完全是与40年来的中国史学同步发展的。

所以，讲到碎片化及其背后的理论预设、学术理念的变化，评估40年来中国史学的潜流与影响，需要追踪西方20世纪70年代后的思潮转向，看一看二者之间发生了怎样的关联。

走向历史学的公共阐释

40年来中国学术的发展，促使中国学者的思考开始向新的理论建构方向演进，呈现出理论体系和话语体系的新趋向。这种新趋势，一言以蔽之，曰：离弃强制阐释（Imposed Interpretation），走向公共阐释（Public Interpretation）。[②]

---

①彼得·伯克著，刘永华译：《法国史学革命：年鉴学派，1929—2014》，北京：北京大学出版社，2016年，第184页。

②参看《历史研究》2008年第1期的“公共阐释与历史阐释”笔谈。

碎片化必然导致对历史的强制阐释。在强制阐释话语下，过于丰满的血肉会拖累骨骼，过于丰茂的枝叶会遮蔽主干，过于细密的支流会漫溢主流。过于细碎的所谓史实重建，会让历史学者不再去思考宏观问题，因之对历史理论缺乏兴趣。在拒斥所谓逻各斯中心主义的名义下，淡化乃至反对理论思维似乎顺理成章了。强行场外征用，即简单搬用历史学理论以外的其他理论强加于历史研究，本来立意很好的跨学科研究，反而弱化了历史学的主体地位。用历史要素研究代替历史整体研究，一方面造成内容的丰满，一方面造成碎片的集群效应。这样一来，在具体研究中忽视全体，在历史描述中不顾及本质，微观考据成了碎片，对历史要素的重视成为对历史整体的排斥，由此而造成一种合力性的趋向，就是对历史的强制阐释。

而走向历史的公共阐释，意味着历史阐释应该是理性阐释，是人类共通性认知的逻辑呈现；应该是澄明性阐释，是置入公共意义领域，为公众所理解的阐释；应该是公度性阐释，即阐释与对象、对象与接受、接受与接受之间，是可共通的；应该是建构性阐释，即阐释者对公众理解及视域展开修正、统合与引申；应该是超越性阐释，即超越于个体阐释；应该是反思性阐释，即在与文本的对话交流中求证文本意义，达成理解与融合。

遵循公共阐释规则的历史研究，尊重微观研究但反对碎片化。它追求让历史的大树既主干粗壮，又枝繁叶茂；让历史学的“骨骼”与“血肉”相互协调、相互促进。

以公共阐释规则研究历史，意味着中国历史学由偏重史实重建，开始向注重历史阐释转移。由于偏重史实重建，所以唯恐遗失历史要素，历史内容因之空前丰富。但是，在具体化、要素化、此在化的西方学潮影响下，散钱不串，主干不彰，其极端化，即流于波普尔所说的零碎工程学。转向历史阐释，亦即转而以理性逻辑为主导，不以细微史实重建为主导；以历史逻辑之澄明性为目标，不以众多史实之芜杂叠加遮蔽澄明；以可公度性为规则，不以探寻独特性、唯一性为旨归；以整体建构性为取向，不以要素功能性为决断；以超越学科壁垒为诉求，以反思学术史为契机门径。

史学四长，才学识德。40年来，由于碎片化、要素化、具体化、此在化，学彰而识暗。以公共阐释为标识，将转而为识学相长。此一趋向，意味着反叛法国年鉴学派第三代的范式。其继承性，在于坚守确定性；其民族性，在于全新阐释传统史学；其原创性，在于由中国学者提出；其时代性，在于不重复老话；其系统性，在于通贯全体；其专业性，在于抵制场外强制征用。基本趋向，在于“骨骼”与“血肉”并重。

“公共阐释”是中国学者张江在2017年提出的一个概念和理论。[①]它认为，阐释本身是一种公共行为。阐释者应该以普遍的历史前提为基点，以公共理性生产有边界约束且可公度的有效阐释。然而碎片化却很容易流于对历史的私人个体阐释，远离公共性和阐释的有效性，最终被淹没和淘汰。

①张江：《公共阐释论纲》，《学术研究》2017年第6期；《公共阐释还是社会阐释——张江与约翰·汤普森的对话》，《学术研究》2017年第11期；《“阐”“诠”辨》，《哲学研究》2017年第12期。

碎片化必须受到公共理性约束。如果不受约束，则碎片化终会成为“毫无公共留存意义”的东西。绝对心理学意义上，希特勒，就是由于脱离了公共理性的约束，因此无法公共性地留存，其文本的制作者，也因此而无法“以其公共效果进入历史”。其实，“此在的共在基础，无论看起来如何遥远，归根到底决定着思想的创造和理解”。历史学家正是在公共性的约束中，充实创造性的活动。

40 年来，史学界绝非没有具备公共性的理论思考及成果。特别是具有中层理论价值的成果，非常令人称道。比如关于中华文明起源，关于明清时期生产力发展水平与生产关系的新变化，南宋至明代过渡，等等，这些研究，如同高速路上的匝道，起到了打通历史堵点，使得道路连接畅通的作用。但是，公共阐释代表了更大更新的思考趋向。

（本文原刊于《中华读书报》2018 年 12 月 5 日）

历史学与方志学

为纪念改革开放40周年，包括史学界在内，全国各行各业都在总结40年来的发展变化。借此机会，我就改革开放以来史学理论研究中带有趋势性的一些问题和大家作一个交流。

关于历史理论与史学理论的关系

40年来的史学理论研究，总的趋势，一言以蔽之，可以说是史学理论研究越来越强，历史理论研究却越来越弱。

这是我的一个总概括，什么意思呢？就是说史学理论与历史理论既有密切联系，但又不完全是一回事。但有时这两者又合在一起，笼统地被称为“史学理论”。那么这两者区别何在？举个通俗易懂的例子，如果你研究某个茶杯是用什么材料做的，这就是历史理论；如果你研究这个茶杯是干什么用的，是用来喝白开水还是喝茶水？是用来喝绿茶还是用来喝红茶？这就是史学理论。也就是说，历史理论研究历史的客观内容，历史是什么？它的内在规律是什么？它的发展阶段是什么？它的形态是什么？等等。用唯物史观讲，生产力和生产关系的作用是什么，在不同的历史阶段上发挥怎样的作用，这是历史理论。

那么史学理论是什么？概括地说，它是研究我们这些主体怎样应对客体的理论问题。如历史编纂学、历史方法论、历史认识论，这些都属于史学理论。从这个意义上看，我们研究方志的编纂理论属于史学理论，不属于历史理论的研究领域。因为它研究我们这个主体怎么面对方志这个客体，怎么把方志的具体内容转化为我们主体的表述，所以它是属于史学理论的范畴。

40 年来，总体上史学理论的研究越来越繁荣，内容越来越多，越来越强；而历史理论研究却越来越弱，研究的人也越来越少。这和前 30 年正好相反。前 30 年主要是研究历史理论，研究史学理论的很少，或者说相对比较少。那 30 年，无论是从民国过来的老一辈的马克思主义史学家，还是新中国培养出来的中青代史学家——老一辈的像郭沫若、翦伯赞等，新生代的像林甘泉、宁可等，他们主要研究历史理论。体现在具体研究领域就是著名的史学“五朵金花”：中国古史分期、中国封建土地所有制形式问题、中国农民起义和农民战争、中国资本主义萌芽以及汉民族形成与民族关系等。如大家所熟悉的农民战争研究，那 30 年是显学，而现在研究的就很少。当时之所以普遍研究农民战争，是因为认为农民战争是历史发展的动力，特别是中国封建社会发展的动力，是从历史发展动力的角度去研究。而一说到动力，那它一定是历史定位，不是史学定位。资本主义萌芽的问题也是这样。萌芽的问题，就是考察在封建社会产生了怎样的近代的要素。这都是历史理论。包括亚细亚生产方式的问题，五种社会形态划分的问题，中国有没有奴隶社会的问题，都是历史理论。改革开放以后，这种情况逐渐地发生变化，慢慢地，研究这些问题的学者越来越少了。我们世界历史研究所承办的史学理论杂志，现在叫《史学理论研究》，那些年还刊登历史理论的相关研究，后来几乎就找不到作者了。所以，改革开放 40 年来，总的趋势是史学理论研究越来越强，历史理论研究越来越弱。

为什么出现这种情况？我认为总体上与 40 年来史学理论领域理论思维的相对弱化相关。不少学者对历史哲学等重大问题不再有兴趣和热情，思维能力、思辨水平都在下降。进一步追问出现这种现象的原因，我认为和国外一些思潮对中国的影响有关系。整个 20 世纪西方哲学的总趋势，就是由客观唯心主义快速地走向主观唯心主义。主观唯心主义在 20 世纪发展到整个思想史的顶峰，它最极端化的表现就是后现代主义。后现代主义完全不考虑客观的东西，都是在主观的内部打圈圈，而且把主体内部的要素提炼到诗学的层面。诗歌是极大发挥人的主观创造性的一门艺术，而极端化的主观唯心主义恰恰把整个文化都视为诗学的外化，主观主义随之也就主导了整个人文社会科学。而史学理论是研究主体的，后现代主义的史学理论也就把历史写作看作一种特殊的诗歌创作。这种思想对我们的影响，我把它叫作“潜流”。这种最直接的形态性的转化，是从 20 世纪 70 年代开始的，恰好与我们改革开放的时间差不多。

在哲学界、文艺理论界，这种主观主义的大泛滥，表现得更加厉害。在这样一个总体趋向中，必然会伴随着学术的碎片化，必然伴随着研究的形式主义化，必然伴随着相关研究成果的肤浅化。现在，很多论文趋于形式化的研究，不再深究历史研究的本质；重在对历史现象进行描述，而不再追问现象背后的原因。大量的史学论文，都在描述历史现象，或者“还原”一个历史事实，或者“重建”一个历史事实，而这个事实的原因却很少被关注。目前的许多研究对象，是前30年所忽略的，但现在却走向了另一个偏向，因此，就导致史学理论研究整体上看来枝繁叶茂、繁花似锦，但其主干、主流却不突出。现在我国的史学研究，可以说已经“产能过剩”，但绝对不能说“产能不足”，而以往更多的则是产能不足的问题；你可以说今天的中国史学很博大，甚至有点混乱，但是谁都不能说今天的中国史学很贫乏。不过，恰恰是这两者的关系，我认为处理得不平衡；不平衡的一个重要体现，就是我们忽略了历史理论。这种现象在今后的研究中应特别加以注意。

我想特别强调的是，为了加强对中国历史发展道路、历史发展规律、历史演化基因的研究，强化对以往国家传统治理经验的总结，应当十分注重和加强对历史理论的研究，而不是再强化史学方法论、历史认识论等方面的研究。严格地讲，唯物史观是历史理论，不是史学理论。前30年，史学领域理论研究的基本取向是用唯物史观代替了史学理论，这是不合适的。唯物史观是宏大、具有根本意义的历史理论，但它不能代替相对具体的历史学科自身的理论问题。历史理论侧重于研究中国历史的动力、阶段与规律，着重于去揭示中国历史的特殊性与人类历史的普遍性之间的关系，不是去研究历史编纂学之类东西。

关于史学与方志学的关系

关于方志学与史学的关系，我认为，不能说方志是从史学中发展起来的；应该说，先有方志，后有历史学。借用刘师培的一个句式，即方志为史学之所从出。这个观点不是我提出来的，而是含在章学诚的观点中的。章学诚虽然没有明确地这样讲，但做过相关论述。对此，潘捷军主任等专家已经做过相关研究。

依照章学诚的看法，最初的中国学术，不是独立的、分科的，而是治教不分，官师合一，学志合一。就此意义而言，也可以说西周及之前，并不存在学术。当时只有“志”，没有“学”。自从官失其守，学在四夷，才形成了单独的“学”。这是古文经学家的学术源流观。在官师合一时，官所做的事就是“记”，其中很重要的就是记四方之志，也就是方志。官失其守，学在四夷后，官和学分离，才有了“学”。这个“学”，其中一个就是史学，在章学诚看来是一件悲哀的事。他认为，到战国的时候，“学”越多，思想越不齐，大道越隐。

因此，从古文经学家的观点看来，是方志在前，史学和其他的学术在后，包括诸子，都在后面。从起源的意义上讲，历史学来源于方志，不是方志来源于历史学。对此，章学诚有比较完整系统的论述。当然，他的论述中也有一些比较迂腐的见解。如章学诚对“以吏为师”是持赞赏态度的。他之所以赞赏“以吏为师”，就是不希望官失其守，是要恢复最古老的中国学术制度。我认为这是不符合学术发展规律的看法。不过，从章学诚这种古文经学家的学术源流观可知，今天的方志工作是中国学术当中唯一保留着中国学术最原始形态的学科。很多专家都提到，方志是官修；所谓官修，不就是官师合一吗？当然，方志也有私修的，但总的来讲，还是官修为主。官修就是官守，也就是章学诚所向往的我们中国学术最原初的形态。这对于从学术史、思想史的角度提升对于方志的认识、提高方志学的地位，我认为是有价值和意义的。当然，今文经学家并不赞成学官之说。有许多学者对史官文化、“官守”之说持否定的立场，尤其是现代学术产生以后，认为中国最早的文化不是官守的。但从古文经学的观点讲，它是自成一家之言的，逻辑上也是圆足的。人们很难说它一点客观的根据都没有。即使从刘向刘歆算起，也流传了两千年。从古文经学家的知识论系统出发，可知编纂方志向来都是国家行为、体现国家意志，自古以来就是这样。而且，它完全符合国家对方志功能的定义，即它就是记录，而不是著述。这与其说是“巧合”，毋宁说是方志之内在本质的体现。

对于记录，按照我们今天的学科价值体系，总感觉低人一头，认为方志是记录，录音机也是记录，而史学家不仅记录，还能通古今之变，能够成一家之言。其实，在古文经学家看来恰恰相反，认为记录高于著述。因为著述越多，想法越多，思想越乱，统一思想越不容易，这是章学诚的观点。

你说你的，我说我的，张三说一套，李四说一套，那真正的真理在哪儿呢？大家说得越多，辨析的东西越多，大道越隐。当然，章学诚的这一观点，有一点皇权专制主义的味道在里面，但这是另外一回事。总之，章学诚认为记录是最原初的文本。

没有记录者，历史学的基础就不存在了。马克思主义的历史学是一门实证科学，实证科学的一切著述都建立在史料的基础上；没有史料，就没有历史学。方志恰恰是为历史学这座大厦培植根本、培植基础的一门学科。志书修完了，也许当时不受重视，但放在历史的长河当中，它永远具有基础的作用，一万年以后也有人看。但是，史学家写一本书，也许第二年就没人看了。所以，历史著作要在学术市场中经受严格的考验，大量的史学书籍要被淘汰掉，而志书却很难被淘汰。当然有的志书修得好，有的修得不好；即使修得不好，也留下了基础性的史料。因此，我们虽不敢说志书不会被淘汰，但它被淘汰的概率要远远低于一般性的史学著作。很多史学著作，将会被时间所抛弃，而大部分方志不会被时间所抛弃。因此，作为一个学者，我全力支持方志学列为一级学科。

当然，学科设置问题又是一个说不清理还乱的问题。我想说的是，学科体系、学术体系、话语体系建设，离开方志学者参与，显然是不行的。

（本文系根据 2019 年 1 月 6 日在珠海“新时代的方志学与历史学理论研讨会”上的发言录音整理。原刊于《浙江方志》2019 年第 1 期）

从史学整体发展看苏区研究

参加本届研讨会，感到特别高兴。特别是会议安排我作发言，深感荣宠。我不是苏区研究方面的专家，是抱着学习态度来的。翻看了会议论文集，特别感动。我想从改革开放40年来历史学的整体状况来谈谈苏区研究的前景。

改革开放40年来历史学的整体发展状况与特征

40年来，历史学的整体发展样态，与改革开放前30年相比较，发生了很大变化。这是一个整体样态上的变化，甚至有某些形态性的变化。我们可以借助历史学家经常使用的三个比喻来形容这种整体性的变化，即历史是一条长河、是一个人体、是一棵大树。

既然是一条长河，就必然有主流与支流；既然是一个人体，就必然有骨骼与血肉；既然是一棵大树，就必然有主干与枝叶。相对于前30年，40年来历史学的整体样态，表现为历史的支系特别发达、血肉空前丰满、枝叶非常茂盛。在历史学家笔下，历史的身体从来没有像今天这样血肉丰满，历史之树从来没有像今天这么枝繁叶茂，历史之河从来没有像今天这样支系发达。这种样态可以说反映在40年来历史学发展的方方面面，像区域史、社会史、环境史、灾害史、文化史、观念史、词语史等的勃兴，乃至历史人类学、华侨史、海洋史、妈祖文化的研究，等等，都证明了这一点。

这种情况，是在与前30年相比较中得出的结论。自然，在前30年，史学家注重的是对历史主流、骨骼、主干的研究。所谓主流、骨骼和主干，就是历史发展的内在规律性，也就是历史的性质、形态、结构、阶段性等历史理论研究的对象。以王亚南先生为例，他就是研究历史的主流、主干、骨骼的。王亚南先生是对中国历史看得极其深刻与透彻的马克思主义史学家之一。这种深刻性与透彻性，现在很难有人超越。重读王先生的论著，令人依然会有震撼感。王亚南先生从事研究工作的目的，就是揭示中国历史的结构；通过揭示结构，探寻历史发展的奥秘。历史发展的奥秘，深藏在社会生活的深处。马克思说，现代历史学的一切进步，都是透过政治形势的外表深入社会生活的深处所取得的。王亚南等马克思主义史学家，就是深入社会生活的深处，去揭示历史的主干、主流和骨骼。我们常说的马列五老（郭沫若、范文澜、吕振羽、翦伯赞、侯外庐），尽管他们的许多观点并不一致，但与王亚南一样，从根本上说，是在做同一件事，即探明中国社会性质、揭示中国历史发展规律。在改革开放前30年，历史研究遵循和保持着“五老”及王亚南等人的路径，因而呈现出具有那个时期特点的样态性。

改革开放以后，这种样态发生了变化。变在哪里？就在于给历史的主流、主干、骨骼增加丰富性。1987年，《历史研究》第1期发表了一篇评论员文章，题为《把历史的内容还给历史》。这是最能代表新时期史学发展特点的一个口号，来自马克思主义经典作家的原话。文章的直接目的，是希望通过“复兴和加强社会生活史的研究”来改变史学研究整体上“内容狭窄、风格单调的状况”。所以，文章的意义远远超出了社会史研究的范围。“内容”这个词，照通常的解释，是指物件里面所包含的东西；照哲学层面的解释，是指事物内在因素的总和。40年来，史学柜子里面所装的东西确实越来越多，内在的要素乃至散装的货物越来越多，这都可以视为“把历史的内容还给历史”的结果。在这种思想驱动下，历史的内容也就不再贫乏，历史研究的状况也就不再呈现为“骨感”，而是体现为“丰满”。

所以，40年来史学发展支系发达、枝繁叶茂、血肉丰满，对此，总体上应给予充分肯定。这是一个巨大的成就。试想，我们的历史在历史学家笔下，何曾如此丰富！中国有三千年的历史学发展传统，但讲到丰富性，改革开放以来的40年应是最高峰。

但是，我们不能以一种倾向来掩盖另一种倾向。内容过多的结果，是主流、主干、骨骼容易被遮蔽。在空前繁荣的同时，史学工作者对历史发展规律的探究、对历史结构的揭示、对理论的兴趣，也都在淡化。特别是对于构成历史内容的“要素”产能过剩般的生产，必然会伴随着碎片化的、形式主义的、玄学化的倾向发生以及理论思维的弱化。所以，像王亚南先生那样做研究的学者，越来越少了，以至于我们想阅读一篇王亚南样式的作品，会极感困难。这种情况反映在理论研究领域，会发现前30年历史理论特别发达，但史学理论研究不够，而后40年恰好相反，史学理论非常发达，历史理论发展薄弱。历史理论是针对客观历史进行的理论概括，像亚细亚生产方式问题、封建土地所有制性质问题、农民战争问题等，都属于历史理论；史学理论是针对史学研究进行的理论概括，例如怎么研究历史、怎么编写历史、史书的体裁体例，包括后现代主义理论等。海登·怀特说，他只研究史学家的成果，不问研究的过程。从文本成果考察，他可以得出结论：历史是文学、艺术，不是科学。但是，历史研究的过程是不能忽略的，因为历史学的科学性，着重体现于研究的过程之中。对上述现象，我们要用历史唯物主义的态度，实事求是地予以评价。总之，目前在史学理论的文章中，几乎看不到对历史理论的追问。当然，笼统地讲，史学理论包括了历史理论，但作为理论认识，它们毕竟不是一回事。

总之，对这40年来史学的整体发展，要充分地肯定，但也要看到其中的问题。问题是伴随着实践而产生的，另有原因，与倡导社会史研究无关。

苏区研究的重大价值及发展前景

随之而来的问题是，苏区研究到底属于“主干”还是“枝叶”研究？属于“骨骼”还是“血肉”研究？我认为，两者皆是。苏区研究既是对历史发展内在规律的揭示，又是对历史内容的充分尊重与填充，两者兼而有之。这种状态的研究，是符合史学家们期待的。因为，史学家们之所以呼吁把历史的内容还给历史，是希望历史的主流与支系、主干与枝叶、骨骼与血肉相互增益、协调发展、相得益彰，不流于一偏。苏区研究恰是一个很好的范例。我认为，应该大力推进苏区研究。史学界、理论界、思想界应该有这样的理论自觉和理论认识。本次会议由史学工作者与研究马克思主义的学者联合承办，我认为具有很大的象征性，蕴含着强烈的隐喻性，可以对之作符号学分析。显然，苏区研究既属于历史研究，也属于中国化的马克思主义研究。

说苏区研究既属于历史主干也属于历史支系研究，不妨先从后者的角度看，它无疑极大地丰富了历史研究的内容。经过多年积累，目前的苏区研究，其广泛、细致的程度，是前所未有的，堪称血肉丰满、枝繁叶茂、支系发达。这对于历史学主体的丰富和完满，具有极大的意义。无论中共党史研究，还是中国现代史研究、区域史研究以及区域社会史研究，都由于苏区研究的成果，而变得空前丰富。从建设历史主流、主干、骨骼的角度看，毫无疑问，苏区研究蕴含着重大的历史理论话题，也蕴含着重大的史学理论问题。总之，苏区是一个坚实的实践的样本，蕴含着整个中国近代历史的主题、主线等重大理论问题。

众所周知，十月革命是马克思主义历史理论在苏俄的一个实践样本。这个样本搬到中国来，能否行得通？怎样做才能行得通？需要有一套完整的、系统的理论支撑。王亚南的研究看似与苏区研究一点关系都没有，实际上关系非常紧密。因为，与“五老”一样，王亚南的研究是在揭示中国共产党理论话语体系的话语之源，为社会主义前景的合法性、合理性、历史必然性、逻辑必然性进行理论上的阐释与阐明。在中国，可不可以搞共产主义运动？共产主义运动在作为东方大国的中国如何搞？对此，在马克思、列宁那里有一个框架性、普遍性的原则论述。这些论述在和实际结合的过程中，一定会产生很多这样那样的问题，要回答实现它的路径、方法、动力、主体等问题；特别是要回答，这些问题与中国的社会性质、阶级结构是否具有对应关系。这些问题，需要理论上的澄明才能有效回答，而要科学回答这些问题，又谈何容易。

所以，围绕中国的共产主义运动，在党的老师那里，也就是在共产国际内部，在那些世界顶级的革命家与理论家之间，竟然也产生了很大争议。其中最大的争议，发生于斯大林、布哈林、米夫为首的一派与托洛茨基、季诺维也夫、拉狄克等为首的一派之间，争论的核心议题，是中国革命的性质。

这个争论的急迫性在于，在中国革命形势瞬息万变、蒋介石与汪精卫已然背叛革命、随时都会死人的情况下，中国的共产主义运动到底应该怎么搞？就是在这种最紧要的关节口上，莫斯科的大理论家与大革命家发生了重大分歧。这些分歧亟须澄明，却偏偏澄明不了。理论问题与实践过程是一体的，要给以明确、科学的回答，仅靠理论论述是不够的，还要经过实践的过程来予以检验。史实表明，这些重大问题，伴随着苏区历史的全过程，是极其折腾人、折磨人的。结果，中共的苏维埃革命，用血与火的实践，提供了这种理论上的证明，最后给出了一个澄明的理论，得出一个莫斯科的老师们给不出的答案，并且靠这个答案取得了中国革命的胜利。

这个答案就是：马克思主义中国化。所以，中共苏维埃革命和马克思主义中国化这个重大历史主干、主流、骨骼问题，具有实实在在的联系。我们应该通过对苏区的研究，更加充分地揭示马克思主义中国化的艰辛曲折过程。这样的研究，属于将历史和理论联系起来的研究。

“苏维埃”这个概念，是舶来品。要搞清楚这个概念的意蕴，必须彻底了解共产国际的理论体系。我们要不断追问，苏维埃革命成功在理论上到底意味着什么？对马克思主义中国化有何意蕴？如果它失败了，又意味着什么？在国外，有一种奇谈怪论，认为苏维埃革命成功，意味着马克思主义中国化命题的不成立；如果苏维埃革命失败，反而意味着马克思主义中国化这个命题的成立。如此一来，“苏维埃”与“马克思主义中国化”就成了对立的命题。

其实，像苏区革命这样宏大的历史过程，要它一帆风顺地发展显然不符合历史发展规律。无论历史进程怎样曲折，但历史的主流、主线、归宿是清晰的，即经历苏维埃革命之后，到延安时期形成了马克思主义中国化的第一次飞跃——毛泽东思想。“飞跃”不是一蹴而就的，而是一个过程。毛泽东思想与苏维埃革命的关系，苏维埃革命为毛泽东思想在理论上、实践上作了怎样的准备？提供了哪些背景？经历了哪些曲折？这些问题，都是重大的历史理论问题，属于历史主干、主流、骨骼的研究。纵然其中包含着微观研究，也是“红杏枝头春意闹”，蕴含着宏观价值。

毛泽东思想确定了中国近代社会的根本性质，即半殖民地半封建社会的总观点，这个总观点吸收了社会史大论战的成果，但在实践上，苏维埃革命对这一理论也具有巨大贡献，对此，需要作深入研究。要考察马克思主义中国化的艰辛过程，苏区研究是不可或缺的必修课。那时候，有人质问：山沟里能产生马克思主义吗？现在很多人把这种质问当笑话，但是，人们忘记了，这种质问以及对质问的回答，蕴含着多么丰富的历史内容、理论内容、理论意涵以及马克思主义思想发展史的价值。

总而言之，中共苏维埃革命和苏区研究，不仅具有巨大的历史研究价值，而且蕴含着巨大的理论价值。基于以上判断，我们呼吁要大力加强苏区研究，把这项研究做强做大，做成一门全国近代史学界都来参与的学问。目前，有很多年轻学者热衷于苏区研究，这是一个喜人的现象，相信他们在未来40年内会成为中国史学研究的领潮者。

（本文是在一次苏区研究会议上的发言，发表于南昌《苏区研究》2018年第5期）

关于张荫麟的答问

问：张荫麟以史学为平生志业，但他在世时出版的唯一一部史学著作是为高中生所撰写的教科书《中国史纲》，并且只有半帙，如何透过这部书来看待他的史学成就？

答：俗语云，有学而不能者，未有能而不学者。历史学界有一个学术默契，时髦话叫“潜规则”，即不以著作数量衡人。所以常有著述不多而公认为学术大家者，亦有著述等身而被视之蔑如者。究其原因，在于史学界向来重视同行公议，少取社会评议。张荫麟先生可谓“能”而且“学”者。《中国史纲》虽只有区区半部，却反映出编纂者通博的史识、达乎化境的史料裁择功底以及高超的语言运用能力。判断一部著作的优劣，不仅要看表面，而且要看表象下的水有多深。张荫麟这部书的最大特点，就在一个“通”字上。通则不痛，痛则不通。“通”是中国史家自古以来就追寻的高超境界。张荫麟的著作让读者感受到了这一点。

问：与当时其他通史著作如钱穆《国史大纲》、吕思勉《中国通史》相比，张荫麟《中国史纲》有何特点？

答：上述三人，均为学术大家，而且钱、张二人尚有相

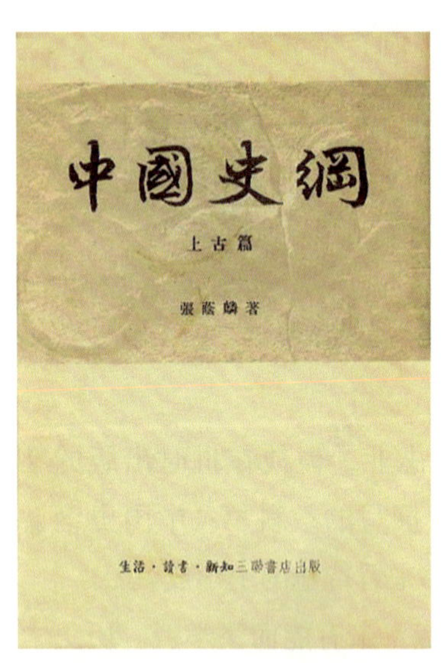

张荫麟著《中国史纲》书影，三联书店本

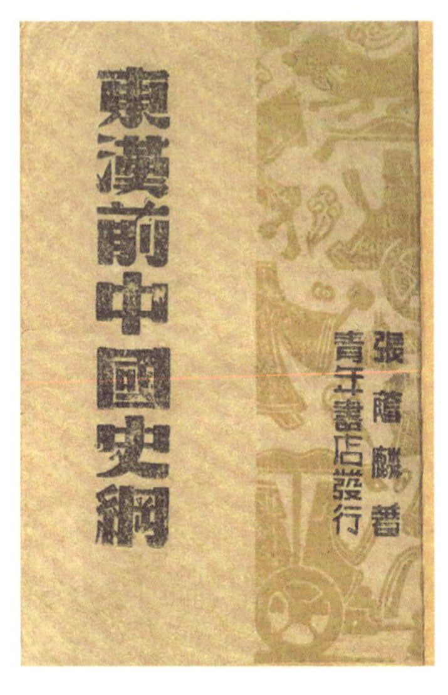

张荫麟著《东汉前中国史纲》书影，青年书店1944年7月本

当的友谊。以天分或眼光论，张荫麟天纵之才，又习欧美新学，娴于蟹行文字，故上天入地，较二老自然未遑多让，但早逝，而钱、吕二老得享天寿，允为学术大师，这是张荫麟学问发扬不得不戛然而止的无可奈何处。又限于体例，张的著作自然较钱、吕二大师的著作为简短、浅易。如果说钱、吕二大师是以独家之学为一家著述，张氏之书则属于以独家之学做公共产品。台湾学者何佑森先生常说，学术著作有浅入浅出、浅入深出、深入深出、深入浅出四种境界。张氏通史即属于深入浅出一类。所以相较而言，钱、吕二通史更加深沉。对上述三人，学界均有专门研究，而以钱穆研究最称显学。吕氏研究集中于华东师范大学，成绩颇丰。总而言

之，三位学者的著作均是经典，如同玫瑰牡丹，共为艳丽，各有特点，但不可分轩轾。

问：张荫麟对当时的教科书一直非常不满意，他曾经说过："小学和中学和大学以及国民的历史教育都没有什么成绩，教科书也好，讲义也好，在我们看来，都是生料硬货，零杂不堪，只是名字史料无穷无尽的排列而已。国民最基本的教育当然是史地的教育，史地教育的失败便是整个教育的失败。"如今，历史教科书的问题，是否有所好转？

答：张荫麟这话既是对教科书现状予以批评，更是对教科书编纂提出更高要求。其实，晚清废除科举以来，新式教科书编纂一直在进步之中。在社会转型的大势下，新式教科书自夏曾佑、刘师培、柳诒徵等人前驱先路，一直到今天，其最大的成绩，我以为就在于对国民的民族国家意识、民族国家认同发挥了不可替代的巨大作用。如今，学者们正努力在创新思维的驱动下，编纂出更加符合时代精神的教科书。问题当然有，但成绩是主流。最大的问题，我以为是对优良传统的减损。具体说，我不赞成在历史教科书中减损乃至驱离关于近代革命的内容。历史教科书编纂者以及教学者的大节，是为民族、为国家、为孩子负责。说白了，得对孩子们的家长负责。

问：钱穆说过："中国为世界上历史最完备之国家，然中国最近乃为其国民最缺乏国史智识之国家。"对此您如何评价？

答：历史是已然逝去的过去。常有人问，历史有什么用？对此，相关言论可以搜罗成几部大书。钱穆等大师浸淫历史最深，故感触最烈。他们这批学者念兹在兹的共同主题，是历史与民族国家之关系。在他们看来，忘记历史，国将不国，人或为禽兽。故长言咏叹，心声共同，一以贯之。钱穆先生所说的“国史智识”，不是“负鼓盲翁”作场下的说书艺术（中国人从来不缺少这些东西），而是指国家民族意识。这个问题，晚清时期梁启超等人提倡通俗史学时就已经提出来了。这些命题，永远有其价值和意义。

问：除了通史撰述之外，张荫麟在其他方面有何学术贡献（包括哲学、史观、宋史、科技史）？

答：张荫麟是兴趣广泛、治学广博的通才。除在哲学、历史编纂理论、宋史、科技史等领域外，在中国近代史的某些专门领域，在文学史、书法艺术史以及翻译实践、学术批评等方面，均有一定的成绩。关于这些，我编选的张氏文选《素痴集》均有反映。比如说他曾经与冯友兰先生讨论哲学问题，曾经专门表彰古代科学家张衡的成就，曾经翻译歌德的《浮士德》，等等。他对鲁迅、郭沫若均有正面的评价，还是最早研究甲午海战的专业史家。此外，他还非常关心时事，是一位具有左翼思想倾向的学者。他用对话体的形式发表过一组系列文章，大体上都是谈政治的，很犀利，也很有趣。

问：在社会分工越来越精细、史学研究碎片化趋势越来越明显的今天，“通”和“专”似乎成了学者可望而不可即的乌托邦。张荫麟为什么能够二者兼擅，对今天的学界有什么借鉴意义？

答：我一直认为，近代中国学术发展的历程，就是一步步走向形而上学化的过程。这里所说的“形而上学”，是恩格斯在《反杜林论》中使用的那个意思，其中就包含了分工精细、分门别类的涵义。形而上学化是学术的进步，这首先必须肯定。但是，它会有很多弊端。对此，恩格斯讲得非常清楚。张荫麟自幼接受的是传统的四部综核之学，后来在形而上学化的大潮下接受西学。这是这批学人既“专”且“通”的大背景。今天，我们应该清醒地认识形而上学化的弊端，倡导通博之学。当然，术业有专攻，有偏重不可有偏废。我建议学者们记住钱锺书先生的告诫：学术上成为某一专业的专家，在主观上是得意的事，在客观上是不得已的事。牢守于某个碎片沾沾自喜，很不可取。

问：张荫麟为什么会得到那么多学术大家的赏识？

答：当然是因为张荫麟真有学问、真有才。前提是他进入了这个高层的学术圈子，而且为人好。人好、学问好、有见识，人不“捧”之，谁“捧”之？

问：与学术大家大力提携相反的是，当下张荫麟其人其名默默无闻，其学问才情亦乏人表彰，这是什么原因造成的呢？

答：这也不奇怪吧。钱锺书先生说过，学术也有行情涨落。我知道文学领域有门文学社会学。其实，学术领域也应该有门“学术社会学”。相对来说，张荫麟还算是有人表彰的。不仅有博士、硕士写的论文，而且著作也出版了，文集达好几种。据我所知，还有两种张荫麟的文集会在明年出版。顺便说一句，我觉得台湾学者黎华赵许多年前写的专门研究张荫麟的硕士论文，至今依然是最优秀的。

问：张荫麟治学之初多以攻错商榷，并且很多都是大家，有“擒贼先擒王”的气势，能否评价一下他在这方面的成就？商榷之作的治学门径对初学者有何启示意义？

答：相声中有句话，叫“抬杠学本事”。这当然是贬义。在学术界，用抬杠来出名，并且也确实学到了本事的人并不少。但张荫麟不属于这一类“下三滥”。张荫麟早年多与学术名家商榷，表明了他锐利的学术目光，令人钦佩。这里我觉得他最值得称道的成就，是批评顾颉刚先生在《古史辨》的论文中使用了“默证”。也就是说，你不能因为古书中没有记载某个东西，就说没有那个东西。有学者写文章认为张荫麟的批评不成立，我认为还是成立的。这个批评从方法论上入手，是一个很致命的批评。此外，批评胡适、苏雪林、冯友兰等人，都有其道理。当然，顾颉刚先生以及古史辨派的价值，并不因为张荫麟的批评而减损。我本人非常欣赏古史辨派。对初学者来说，写评论文章可能是最好的读书门径。当然，不能有“抬杠学本事”的想法。别忘记，张荫麟先生的治学态度是非常严正的。

问：张荫麟学术批判苛责，本应树敌无数，却赢得了很多人包括被批评者的赞誉乃至尊敬。反观当下，学术批判、学术打假困难重重、很不美妙，对此您有何评价？

答：正当而纯洁的学术批评绝不会树敌。正当而纯洁的学人绝不会把正当而纯洁的学术批评视为寇仇。张荫麟的批评与被批评者之间，正印证了上面的判断。学术史上举不胜举的佳话，是批评与被批评者之间成为朋友、同志。因此，问题不在于批评，也不在于批评是否严苛，而在于人。反观当下，古风不再，我以为批评与被批评者都有问题。为什么神圣而理所当然的打假在评价上形成了决然对立的两极？这本身不就说明打假者也有值得人们反思的地方吗？为什么许多明明是假的东西堂而皇之地获了奖？这不说明造假之风的浓烈吗？我认为，打假的事情，说到底应该是行政行为、组织行为。私人有揭发揭露权，没有行刑权。我认为，政府必须重视学术打假的事情了。对某些打假者，也要提高警惕，问个为什么。可喜的是，教育部等部门已经成立专门的学风治理机构，我呼吁他们能真正动起来，真正办几个大案，震慑一下那些学术败类。

（这是 2010 年夏接受《南方日报》记者采访时的答问）

松柏不凋知寒师

在山东大学，许多老师都对我有说不尽的恩德。这些老师，大都学识深厚而声名不大彰，属于“实大于名”的真儒。这其中，被誉为当代墨子的张知寒老师（1928—1998）就常常让我魂牵梦萦，时常让我在夜深人静的时候默念感恩。我常在内心低吟：老师，您是真正的伟人！无论什么时候，您都是我心目中的太阳！

张知寒先生著《读墨余论》书影，山东友谊出版社 1999 年出版

假如你不知道什么叫作古仁人之风，那么，知寒师提供了现成的样本。他有一副山东好汉的身材，绿林豪杰的性格。有时，你会感觉到他性格的狷急，而那肯定是他遇到了歪风邪气

的时候。他不能容忍不正之风，不能容忍不忠不孝乃至对古代圣贤的不恭不敬。他会动真气，真动气。他要说，要批评。而且是说个痛快，道个尽兴。那个时候，你会真切地感受到，在知寒师的价值系统中，对真善美总是不吝惜地予以赞美，对假恶丑总是不含糊地予以抨击。如果以儒家道德品评老师，我以为知寒师真正做到了“诚”。对人、对事、对工作、对一切，都是“诚”的。“诚”是古风，是朴拙。老师虽然不在了，但他的精神，他的古风，却长留人间，永远激励着我！

可是，老师又是最温良敦厚的。我从未见过老师对后学晚辈动气发火。他总是说：学生有什么错？还是些孩子，总是我们这些大人教育不得法。假如某学生有了一点成绩，你会深切感受到老师的兴奋与喜悦。他会逢人便说你有出息，有后劲。或者，他会在兴奋中摊开古雅的宣纸信笺，蘸上饱满的墨汁，用狼毫小楷自上而下、自右而左地写上一封长函，然后方方正正地钳上红色印章。在我的收藏中，就有几通老师的墨宝。在老师的日记中，居然还夹着我的一篇小文章。展看老师的遗墨，在洒脱飘逸的行楷中，仿佛又看到了老师的音容笑貌，我的心不禁猛然收紧！

知寒师晚年致力于“墨学”研究与弘扬，受到史学界一致好评与尊重。老师的研究不同于一般学者，因为他真正做到了学术与践行合一。老师是滕州人。现在，许多人都知道，滕州是墨子故里。而这一结论得到普遍公认，是老师的功劳。所以，滕州人非常感谢老师。他研究的是墨子，他本人为人做事，也如同墨子。

儒墨在先秦并称显学。《淮南子》上说“墨子学儒者之业，受孔子之术”。晚清学者孙诒让不同意这种说法，认为墨子根本就不治儒家六艺之学，怎么能说墨子与儒家有染呢？于是，儒墨的学术关系成为一重公案。对这一公案作最圆满破解的，就是知寒师。他认为，孔墨之学全都出自“邾娄文化”，实为同源。由于孔子迁居到受西周文化改变的鲁国，墨子留在了受西周高压统治的故土小邾娄国，他本人又是受压迫最深的“贱民”，由此才导致孔子的“从周”和墨子的“法夏”，也才有两个学派的并立。知寒师的这个解释，不管你是否赞同，但做到了历史与逻辑的贯通，亦即不但有历史依据，而且逻辑通畅，令人拍案称奇。

所以，老师爱墨，也同样尊孔。儒墨并重，以儒墨之学躬行实践，是老师的最大特点。记得有那么一次，一位深受老师敬重的前辈学者，讲了一些反孔的话，老师事后深受刺激，异常激动地对学生们说，孔子出身贫贱，小的时候多么可怜呀，我们不能反劳动人民的子弟呀！而老师最看重的，却是杨向奎等前辈先生的奖勖。知寒师的头发早就白了，体态也早已蔼然一夫子，但在杨向奎先生、赵俪生先生等尊长面前，知寒师却向来执弟子之礼甚恭，即使私下里说起这些尊长的名讳，也必用敬称，崇敬之情溢于言表。师长辈的著作，知寒师必仔细拜读；师长辈演讲、发言，知寒师必倾身凝神聆听。知寒师尊师是出了名的，真正做到了知行合一，守礼如仪。它反映了老师尊师重道的高尚品格。

老师对古典文献神奇般地熟悉。他最推崇刘知幾的史学，能够背诵《史通》。在山东大学校园，童书业教授照相式的记忆力是远近皆知的。据传，童先生可以倒着背诵《左传》。一次，徐鸿修老师在课堂上说，童先生一闭起眼睛，春秋战国的历史场景就会像放电影一样展现在大脑中。因此，细读《左传》杜注，是那时山大先秦史专业研究生必不可少的专业训练。可惜，余生也晚，未及亲见童先生之风采。而知寒老师诵读古典的本领，我却领教过不知多少次。提到某段古文，老师不会将它念出来，更不会把它的大意复述出来，而是将它一字不差地背诵出来。那个时候，你会完全被老师沉浸其中的快乐所感染。老师丰富的情感，抑扬顿挫的语调，高亢激昂的声音，在教室中隆隆回响，缓急有序地流动着，跳跃着，让我们的思维赶不上趟儿，而情感却早已被俘获，进入了无际的遐思。

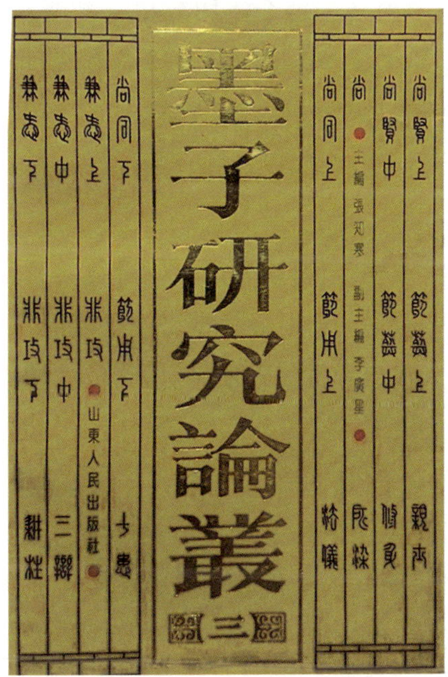

张知寒先生主编《墨子研究论丛》书影，山东人民出版社 1995 年出版

或许在某些“聪明”人看来，老师可能有些“迂”，“迂”得那么天真、烂漫，那么近乎孩童（老师非常推重明代思想家李贽的童心说）。然而在我看来，老师的“迂”，正说明老师的精神有如水晶般透亮纯洁，没有半点杂

质。乡愿、委琐、混沌、见风使舵，在老师那里完全没有落脚点。撑起中华民族文化脊梁的，正是知寒师这样的文化英雄。

其实，我在学校算不上优秀生。七年时光，我的幼稚、荒唐甚至胡闹，也曾经几度风雨。然而，我从未受过知寒师半句批评。我还记得，老师和师母招我到家中吃饭，饭前饭中饭后，都是娓娓道古代圣贤的嘉言懿行，朗朗道来。那时，我的内心会隐隐作痛，我会暗下决心绝不辜负老师的期望。

老师的端谨，也表现在弟子们面前。上课前，他必穿好中山装，整洁庄严，毫不马虎。他的背挺得笔直，望之俨然。老师常穿一套深蓝色中山装，每个纽扣都扣得严严实实。偶尔解开衣扣，内里白衬衫也必干净整洁，一尘不染。走在路上，手携教案或书册，神采奕奕，风度翩翩。长者之风，让人肃然起敬。我敢说，知寒师是校园内最有风度的师长，是校园内一道深厚学问的风景线。

知寒师授课非常受同学欢迎。他口才好，又特别富有激情，对所讲内容烂熟于胸，故同学们从不逃课，而是期待着老师的到来。老师讲课深入浅出，常能在不经意处启发学生思考。一次，讲名诗“白日依山尽”。他问同学“白日”是什么意思，何以“依山尽”的是“白日”而非“红日”？同学们答不上来，知寒师便从五行学说讲起，告诉同学们“白”在五行学说中属“金”，方位上代表“西”，所以“白日”就是西边的太阳。这样一讲，全诗的意思立即鲜活了。但是，老师讲课虽然深细，考试题目却不艰深，同学们大都会取得比较好的成绩。老师常说，考试意在检验知识，不在

著名历史学家张知寒先生

刁难学生。

一次，王仲荦先生的夫人郑宜秀老师接替知寒师，来给同学们上历史文选课，知寒师将郑老师亲自送到教室，然后向同学们介绍说：你们能有这样母亲般的老师，可是有福气呀！是的，我们的老师，正像我们的父母。路遥教授、郑宜秀教授、宋家珩教授、乔幼梅教授等老师，正如家中的长辈，在我的成长过程中具有极大的影响力。他们的爱，像阳光一样，永远让我觉得温暖。而知寒师对我的影响，却超过了父母。他对同学，对学校，对社会，对祖国，奉献了一生，从不索取半点回报。

其实，许多人都知道，老师一生坎坷，九死一生。他甚至曾经被押送至刑场，最后是有惊无险，逃过一难。在常年遭受不公正待遇的岁月，老师潜心于中医，修炼出了高超的医道。只是到晚年，才略微享了一点福。谁承想，就在老师学术事业蒸蒸日上的时候，他却身患重病，永远离开了我们。不过，在我看来，老师是最有福气的人。因为社会虽然对他不公，老天却把师母安排在了他身边。师母是天底下最伟大最慈祥的女性，是真真正正的中国母亲；相夫教子，一生勤劳，却总是慈眉善目，和蔼可亲。老师与师母的美德，是不应该写在纸上的，而是应该镌刻在石碑上。同时，我也觉得老师是天堂里最安详的人。因为，上天希望一个人做到的，老师都做到了；上天希望一个人不要去做的，老师都没有做！

张老师，学生无能，有负师恩！毕业之后，雨打风吹，也算是饱览世事！不过，学生有一点可以告慰您：学生从未做过不德之事！我宁愿像您那样大半辈子倒霉，却依然会像您那样终生不做对不起良心的事！我相信，您那双慈祥的眼睛时时在观望着我们呢！您永远活在我的内心深处！

（本文原刊于《中国教育报》2008 年 10 月 26 日）

刘斯奋先生的学术研究

刘斯奋先生是我国当代著名的书画艺术家与文学艺术家，在艺术创作与艺术理论两个方面均有深湛的造诣和建树。刘先生还是经验丰富的文化领导者，在文化理论方面发表过独到的见解，在文化建设领域作出过贡献。因此，他在我国书画界、文学界、文化界深受尊重，具有广泛的影响。刘先生还是学植深厚的学者，特别是在历史学领域，留下了骄人的成就。

1977 年，刘先生曾在我国最著名的史学期刊《历史研究》第 1 期上发表《评〈论“黔首”〉》一文。这篇文章是在粉碎“四人帮”不久、拨乱反正的背景下撰写的。当时，广东虽深受“四人帮”祸害，文化复苏艰难，但由于岭南地区深厚的文脉积淀，文化名家尚未凋零净尽，加之新中国成立后崛起的一批人文学者正当中年，均思有所奋作，故写作名家不乏其人。为此，《历史研究》编辑部的庞朴先生特意到广东组稿，结果选中的，即是刘先生的文章。

在文章中，刘先生从坚实的史料出发，指出秦王朝在兴起和巩固的过程中，不是对农民如何如何好，而是同样实行了残酷的压迫和剥削。他举出东汉应劭的一段话：“秦时以适发之，名适戍。先发吏有过及赘婿、贾人，后以尝有市籍者发，又后以大父母、父母尝有市籍者。戍者曹辈尽，复入闾，取其左发之，未及取右而秦亡。”指出由此可见，秦代的徭役是先征发“吏有过”“赘婿”一类的“罪人”和“贱民”，然后征发“闾左”的贫苦平民，至于“闾右”的“豪富”则始终未及征发。

至于“黔首”的名称，刘先生指出，它如同“书同文、车同轨”、统一度量衡等措施的用意一样，是对过去各地名目繁杂、参差不一的平民称呼的统一称呼。之所以叫这个名称，是因为秦代依据五德终始理论崇尚黑色，“黔”就是黑色的意思。所以，选择“黔首”作为民众的统一名称，无非是反映了统治者希望人民从此“归属一致”这样一种意愿而已。

刘先生还举出《史记·陈涉世家》的记载：“秦令少府章邯免骊山徒人、奴产子，悉发以击楚军。”指出所谓“奴

刘斯奋先生为笔者题词“高情远志”

产子”就是家庭奴隶生的子女，身份也是奴隶，云梦秦律里叫他们为“人貉”，足见其地位之低。

刘先生的文章有理有据，史论结合，文辞流畅而锐利，因此被《历史研究》选中，第一时间便发表了。

学术史上有一个通例，即多才多艺的人难于评价，往往某方面的才能会被掩盖。比如大诗人谢灵运，其实还是一位大翻译家。不过正如钱锺书先生所说：“我国编写文学史的人对谢灵运是古代唯一的大诗人而兼翻译家那桩事，一向都视若无睹。”之所以如此，就因为谢灵运在诗歌创作上的成就太突出，遮蔽了他在翻译方面的贡献。假如他不写诗，反而会以翻译家的身份传世。在《林纾的翻译》一文中，钱锺书先生讲了一段涉及林纾、严复的掌故，意思也是说，对多才多艺的人作全面性的评价，并非一件易事。

刘斯奋先生就是一位多才多艺的人。许多人评价他，乃立足于他在诗书画以及文学创作上的成就，亦即立足于一个“文人”的成就。有文章就曾提出，刘先生骨子里是一个文人。据说刘斯翰先生也曾说过类似的话，说他的兄长刘斯奋更像一个天才的画家，而不是天才的小说家。这种倾向性的、歧异性的论述及断语，只对多才多艺的人才有效。因为，评论者要在评论对象多样性的才华中找出确定性，总难免归于最能反映评论对象特质的单一性。因此，上述那些判断性的看法，我认为都是成立的，而且是切实的。不过，它或多或少地遮蔽了刘先生作为“学人”的成就。撇开他的艺术成就不论，窃以为，刘先生的学术成就，同样足以名世。而且，越是忽略他的艺术成就，越能彰显他的学术成就。这就如同说，假如林琴南不从事小说翻译，那他的古文写作成就，就会凸显出来。

当然，我们没有任何理由将刘先生定位为一位单纯的“学人”。“学人”这个名称，在学术圈是个褒义词，但在高明硕学那里，名声并不那么美妙。东汉思想家王充说“儒生”“通人”“文人”“鸿儒”之别，论定之曰：“儒生过俗人，通人胜儒生，文人逾通人，鸿儒超文人。”只有“鸿儒”能“精思著文，连结篇章”。所以，读书治学的最高境界，是成为“鸿儒”。而“学人”之格，一般说不如文人。这是中国古人的“学术评价体系”。总之，论断刘斯奋先生的艺术成就，不要忘却他的学术成就；论断他的学术成就，不要忘却他的艺术成就。卓越的艺术成就与学术成就，如剪之双刃、鸟之两翼，在刘先生那里是相得益彰、交相辉映、比翼齐飞的。

刘先生深厚的学术素养与治学功力，首先表现在他对中国古代与近代文学的研究上。他单独或与友人合作，不仅出版有《岭南三家诗选》《黄节诗选》《梁启超诗文选》《苏曼殊诗笺注》《周邦彦词选》《辛弃疾词选》《姜夔张炎词选》《陈寅恪晚年诗文及其他》等专著，而且在《白门柳》等艺术创作中，也体现着他对中国古典文学的理解与见解，反映出他深厚的学术功底与学术见识，蕴含着厚实的学术思想。他不仅对中国文学史具有精准的把握，而且对晚明与晚清的历史，具有深刻的体认与精细的考辨。因此，他的历史小说创作，既具有文人小说的艺术特质，又具有学人小说的深厚底蕴。

刘先生的选本，有一个突出特质，即格外关注中古之后的世变之际。辛弃疾等人是世变之际的人物，黄节等人也是如此。这样的眼光，自然与《白门柳》具有扣合性的伏脉关系。对世变之际的审视，他的目光又特别关注岭南与江南，并由此而反观中原。在这样的史识中，黄节是一位值得特别关注的人物。就作用与影响而言，黄节显然无法与康、梁相比。但是，这个人在近代史上的作用，颇类似于明清之际的黄宗羲、顾炎武。他是一位文人，但充满奋斗意识、家国情怀、经世精神。刘斯奋先生关注此人，既立足于发掘人物，更着力于弘扬气质，以岭南人物，作全国先声，其深刻的用意在于举逸民、立大志。

最能够反映刘先生深厚学养与功力的，是他与余英时那场惊心动魄的刀笔大战。这场论战，鲜明地表现了刘先生严正而锐利的史识。这种严正而锐利的史识，由于以深厚的学术功底为基础，以明清高士的文笔作法器，以消闲信步的风雅作姿态，因而发挥了老吏断狱、庖丁解牛的作用，达到极高的境界。这场文字交锋，在中国当代学术史上，特别是在改革开放不久的背景下，是一场具有标识性意义的经典学术论战案例，因而引起学术界的极大关注。

不同于以文学形象润涵史识，刘先生与余英时的论辩，是直接通过具体的史实辨析来表明史识。论辩中所表现出的学术水准、斗争艺术，堪称典范。

当时，经历多年“文化大革命”的摧残，全国百废待兴。海外像余英时这样偏见极深的名人，对中国学界满脸瞧不上，认为大陆学术凋零，已经找不出几个像样的学者。因此，当他大谈特谈陈寅恪先生时，或许以为大陆不会有人会具备相应的功力回击他。但是，“冯衣北”的文章一出，令他大吃一惊。他没有料到，大陆学者居然能够写出这样典雅见水准的文章。于是，作者“冯衣北”在他那里也成了一个神秘的“暗码”。他依照想当然的揣测，认定“冯衣北”一定是中共组织的写作班子。或许在他看来，只要如此给“冯衣北”戴上一顶帽子，就可以不战而屈人之兵了。可是，让他尴尬的是，这位“冯衣北”居然击中了他的软肋，让他难有还手之力。于是，他只好东拉西扯，自行宣布胜利，却对刘先生提出的若干实质性问题避之唯恐不及。

这场论战，充分反映了刘先生敢战斗、敢担当的勇武精神。但是，刘先生所采用的论辩方法，是运用深厚的学养、客观的学理，很潇洒地给对方一击。直到今天，这依然可以说是一场水平极高的高手过招，依然具有很大的现实启发价值。当年，钱锺书先生给予刘先生的文章很高评价。事实证明，论辩之后，随着有关陈寅恪的资料不断披露，研究日益深入，刘先生对余英时的学术评判，不仅立得住，而且已经成为当代中国学术史上光彩的一章。

刘先生的学术思想，非常细微地体现在学术著作和艺术创作中。《白门柳》的人物主角是“士”。士在中国传统社会中的作用，对于社会形态的意义，在历史学上是一个重大问题。马克思主义传入中国以后，学者们运用唯物史观来解剖中国社会，“士”成为一个重要的考察对象。无论共产国际的理论家，抑或国民党改组派的学者（如陶希圣），抑或自由派知识分子，都有人专门从“士”的视角切入来论定中国古代的社会性质，提出过诸如中国是“士社会”“知识分子阶级社会”之类命题。在研究资本主义萌芽的过程中，以侯外庐为代表的思想史学派，非常深入地研究了以清初三大家为代表的所谓启蒙主义思想。我们看到，《白门柳》所表现的文人士大夫群像，正可与侯外庐先生的思想史著作进行比较性的映照。

明清易代之际的历史，最为难写。这段历史之所以难治，在于仅仅看史料并不能透彻地予以把握，还在于须透过诗文集的隐晦表述，在断片性的记述中识其款曲，理出线索，重建史实。因此，这段历史最难写的部分，不在政治、军事乃至儒学思想方面，而在文人面相的史实重构，特别是历史心理重构。它需要研究者在直接史料与诗文集二者之间融通考索、细心体会。过去，只有陈寅恪先生这样的老辈学者才能胜任。陈寅恪先生的《柳如是别传》，即是此类著作。文学史学界治明清文学史的人之所以少，原因也在于此。但是，刘先生却非常潇洒地游走于明清的史料与诗文之间，以艺术的笔法，生动地表现了这段历史。他以深厚的功力，通过对“士”的思想情感、功业取向的描摹，揭示中国早期的民主思想。这对于我们思考中国近代史以前的近代思想源流，揭示中国历史自身的内在规律，是很有启发价值的。

联系一下二十几年来的学术风气，一是注重考查前近代的近代资源，以日本学者沟口雄三为代表，二是注重考查中国自身的资本主义要素发展线索，以美国汉学家柯文的著作为代表。回头再看《白门柳》，会发现这部小说客观上对这种学术风气实际有所回应。这部小说其实验证了毛泽东的一个著名论断，即“中国封建社会内的商品经济的发展，已经孕育着资本主义的萌芽，如果没有外国资本主义的影响，中国也将缓慢地发展到资本主义社会”。毛泽东这个论断，是极其深刻的，是五种社会形态下的中国内在规律论。刘先生的学术思想以历史唯物主义为根基，正体现在这种无声的蕴含上。

其实，刘先生本人最看重《白门柳》的地方，也在它的思想性、学术性。他说，这部书“最重要的是思辨能力，也就是立意，历史的考证、历史的思考、历史的结论，要具有一种永恒性”。这种话，不是单纯的小说家的艺术立场，而是史学的立场。

通过《白门柳》等作品，读者可以感受到，明清之际的“实学”思想，在刘先生的学术思想中，同样占有重要地位。

所谓实学，即切实之学。它是一个综合性的宽泛概念，既包含反对清谈、空谈、玄谈的意思，也包含主张切实、经世、切己的意思。作为一种学术宗尚与主张，它代表着一种对待儒家经典的态度与方法，即顾炎武所谓反对“明心见性之空言”，主张“修己治人之实学”。“实学”的对立面是“空言”。“空言”最大的害处，是导致亡国。凡是依据上述宗旨治学的学派，都属于实学。从颜李学派，到乾嘉之学，均属于实学。

刘先生学术思想的一个重要特点，就是注重经世。对现实的关注，是他的一个重要面向。对社会“做出一点贡献”，是他最常表达的价值目标。明清之际所倡导的实学，到康熙时期，趋于弱化。明代的东林学派为纠正王学的空疏之弊，曾不遗余力地提倡经世致用。刘先生不喊口号，不尚空谈，潜心著述，以践行为宣示，为文化建设切实地作贡献，正可谓践行实学的表现。刘先生说："儒家主张积极入世，参与社会的实践，努力推动社会的进步。所谓天下有道，君子行其道。这种传统，对我无疑有很深的影响。"因此，笔者认为，刘先生在艺术创作上的追求，与明清时期的实学风尚，确有相通一致之处。

刘先生阐述和处理了传统与现代、古与今、中与西、传承与创新、继承传统与借鉴西方之间的关系，找到它们之间的区别点、契合点和平衡点。他所提出的"朝阳文化"理论，是这方面论述的代表。这是对于文化健康发展的一种维护，表达了一种积极的、向上向前的文化观。因此，在刘先生的思想深处，一向追求做一个推动历史进步、与时代一起前进的人，而不是做一个路旁儿、牢骚者乃至逆历史潮流而动的人。他说："中华民族进入了全面复兴的时代。这是一百多年来整个民族前仆后继，艰难奋斗，不断求索的结果。面对这个时代的主潮，作为中华民族一分子的文化人理所当然要充满热情投身其中。"这是对当代文化人何以自处这一问题的最好的诠释。我们看到，刘先生本人就是这样做的。他不仅热情地拥抱这个时代，而且用作品，为这个时代增添亮色。刘斯奋先生的理性认识与实际作为高度统一，体现了不可撼动的文化自信、理论自信。

关于文化自信，刘先生说，要有大自信、大定力。他对记者说，他做广东文联主席的核心工作，就是着力弘扬中国的文化自信。谈到中西交流，他说，与西方对话必须是平等的对话，学习借鉴必须是在守住根本前提下的学习借鉴。刘先生提出："中国有五千年不中断的历史，这在世界上是独一无二的，而且成果辉煌。凭着这种强大的传统和根基，我们完全有资格有能力在文化方面建立自己的一套标准。”刘先生这种严正的文化立场与主张，是他学术思想的主要组成部分，显然完全切合新时代中国文化建设的现实。

近代以来，广东人民一直站在推动历史前进的第一线。广东不仅出现了一大批政治家、军事家、思想家，而且出现了许多具有全国性影响的学术名家。在一百七十多年追求民族振兴伟大梦想的征程中，广东人民书写了精彩华章。20 世纪 20 年代，广东是全国人民都向往的地方，因为这里不仅是民主革命的摇篮，还是社会主义在中国最早的实验田。改革开放以来广东人民的贡献，更是举世瞩目。刘斯奋先生的学术与文艺成就，是新中国文化成就在广东繁荣发展的一个代表。在他身上，集中凝聚和反映了当代岭南文化的新成就、新气象、新高峰。在中国特色社会主义进入新时代的背景下，全方位地研讨刘斯奋的成就，会生发出许多新的意蕴和价值。

（本文原刊于《中国社会科学报》2019 年 7 月 31 日，《人文岭南》专刊）

后　记

收在这里的文章，大部分是我年轻时撰写的。浮光掠影，波影光阴，不堪拂拭，但大体以史学为核心，故颜曰“史学的光与影”。

文章中的绝大部分都曾经发表。其中一些发表时署的是笔名。还有一些记不得出处了，只好不予注明。我另外还写过不少杂七杂八的小文章，全都随风而去了。

感谢浙江大学刘进宝教授鼓励我把这些已经飘入尘埃的旧文收罗起来结集出版。

李红岩

2022 年 12 月 20 日 于北京